UCRANIANO
VOCABULÁRIO

PORTUGUÊS UCRANIANO

Para alargar o seu léxico e apurar
as suas competências linguísticas

7000 palavras

Vocabulário Português Brasileiro-Ucraniano - 7000 palavras

Por Andrey Taranov

Os vocabulários da T&P Books destinam-se a ajudar a aprender, a memorizar, e a rever palavras estrangeiras. O dicionário é dividido em temas, cobrindo todas as principais esferas de atividades quotidianas, negócios, ciência, cultura, etc.

O processo de aprendizagem, utilizando os dicionários baseados em temáticas da T&P Books dá-lhe as seguintes vantagens:

- Informação de origem corretamente agrupada predetermina o sucesso em fases subsequentes da memorização de palavras
- Disponibilização de palavras derivadas da mesma raiz, o que permite a memorização de unidades de texto (em vez de palavras separadas)
- Pequenas unidades de palavras facilitam o processo de estabelecimento de vínculos associativos necessários para a consolidação do vocabulário
- O nível de conhecimento da língua pode ser estimado pelo número de palavras aprendidas

Copyright © 2024 T&P Books Publishing

T&P Books Publishing
www.tpbooks.com

Este livro também está disponível em formato E-book.
Por favor visite www.tpbooks.com ou as principais livrarias on-line.

VOCABULÁRIO UCRANIANO
palavras mais úteis

Os vocabulários da T&P Books destinam-se a ajudar a aprender, a memorizar, e a rever palavras estrangeiras. O vocabulário contém mais de 7000 palavras de uso comum organizadas tematicamente.

O vocabulário contém as palavras mais comummente usadas
Recomendado como adicional para qualquer curso de línguas
Satisfaz as necessidades dos iniciados e dos alunos avançados de línguas estrangeiras
Conveniente para o uso diário, sessões de revisão e atividades de auto-teste
Permite avaliar o seu vocabulário

Características especias do vocabulário

* As palavras estão organizadas de acordo com o seu significado, e não por ordem alfabética
* As palavras são apresentadas em três colunas para facilitar os processos de revisão e auto-teste
* As palavras compostas são divididas em pequenos blocos para facilitar o processo de aprendizagem
* O vocabulário oferece uma transcrição simples e adequada de cada palavra estrangeira

O vocabulário contém 198 tópicos incluindo:

Conceitos básicos, Números, Cores, Meses, Estações do ano, Unidades de medida, Roupas & Acessórios, Alimentos & Nutrição, Restaurante, Membros da Família, Parentes, Caráter, Sentimentos, Emoções, Doenças, Cidade, Passeios, Compras, Dinheiro, Casa, Lar, Escritório, Trabalho no Escritório, Importação & Exportação, Marketing, Pesquisa de Emprego, Esportes, Educação, Computador, Internet, Ferramentas, Natureza, Países, Nacionalidades e muito mais ...

TABELA DE CONTEÚDOS

GUIA DE PRONUNCIAçãO   10
ABREVIATURAS   11

CONCEITOS BÁSICOS   12
Conceitos básicos. Parte 1   12

1. Pronomes   12
2. Cumprimentos. Saudações. Despedidas   12
3. Números cardinais. Parte 1   13
4. Números cardinais. Parte 2   14
5. Números. Frações   14
6. Números. Operações básicas   15
7. Números. Diversos   15
8. Os verbos mais importantes. Parte 1   15
9. Os verbos mais importantes. Parte 2   16
10. Os verbos mais importantes. Parte 3   17
11. Os verbos mais importantes. Parte 4   18
12. Cores   19
13. Questões   20
14. Palavras funcionais. Advérbios. Parte 1   20
15. Palavras funcionais. Advérbios. Parte 2   22

Conceitos básicos. Parte 2   24

16. Opostos   24
17. Dias da semana   26
18. Horas. Dia e noite   26
19. Meses. Estações   27
20. Tempo. Diversos   28
21. Linhas e formas   29
22. Unidades de medida   30
23. Recipientes   31
24. Materiais   32
25. Metais   33

O SER HUMANO   34
O ser humano. O corpo   34

26. Humanos. Conceitos básicos   34
27. Anatomia humana   34

28. Cabeça 35
29. Corpo humano 36

Vestuário & Acessórios 37

30. Roupa exterior. Casacos 37
31. Vestuário de homem & mulher 37
32. Vestuário. Roupa interior 38
33. Adereços de cabeça 38
34. Calçado 38
35. Têxtil. Tecidos 39
36. Acessórios pessoais 39
37. Vestuário. Diversos 40
38. Cuidados pessoais. Cosméticos 40
39. Joalheria 41
40. Relógios de pulso. Relógios 42

Alimentação. Nutrição 43

41. Comida 43
42. Bebidas 44
43. Vegetais 45
44. Frutos. Nozes 46
45. Pão. Bolaria 47
46. Pratos cozinhados 47
47. Especiarias 48
48. Refeições 49
49. Por a mesa 50
50. Restaurante 50

Família, parentes e amigos 51

51. Informação pessoal. Formulários 51
52. Membros da família. Parentes 51
53. Amigos. Colegas de trabalho 52
54. Homem. Mulher 53
55. Idade 53
56. Crianças 54
57. Casais. Vida de família 55

Caráter. Sentimentos. Emoções 56

58. Sentimentos. Emoções 56
59. Caráter. Personalidade 57
60. O sono. Sonhos 58
61. Humor. Riso. Alegria 59
62. Discussão, conversação. Parte 1 59
63. Discussão, conversação. Parte 2 60
64. Discussão, conversação. Parte 3 62
65. Acordo. Recusa 62
66. Sucesso. Boa sorte. Insucesso 63
67. Conflitos. Emoções negativas 64

Medicina 66

68. Doenças 66
69. Sintomas. Tratamentos. Parte 1 67
70. Sintomas. Tratamentos. Parte 2 68
71. Sintomas. Tratamentos. Parte 3 69
72. Médicos 70
73. Medicina. Drogas. Acessórios 70
74. Fumar. Produtos tabágicos 71

HABITAT HUMANO 72
Cidade 72

75. Cidade. Vida na cidade 72
76. Instituições urbanas 73
77. Transportes urbanos 74
78. Turismo 75
79. Compras 76
80. Dinheiro 77
81. Correios. Serviço postal 78

Moradia. Casa. Lar 79

82. Casa. Habitação 79
83. Casa. Entrada. Elevador 80
84. Casa. Portas. Fechaduras 80
85. Casa de campo 81
86. Castelo. Palácio 81
87. Apartamento 82
88. Apartamento. Limpeza 82
89. Mobiliário. Interior 82
90. Quarto de dormir 83
91. Cozinha 83
92. Casa de banho 84
93. Eletrodomésticos 85
94. Reparações. Renovação 86
95. Canalizações 86
96. Fogo. Deflagração 87

ATIVIDADES HUMANAS 89
Emprego. Negócios. Parte 1 89

97. Banca 89
98. Telefone. Conversação telefônica 90
99. Telefone móvel 90
100. Estacionário 91

Emprego. Negócios. Parte 2 92
101. Media 92
102. Agricultura 93

103. Construção. Processo de construção   94

Profissões e ocupações   96

104. Procura de emprego. Demissão   96
105. Gente de negócios   96
106. Profissões de serviços   97
107. Profissões militares e postos   98
108. Oficiais. Padres   99
109. Profissões agrícolas   99
110. Profissões artísticas   100
111. Várias profissões   100
112. Ocupações. Estatuto social   102

Desportos   103

113. Tipos de desportos. Desportistas   103
114. Tipos de desportos. Diversos   104
115. Ginásio   104
116. Desportos. Diversos   105

Educação   107

117. Escola   107
118. Colégio. Universidade   108
119. Ciências. Disciplinas   109
120. Sistema de escrita. Ortografia   109
121. Línguas estrangeiras   110
122. Personagens de contos de fadas   111
123. Signos do Zodíaco   112

Artes   113

124. Teatro   113
125. Cinema   114
126. Pintura   115
127. Literatura & Poesia   116
128. Circo   116
129. Música. Música popular   117

Descanso. Entretenimento. Viagens   119

130. Viagens   119
131. Hotel   119
132. Livros. Leitura   120
133. Caça. Pesca   122
134. Jogos. Bilhar   123
135. Jogos. Jogar cartas   123
136. Descanso. Jogos. Diversos   123
137. Fotografia   124
138. Praia. Natação   125

EQUIPAMENTO TÉCNICO. TRANSPORTES　126
Equipamento técnico　126

139. Computador　126
140. Internet. E-mail　127

Transportes　129

141. Avião　129
142. Comboio　130
143. Barco　131
144. Aeroporto　132
145. Bicicleta. Motocicleta　133

Carros　134

146. Tipos de carros　134
147. Carros. Carroçaria　134
148. Carros. Habitáculo　135
149. Carros. Motor　136
150. Carros. Batidas. Reparação　137
151. Carros. Estrada　138

PESSOAS. EVENTOS　140

152. Férias. Evento　140
153. Funerais. Enterro　141
154. Guerra. Soldados　141
155. Guerra. Ações militares. Parte 1　142
156. Armas　144
157. Povos da antiguidade　145
158. Idade média　146
159. Líder. Chefe. Autoridades　147
160. Violação da lei. Criminosos. Parte 1　148
161. Violação da lei. Criminosos. Parte 2　149
162. Polícia. Lei. Parte 1　151
163. Polícia. Lei. Parte 2　152

NATUREZA　154
A Terra. Parte 1　154

164. Espaço sideral　154
165. A Terra　155
166. Pontos cardeais　156
167. Mar. Oceano　156
168. Montanhas　157
169. Rios　158
170. Floresta　159
171. Recursos naturais　160

A Terra. Parte 2   161

172. Tempo   161
173. Tempo extremo. Catástrofes naturais   162

Fauna   163

174. Mamíferos. Predadores   163
175. Animais selvagens   163
176. Animais domésticos   164
177. Cães. Raças de cães   165
178. Sons produzidos pelos animais   166
179. Pássaros   166
180. Pássaros. Canto e sons   168
181. Peixes. Animais marinhos   168
182. Anfíbios. Répteis   169
183. Insetos   169
184. Animais. Partes do corpo   170
185. Animais. Habitats   170

Flora   172

186. Árvores   172
187. Arbustos   172
188. Cogumelos   173
189. Frutos. Bagas   173
190. Flores. Plantas   174
191. Cereais, grãos   175

GEOGRAFIA REGIONAL   176

192. Política. Governo. Parte 1   176
193. Política. Governo. Parte 2   177
194. Países. Diversos   178
195. Grupos religiosos mais importantes. Confissões   179
196. Religiões. Padres   180
197. Fé. Cristianismo. Islão   180

TEMAS DIVERSOS   183

198. Várias palavras úteis   183

GUIA DE PRONUNCIAÇÃO

Letra	Exemplo Ucraniano	Alfabeto fonético T&P	Exemplo Português
A a	акт	[a]	chamar
E e	берет	[e], [ɛ]	mover
Є є	модельєр	[ɛ]	mesquita
И и	ритм	[k]	aquilo
I i	компанія	[i]	sinônimo
Ї ї	поїзд	[ji]	gaseificada
O o	око	[ɔ]	emboço
У у	буря	[u]	bonita
Ю ю	костюм	[ʲu]	nacional
Я я	маяк	[ja], [ʲa]	Himalaias

Consoantes

Б б	бездна	[b]	barril
В в	вікно	[w]	página web
Г г	готель	[ɦ]	agora
Ґ ґ	ґудзик	[g]	gosto
Д д	дефіс	[d]	dentista
Ж ж	жанр	[ʒ]	talvez
З з	зброя	[z]	sésamo
Й й	йти	[j]	Vietnã
К к	крок	[k]	aquilo
Л л	лев	[l]	libra
М м	мати	[m]	magnólia
Н н	назва	[n]	natureza
П п	приз	[p]	presente
Р р	радість	[r]	riscar
С с	сон	[s]	sanita
Т т	тир	[t]	tulipa
Ф ф	фарба	[f]	safári
Х х	холод	[h]	[h] aspirada
Ц ц	церква	[ts]	tsé-tsé
Ч ч	час	[tʃ]	Tchau!
Ш ш	шуба	[ʃ]	mês
Щ щ	щука	[ɕ]	shiatsu
ь	камінь	[']	sinal suave
ъ	ім'я	[']	sinal forte

ABREVIATURAS
usadas no vocabulário

Abreviaturas do Português

adj	-	adjetivo
adv	-	advérbio
anim.	-	animado
conj.	-	conjunção
desp.	-	esporte
etc.	-	Etcetera
ex.	-	por exemplo
f	-	nome feminino
f pl	-	feminino plural
fem.	-	feminino
inanim.	-	inanimado
m	-	nome masculino
m pl	-	masculino plural
m, f	-	masculino, feminino
masc.	-	masculino
mat.	-	matemática
mil.	-	militar
pl	-	plural
prep.	-	preposição
pron.	-	pronome
sb.	-	sobre
sing.	-	singular
v aux	-	verbo auxiliar
vi	-	verbo intransitivo
vi, vt	-	verbo intransitivo, transitivo
vr	-	verbo reflexivo
vt	-	verbo transitivo

Abreviaturas do Ucraniano

ж	-	nome feminino
мн	-	plural
с	-	neutro
ч	-	nome masculino

CONCEITOS BÁSICOS

Conceitos básicos. Parte 1

1. Pronomes

eu	я	[ja]
você	ти	[tɨ]
ele	він	[win]
ela	вона	[wo'na]
ele, ela (neutro)	воно	[wo'nɔ]
nós	ми	[mɨ]
vocês	ви	[wɨ]
eles, elas	вони	[wo'nɨ]

2. Cumprimentos. Saudações. Despedidas

Oi!	Здрастуй!	['zdrastuj]
Olá!	Здрастуйте!	['zdrastujtɛ]
Bom dia!	Доброго ранку!	['dɔbroɦo 'ranku]
Boa tarde!	Добрий день!	['dɔbrɨj dɛnʲ]
Boa noite!	Добрий вечір!	['dɔbrɨj 'wɛʧir]

cumprimentar (vt)	вітатися	[wi'tatisʲa]
Oi!	Привіт!	[prɨ'wit]
saudação (f)	привітання (c)	[prɨwi'tanʲa]
saudar (vt)	вітати	[wi'tati]
Tudo bem?	Як справи?	[jak 'sprawɨ]
Como você está?	Як у вас справи?	[jak u was 'sprawɨ]
E aí, novidades?	Що нового?	[ɕo no'wɔɦo]

Tchau! Até logo!	До побачення!	[do po'baʧɛnʲa]
Até breve!	До скорої зустрічі!	[do 'skɔroji 'zustriʧi!]
Adeus! (sing.)	Прощавай!	[proɕa'waj]
Adeus! (pl)	Прощавайте!	[proɕa'wajtɛ]
despedir-se (dizer adeus)	прощатися	[pro'ɕatisʲa]
Até mais!	Бувай!	[bu'waj]

Obrigado! -a!	Дякую!	['dʲakuʲu]
Muito obrigado! -a!	Щиро дякую!	['ɕiro 'dʲakuʲu]
De nada	Будь ласка	[budʲ 'laska]
Não tem de quê	Не варто подяки	[nɛ 'warto po'dʲaki]
Não foi nada!	Нема за що	[nɛ'ma za ɕo]
Desculpa!	Вибач!	['wibaʧ]
Desculpe!	Вибачте!	['wibaʧtɛ]

desculpar (vt)	вибачати	[wiba'tʃati]
desculpar-se (vr)	вибачатися	[wiba'tʃatisʲa]
Me desculpe	Мої вибачення	[moɨ 'wibatʃɛnʲa]
Desculpe!	Вибачте!	['wibatʃtɛ]
perdoar (vt)	вибачати	[wiba'tʃati]
por favor	будь ласка	[budʲ 'laska]

Não se esqueça!	Не забудьте!	[nɛ za'budʲtɛ]
Com certeza!	Звичайно!	[zwɨ'tʃajno]
Claro que não!	Звичайно ні!	[zwɨ'tʃajno ni]
Está bem! De acordo!	Згоден!	['zɦodɛn]
Chega!	Досить!	['dɔsitʲ]

3. Números cardinais. Parte 1

zero	нуль	[nulʲ]
um	один	[o'din]
dois	два	[dwa]
três	три	[tri]
quatro	чотири	[tʃo'tiri]

cinco	п'ять	[pʲatʲ]
seis	шість	[ʃistʲ]
sete	сім	[sim]
oito	вісім	['wisim]
nove	дев'ять	['dɛwʲatʲ]

dez	десять	['dɛsʲatʲ]
onze	одинадцять	[odɨ'nadʦʲatʲ]
doze	дванадцять	[dwa'nadʦʲatʲ]
treze	тринадцять	[tri'nadʦʲatʲ]
catorze	чотирнадцять	[tʃotir'nadʦʲatʲ]

quinze	п'ятнадцять	[pʲat'nadʦʲatʲ]
dezesseis	шістнадцять	[ʃist'nadʦʲatʲ]
dezessete	сімнадцять	[sim'nadʦʲatʲ]
dezoito	вісімнадцять	[wisim'nadʦʲatʲ]
dezenove	дев'ятнадцять	[dɛwʲat'nadʦʲatʲ]

vinte	двадцять	['dwadʦʲatʲ]
vinte e um	двадцять один	['dwadʦʲatʲ o'din]
vinte e dois	двадцять два	['dwadʦʲatʲ dwa]
vinte e três	двадцять три	['dwadʦʲatʲ tri]

trinta	тридцять	['tridʦʲatʲ]
trinta e um	тридцять один	['tridʦʲatʲ o'din]
trinta e dois	тридцять два	['tridʦʲatʲ dwa]
trinta e três	тридцять три	['tridʦʲatʲ tri]

quarenta	сорок	['sɔrok]
quarenta e um	сорок один	['sɔrok o'din]
quarenta e dois	сорок два	['sɔrok dwa]
quarenta e três	сорок три	['sɔrok tri]
cinquenta	п'ятдесят	[pʲatdɛ'sʲat]

cinquenta e um	п'ятдесят один	[pʲatdɛ'sʲat o'din]
cinquenta e dois	п'ятдесят два	[pʲatdɛ'sʲat dwa]
cinquenta e três	п'ятдесят три	[pʲatdɛ'sʲat tri]

sessenta	шістдесят	[ʃizdɛ'sʲat]
sessenta e um	шістдесят один	[ʃizdɛ'sʲat o'din]
sessenta e dois	шістдесят два	[ʃizdɛ'sʲat dwa]
sessenta e três	шістдесят три	[ʃizdɛ'sʲat tri]

setenta	сімдесят	[simdɛ'sʲat]
setenta e um	сімдесят один	[simdɛ'sʲat odin]
setenta e dois	сімдесят два	[simdɛ'sʲat dwa]
setenta e três	сімдесят три	[simdɛ'sʲat tri]

oitenta	вісімдесят	[wisimdɛ'sʲat]
oitenta e um	вісімдесят один	[wisimdɛ'sʲat o'din]
oitenta e dois	вісімдесят два	[wisimdɛ'sʲat dwa]
oitenta e três	вісімдесят три	[wisimdɛ'sʲat tri]

noventa	дев'яносто	[dɛwʲa'nɔsto]
noventa e um	дев'яносто один	[dɛwʲa'nɔsto o'din]
noventa e dois	дев'яносто два	[dɛwʲa'nɔsto dwa]
noventa e três	дев'яносто три	[dɛwʲa'nɔsto tri]

4. Números cardinais. Parte 2

cem	сто	[sto]
duzentos	двісті	['dwisti]
trezentos	триста	['trista]
quatrocentos	чотириста	[ʧo'tirista]
quinhentos	п'ятсот	[pʲa'tsɔt]

seiscentos	шістсот	[ʃist'sɔt]
setecentos	сімсот	[sim'sɔt]
oitocentos	вісімсот	[wisim'sɔt]
novecentos	дев'ятсот	[dɛwʲa'tsɔt]

mil	тисяча	['tisʲaʧa]
dois mil	дві тисячі	[dwi 'tisʲaʧi]
três mil	три тисячі	[tri 'tisʲaʧi]
dez mil	десять тисяч	['dɛsʲatʲ 'tisʲaʧ]
cem mil	сто тисяч	[sto 'tisʲaʧ]
um milhão	мільйон (ч)	[milʲ'jɔn]
um bilhão	мільярд (ч)	[mi'ljard]

5. Números. Frações

fração (f)	дріб (ч)	[drib]
um meio	одна друга	[od'na 'druɦa]
um terço	одна третя	[od'na 'trɛtʲa]
um quarto	одна четверта	[od'na ʧɛt'wɛrta]
um oitavo	одна восьма	[od'na 'wɔsʲma]

um décimo	одна десята	[od'na dɛ'sʲata]
dois terços	дві третіх	[dwi 'trɛtih]
três quartos	три четвертих	[trɨ ʧɛt'wɛrtɨh]

6. Números. Operações básicas

subtração (f)	віднімання (c)	[widni'manʲa]
subtrair (vi, vt)	віднімати	[widni'matɨ]
divisão (f)	ділення (c)	['dilɛnʲa]
dividir (vt)	ділити	[di'litɨ]

adição (f)	додавання (c)	[doda'wanʲa]
somar (vt)	додати	[do'datɨ]
adicionar (vt)	прибавляти	[pribaw'lʲatɨ]
multiplicação (f)	множення (c)	['mnɔʒɛnʲa]
multiplicar (vt)	множити	['mnɔʒitɨ]

7. Números. Diversos

algarismo, dígito (m)	цифра (ж)	['ʦifra]
número (m)	число (c)	[ʧɨs'lɔ]
numeral (m)	числівник (ч)	[ʧɨs'liwnik]
menos (m)	мінус (ч)	['minus]
mais (m)	плюс (ч)	[plʲus]
fórmula (f)	формула (ж)	['fɔrmula]

cálculo (m)	обчислення (c)	[ob'ʧislɛnʲa]
contar (vt)	рахувати	[rahu'watɨ]
calcular (vt)	підраховувати	[pidra'howuwatɨ]
comparar (vt)	порівнювати	[po'riwnʲuwatɨ]

Quanto, -os, -as?	Скільки?	['skilʲki]
soma (f)	сума (ж)	['suma]
resultado (m)	результат (ч)	[rɛzulʲ'tat]
resto (m)	залишок (ч)	['zaliʃok]
alguns, algumas …	декілька	['dɛkilʲka]
pouco (~ tempo)	небагато…	[nɛba'ɦato]
resto (m)	решта (ж)	['rɛʃta]
um e meio	півтора	[piwto'ra]
dúzia (f)	дюжина (ж)	['dʲuʒina]

ao meio	навпіл	['nawpil]
em partes iguais	порівну	['pɔriwnu]
metade (f)	половина (ж)	[polo'wina]
vez (f)	раз (ч)	[raz]

8. Os verbos mais importantes. Parte 1

| abrir (vt) | відчинити | [widʧɨ'nɨtɨ] |
| acabar, terminar (vt) | закінчувати | [za'kinʧuwatɨ] |

aconselhar (vt)	радити	['raditi]
adivinhar (vt)	вгадати	[wɦa'dati]
advertir (vt)	попереджувати	[popɛ'rɛdʒuwati]

ajudar (vt)	допомагати	[dopoma'ɦati]
almoçar (vi)	обідати	[o'bidati]
alugar (~ um apartamento)	зняти	['znʲati]
amar (pessoa)	кохати	[ko'hati]
ameaçar (vt)	погрожувати	[poɦ'rɔʒuwati]

anotar (escrever)	записувати	[za'pisuwati]
apressar-se (vr)	поспішати	[pospi'ʃati]
arrepender-se (vr)	жалкувати	[ʒalku'wati]
assinar (vt)	підписувати	[pid'pisuwati]
brincar (vi)	жартувати	[ʒartu'wati]

brincar, jogar (vi, vt)	грати	['ɦrati]
buscar (vt)	шукати	[ʃu'kati]
caçar (vi)	полювати	[polʲu'wati]
cair (vi)	падати	['padati]
cavar (vt)	рити	['riti]
chamar (~ por socorro)	кликати	['klikati]

chegar (vi)	приїжджати	[prijiz'zati]
chorar (vi)	плакати	['plakati]
começar (vt)	починати	[potʃi'nati]
comparar (vt)	порівнювати	[po'riwnʲuwati]
concordar (dizer "sim")	погоджуватися	[po'ɦɔdʒuwatisʲa]

confiar (vt)	довіряти	[dowi'rʲati]
confundir (equivocar-se)	плутати	['plutati]
conhecer (vt)	знати	['znati]
contar (fazer contas)	лічити	[li'tʃiti]
contar com …	розраховувати на…	[rozra'howuwati na]
continuar (vt)	продовжувати	[pro'dɔwʒuwati]

controlar (vt)	контролювати	[kontrolʲu'wati]
convidar (vt)	запрошувати	[za'prɔʃuwati]
correr (vi)	бігти	['biɦti]
criar (vt)	створити	[stwo'riti]
custar (vt)	коштувати	['kɔʃtuwati]

9. Os verbos mais importantes. Parte 2

dar (vt)	давати	[da'wati]
dar uma dica	підказати	[pidka'zati]
decorar (enfeitar)	прикрашати	[prikra'ʃati]
defender (vt)	захищати	[zahi'ɕati]
deixar cair (vt)	упускати	[upus'kati]

descer (para baixo)	спускатися	[spus'katisʲa]
desculpar (vt)	вибачати	[wiba'tʃati]
desculpar-se (vr)	вибачатися	[wiba'tʃatisʲa]
dirigir (~ uma empresa)	керувати	[kɛru'wati]

discutir (notícias, etc.)	обговорювати	[obɦoˈwɔrʲuwati]
disparar, atirar (vi)	стріляти	[striˈlʲati]
dizer (vt)	сказати	[skaˈzati]
duvidar (vt)	сумніватися	[sumniˈwatisʲa]
encontrar (achar)	знаходити	[znaˈhɔditi]
enganar (vt)	обманювати	[obˈmanʲuwati]

entender (vt)	розуміти	[rozuˈmiti]
entrar (na sala, etc.)	входити	[ˈwhɔditi]
enviar (uma carta)	відправляти	[widprawˈlʲati]
errar (enganar-se)	помилятися	[pomiˈlʲatisʲa]
escolher (vt)	вибирати	[wibiˈrati]

esconder (vt)	ховати	[hoˈwati]
escrever (vt)	писати	[piˈsati]
esperar (aguardar)	чекати	[ʧɛˈkati]
esperar (ter esperança)	сподіватися	[spodiˈwatisʲa]
esquecer (vt)	забувати	[zabuˈwati]

estudar (vt)	вивчати	[wiwˈʧati]
exigir (vt)	вимагати	[wimaˈhati]
existir (vi)	існувати	[isnuˈwati]
explicar (vt)	пояснювати	[poˈʲasnʲuwati]

falar (vi)	говорити	[ɦowoˈriti]
faltar (a la escuela, etc.)	пропускати	[propusˈkati]
fazer (vt)	робити	[roˈbiti]
ficar em silêncio	мовчати	[mowˈʧati]
gabar-se (vr)	хвалитися	[hwaˈlitisʲa]

gostar (apreciar)	подобатися	[poˈdobatisʲa]
gritar (vi)	кричати	[kriˈʧati]
guardar (fotos, etc.)	зберігати	[zbɛriˈɦati]
informar (vt)	інформувати	[informuˈwati]
insistir (vi)	наполягати	[napolʲaˈɦati]

insultar (vt)	ображати	[obraˈʒati]
interessar-se (vr)	цікавитися	[ʦiˈkawitisʲa]
ir (a pé)	йти	[jti]
ir nadar	купатися	[kuˈpatisʲa]
jantar (vi)	вечеряти	[wɛˈʧɛrʲati]

10. Os verbos mais importantes. Parte 3

ler (vt)	читати	[ʧiˈtati]
libertar, liberar (vt)	звільняти	[zwilʲˈnʲati]
matar (vt)	убивати	[ubiˈwati]
mencionar (vt)	згадувати	[ˈzɦaduwati]
mostrar (vt)	показувати	[poˈkazuwati]

mudar (modificar)	змінювати	[ˈzminʲuwati]
nadar (vi)	плавати	[ˈplawati]
negar-se a … (vr)	відмовлятися	[widmowˈlʲatisʲa]
objetar (vt)	заперечувати	[zapɛˈrɛʧuwati]

observar (vt)	спостерігати	[sposteri'ɦati]
ordenar (mil.)	наказувати	[na'kazuwati]
ouvir (vt)	чути	['t͡ʃuti]
pagar (vt)	платити	[pla'titi]
parar (vi)	зупинятися	[zupiˈnʲatisʲa]
parar, cessar (vt)	припиняти	[pripiˈnʲati]
participar (vi)	брати участь	['brati 'ut͡ʃastʲ]
pedir (comida, etc.)	замовляти	[zamowˈlʲati]
pedir (um favor, etc.)	просити	[pro'siti]
pegar (tomar)	брати	['brati]
pegar (uma bola)	ловити	[lo'witi]
pensar (vi, vt)	думати	['dumati]
perceber (ver)	помічати	[pomiˈt͡ʃati]
perdoar (vt)	прощати	[pro'ɕati]
perguntar (vt)	запитувати	[za'pituwati]
permitir (vt)	дозволяти	[dozwoˈlʲati]
pertencer a ... (vi)	належати	[na'lɛʒati]
planejar (vt)	планувати	[planu'wati]
poder (~ fazer algo)	могти	[moɦ'ti]
possuir (uma casa, etc.)	володіти	[wolo'diti]
preferir (vt)	воліти	[wo'liti]
preparar (vt)	готувати	[ɦotu'wati]
prever (vt)	передбачити	[pɛrɛd'bat͡ʃiti]
prometer (vt)	обіцяти	[obiˈt͡sʲati]
pronunciar (vt)	вимовляти	[wimowˈlʲati]
propor (vt)	пропонувати	[proponu'wati]
punir (castigar)	покарати	[poka'rati]
quebrar (vt)	ламати	[la'mati]
queixar-se de ...	скаржитися	['skarʒitisʲa]
querer (desejar)	хотіти	[ho'titi]

11. Os verbos mais importantes. Parte 4

ralhar, repreender (vt)	лаяти	['laʲati]
recomendar (vt)	рекомендувати	[rɛkomɛndu'wati]
repetir (dizer outra vez)	повторювати	[powˈtorʲuwati]
reservar (~ um quarto)	резервувати	[rɛzɛrwu'wati]
responder (vt)	відповідати	[widpowi'dati]
rezar, orar (vi)	молитися	[moˈlitisʲa]
rir (vi)	сміятися	[smiˈʲatisʲa]
roubar (vt)	красти	['krasti]
saber (vt)	знати	['znati]
sair (~ de casa)	виходити	[wiˈɦɔditi]
salvar (resgatar)	рятувати	[rʲatu'wati]
seguir (~ alguém)	іти слідом	[i'ti 'slidom]
sentar-se (vr)	сідати	[si'dati]
ser necessário	бути потрібним	['buti po'tribnim]

ser, estar	бути	['buti]
significar (vt)	означати	[ozna'tʃati]
sorrir (vi)	посміхатися	[posmi'hatisʲa]
subestimar (vt)	недооцінювати	[nɛdoo'tsinʲuwati]
surpreender-se (vr)	дивуватись	[diwu'watisʲ]

tentar (~ fazer)	пробувати	['prɔbuwati]
ter (vt)	мати	['mati]
ter fome	хотіти їсти	[ho'titi 'jisti]

ter medo	боятися	[boʲ'atisʲa]
ter sede	хотіти пити	[ho'titi 'piti]
tocar (com as mãos)	торкати	[tor'kati]
tomar café da manhã	снідати	['snidati]
trabalhar (vi)	працювати	[pratsʲu'wati]
traduzir (vt)	перекладати	[pɛrɛkla'dati]

unir (vt)	об'єднувати	[o'bʲɛdnuwati]
vender (vt)	продавати	[proda'wati]
ver (vt)	бачити	['batʃiti]
virar (~ para a direita)	повертати	[powɛr'tati]
voar (vi)	летіти	[lɛ'titi]

12. Cores

cor (f)	колір (ч)	['kɔlir]
tom (m)	відтінок (ч)	[wid'tinok]
tonalidade (m)	тон (ч)	[ton]
arco-íris (m)	веселка (ж)	[wɛ'sɛlka]

branco (adj)	білий	['bilij]
preto (adj)	чорний	['tʃɔrnij]
cinza (adj)	сірий	['sirij]

verde (adj)	зелений	[zɛ'lɛnij]
amarelo (adj)	жовтий	['ʒɔwtij]
vermelho (adj)	червоний	[tʃɛr'wɔnij]

azul (adj)	синій	['sinij]
azul claro (adj)	блакитний	[bla'kitnij]
rosa (adj)	рожевий	[ro'ʒɛwij]
laranja (adj)	помаранчевий	[poma'rantʃewij]
violeta (adj)	фіолетовий	[fio'lɛtowij]
marrom (adj)	коричневий	[ko'ritʃnewij]

| dourado (adj) | золотий | [zolo'tij] |
| prateado (adj) | сріблястий | [srib'lʲastij] |

bege (adj)	бежевий	['bɛʒewij]
creme (adj)	кремовий	['krɛmowij]
turquesa (adj)	бірюзовий	[birʲu'zɔwij]
vermelho cereja (adj)	вишневий	[wiʃ'nɛwij]
lilás (adj)	бузковий	[buz'kɔwij]
carmim (adj)	малиновий	[ma'linowij]

claro (adj)	світлий	['switlij]
escuro (adj)	темний	['tɛmnij]
vivo (adj)	яскравий	[jas'krawij]

de cor	кольоровий	[kolʲo'rɔwij]
a cores	кольоровий	[kolʲo'rɔwij]
preto e branco (adj)	чорно-білий	['ʧɔrno 'bilij]
unicolor (de uma só cor)	однобарвний	[odno'barwnij]
multicolor (adj)	різнобарвний	[rizno'barwnij]

13. Questões

Quem?	Хто?	[hto]
O que?	Що?	[ɕo]
Onde?	Де?	[dɛ]
Para onde?	Куди?	[ku'di]
De onde?	Звідки?	['zwidki]
Quando?	Коли?	[ko'li]
Para quê?	Навіщо?	[na'wiɕo]
Por quê?	Чому?	[ʧo'mu]

Para quê?	Для чого?	[dlʲa 'ʧɔɦo]
Como?	Як?	[jak]
Qual (~ é o problema?)	Який?	[ja'kij]
Qual (~ deles?)	Котрий?	[kot'rij]

A quem?	Кому?	[ko'mu]
De quem?	Про кого?	[pro 'kɔɦo]
Do quê?	Про що?	[pro ɕo]
Com quem?	З ким?	[z kim]

Quanto, -os, -as?	Скільки?	['skilʲki]
De quem? (masc.)	Чий?	[ʧij]
De quem? (fem.)	Чия?	[ʧiʲa]
De quem são ...?	Чиї?	['ʧiji]

14. Palavras funcionais. Advérbios. Parte 1

Onde?	Де?	[dɛ]
aqui	тут	[tut]
lá, ali	там	[tam]

| em algum lugar | десь | [dɛsʲ] |
| em lugar nenhum | ніде | [ni'dɛ] |

| perto de ... | біля | ['bilʲa] |
| perto da janela | біля вікна | ['bilʲa wik'na] |

Para onde?	Куди?	[ku'di]
aqui	сюди	[sʲu'di]
para lá	туди	[tu'di]
daqui	звідси	['zwidsi]

de lá, dali	звідти	['zwidti]
perto	близько	['bliz'ko]
longe	далеко	[da'lɛko]

perto de …	біля	['bil'a]
à mão, perto	поряд	['por'ad]
não fica longe	недалеко	[nɛda'lɛko]

esquerdo (adj)	лівий	['liwij]
à esquerda	зліва	['zliwa]
para a esquerda	ліворуч	[li'wɔrutʃ]

direito (adj)	правий	['prawij]
à direita	справа	['sprawa]
para a direita	праворуч	[pra'wɔrutʃ]

em frente	спереду	['spɛrɛdu]
da frente	передній	[pɛ'rɛdnij]
adiante (para a frente)	уперед	[upɛ'rɛd]

atrás de …	позаду	[po'zadu]
de trás	ззаду	['zzadu]
para trás	назад	[na'zad]

| meio (m), metade (f) | середина (ж) | [sɛ'rɛdina] |
| no meio | посередині | [posɛ'rɛdini] |

do lado	збоку	['zbɔku]
em todo lugar	скрізь	[skriz']
por todos os lados	навколо	[naw'kɔlo]

de dentro	зсередини	[zsɛ'rɛdini]
para algum lugar	кудись	[ku'dis']
diretamente	прямо	['pr'amo]
de volta	назад	[na'zad]

| de algum lugar | звідки-небудь | ['zwidki 'nɛbud'] |
| de algum lugar | звідкись | ['zwidkis'] |

em primeiro lugar	по-перше	[po 'pɛrʃɛ]
em segundo lugar	по-друге	[po 'druhɛ]
em terceiro lugar	по-третє	[po 'trɛtɛ]

de repente	раптом	['raptom]
no início	спочатку	[spo'tʃatku]
pela primeira vez	уперше	[u'pɛrʃɛ]
muito antes de …	задовго до…	[za'dowho do]
de novo	заново	['zanowo]
para sempre	назовсім	[na'zɔwsim]

nunca	ніколи	[ni'kɔli]
de novo	знову	['znɔwu]
agora	тепер	[tɛ'pɛr]
frequentemente	часто	['tʃasto]
então	тоді	[to'di]
urgentemente	терміново	[tɛrmi'nɔwo]

normalmente	звичайно	[zwi'tʃajno]
a propósito, ...	до речі,...	[do 'rɛtʃi]
é possível	можливо	[moʒ'liwo]
provavelmente	мабуть	[ma'butʲ]
talvez	може бути	['mɔʒɛ 'buti]
além disso, ...	крім того,...	[krim 'tofo]
por isso ...	тому	['tomu]
apesar de ...	незважаючи на...	[nɛzwa'ʒaʲutʃi na]
graças a ...	завдяки...	[zawdʲa'ki]
que (pron.)	що	[ɕo]
que (conj.)	що	[ɕo]
algo	щось	[ɕosʲ]
alguma coisa	що-небудь	[ɕo 'nɛbudʲ]
nada	нічого	[ni'tʃofo]
quem	хто	[hto]
alguém (~ que ...)	хтось	[htosʲ]
alguém (com ~)	хто-небудь	[hto 'nɛbudʲ]
ninguém	ніхто	[nih'tɔ]
para lugar nenhum	нікуди	['nikudɨ]
de ninguém	нічий	[ni'tʃij]
de alguém	чий-небудь	[tʃij 'nɛbudʲ]
tão	так	[tak]
também (gostaria ~ de ...)	також	[ta'kɔʒ]
também (~ eu)	теж	[tɛʒ]

15. Palavras funcionais. Advérbios. Parte 2

Por quê?	Чому?	[tʃo'mu]
por alguma razão	чомусь	[tʃo'musʲ]
porque ...	тому, що...	['tomu, ɕo ...]
por qualquer razão	навіщось	[na'wiɕosʲ]
e (tu ~ eu)	і	[i]
ou (ser ~ não ser)	або	[a'bɔ]
mas (porém)	але	[a'lɛ]
para (~ a minha mãe)	для	[dlʲa]
muito, demais	занадто	[za'nadto]
só, somente	тільки	['tilʲki]
exatamente	точно	['tɔtʃno]
cerca de (~ 10 kg)	близько	['blizʲko]
aproximadamente	приблизно	[prib'lizno]
aproximado (adj)	приблизний	[prib'liznij]
quase	майже	['majʒɛ]
resto (m)	решта (ж)	['rɛʃta]
o outro (segundo)	інший	['inʃij]
outro (adj)	інший	['inʃij]
cada (adj)	кожен	['kɔʒɛn]

qualquer (adj)	будь-який	[budʲ jaˈkij]
muitos, muitas	багато	[baˈɦato]
muito	багато	[baˈɦato]
muito, muitos, muitas	багато	[baˈɦato]
muitas pessoas	багато хто	[baˈɦato hto]
todos	всі	[wsi]

em troca de …	в обмін на…	[w ˈɔbmin na]
em troca	натомість	[naˈtɔmistʲ]
à mão	вручну	[wrutʃˈnu]
pouco provável	навряд чи	[nawˈrʲad tʃi]

provavelmente	мабуть	[maˈbutʲ]
de propósito	навмисно	[nawˈmisno]
por acidente	випадково	[wɪpadˈkɔwo]

muito	дуже	[ˈduʒɛ]
por exemplo	наприклад	[naˈpriklad]
entre	між	[miʒ]
entre (no meio de)	серед	[ˈsɛrɛd]
tanto	стільки	[ˈstilʲki]
especialmente	особливо	[osobˈliwo]

Conceitos básicos. Parte 2

16. Opostos

rico (adj)	багатий	[ba'ɦatij]
pobre (adj)	бідний	['bidnij]
doente (adj)	хворий	['hwɔrij]
bem (adj)	здоровий	[zdo'rɔwij]
grande (adj)	великий	[wɛ'likij]
pequeno (adj)	маленький	[ma'lɛnʲkij]
rapidamente	швидко	['ʃwidko]
lentamente	повільно	[po'wilʲno]
rápido (adj)	швидкий	[ʃwid'kij]
lento (adj)	повільний	[po'wilʲnij]
alegre (adj)	веселий	[wɛ'sɛlij]
triste (adj)	сумний	[sum'nij]
juntos (ir ~)	разом	['razom]
separadamente	окремо	[ok'rɛmo]
em voz alta (ler ~)	вголос	['wɦɔlos]
para si (em silêncio)	про себе	[pro 'sɛbɛ]
alto (adj)	високий	[wi'sɔkij]
baixo (adj)	низький	[nizʲ'kij]
profundo (adj)	глибокий	[ɦlɨ'bɔkij]
raso (adj)	мілкий	[mil'kij]
sim	так	[tak]
não	ні	[ni]
distante (adj)	далекий	[da'lɛkij]
próximo (adj)	близький	[blizʲ'kij]
longe	далеко	[da'lɛko]
à mão, perto	поруч	['pɔrutʃ]
longo (adj)	довгий	['dɔwɦij]
curto (adj)	короткий	[ko'rɔtkij]
bom (bondoso)	добрий	['dɔbrij]
mal (adj)	злий	['zlij]

| casado (adj) | одружений | [od'ruʒɛnij] |
| solteiro (adj) | холостий | [holos'tij] |

| proibir (vt) | заборонити | [zaboro'niti] |
| permitir (vt) | дозволити | [doz'wɔliti] |

| fim (m) | кінець (ч) | [ki'nɛts] |
| início (m) | початок (ч) | [po'tʃatok] |

| esquerdo (adj) | лівий | ['liwij] |
| direito (adj) | правий | ['prawij] |

| primeiro (adj) | перший | ['pɛrʃij] |
| último (adj) | останній | [os'tanij] |

| crime (m) | злочин (ч) | ['zlɔtʃin] |
| castigo (m) | кара (ж) | ['kara] |

| ordenar (vt) | наказати | [naka'zati] |
| obedecer (vt) | підкоритися | [pidko'ritisʲa] |

| reto (adj) | прямий | [prʲa'mij] |
| curvo (adj) | кривий | [kri'wij] |

| paraíso (m) | рай (ч) | [raj] |
| inferno (m) | пекло (с) | ['pɛklo] |

| nascer (vi) | народитися | [naro'ditisʲa] |
| morrer (vi) | померти | [po'mɛrti] |

| forte (adj) | сильний | ['siɫʲnij] |
| fraco, débil (adj) | слабкий | [slab'kij] |

| velho, idoso (adj) | старий | [sta'rij] |
| jovem (adj) | молодий | [molo'dij] |

| velho (adj) | старий | [sta'rij] |
| novo (adj) | новий | [no'wij] |

| duro (adj) | твердий | [twɛr'dij] |
| macio (adj) | м'який | [mʲʲa'kij] |

| quente (adj) | теплий | ['tɛplij] |
| frio (adj) | холодний | [ho'lɔdnij] |

| gordo (adj) | товстий | [tows'tij] |
| magro (adj) | худий | [hu'dij] |

| estreito (adj) | вузький | [wuzʲ'kij] |
| largo (adj) | широкий | [ʃi'rɔkij] |

| bom (adj) | добрий | ['dɔbrij] |
| mau (adj) | поганий | [po'ɦanij] |

| valente, corajoso (adj) | хоробрий | [ho'rɔbrij] |
| covarde (adj) | боягузливий | [boja'ɦuzlʲiwij] |

17. Dias da semana

segunda-feira (f)	понеділок (ч)	[pɔnɛ'dilok]
terça-feira (f)	вівторок (ч)	[wiw'tɔrok]
quarta-feira (f)	середа (ж)	[sɛrɛ'da]
quinta-feira (f)	четвер (ч)	[ʧɛt'wɛr]
sexta-feira (f)	п'ятниця (ж)	['pʲatniʦʲa]
sábado (m)	субота (ж)	[su'bɔta]
domingo (m)	неділя (ж)	[nɛ'dilʲa]

hoje	сьогодні	[sʲo'ɦɔdni]
amanhã	завтра	['zawtra]
depois de amanhã	післязавтра	[pislʲa'zawtra]
ontem	вчора	['wʧɔra]
anteontem	позавчора	[pozaw'ʧɔra]

dia (m)	день (ч)	[dɛnʲ]
dia (m) de trabalho	робочий день (ч)	[ro'bɔʧij dɛnʲ]
feriado (m)	святковий день (ч)	[swʲat'kɔwij dɛnʲ]
dia (m) de folga	вихідний день (ч)	[wiɦid'nij dɛnʲ]
fim (m) de semana	вихідні (мн)	[wiɦid'ni]

o dia todo	весь день	[wɛsʲ dɛnʲ]
no dia seguinte	на наступний день	[na na'stupnij dɛnʲ]
há dois dias	2 дні тому	[dwa dni 'tɔmu]
na véspera	напередодні	[napɛrɛ'dodni]
diário (adj)	щоденний	[ɕo'dɛnij]
todos os dias	щодня	[ɕod'nʲa]

semana (f)	тиждень (ч)	['tiʒdɛnʲ]
na semana passada	на минулому тижні	[na mi'nulomu 'tiʒni]
semana que vem	на наступному тижні	[na na'stupnomu 'tiʒni]
semanal (adj)	щотижневий	[ɕotiʒ'nɛwij]
toda semana	щотижня	[ɕo'tiʒnʲa]
duas vezes por semana	два рази на тиждень	[dwa 'razi na 'tiʒdɛnʲ]
toda terça-feira	кожен вівторок	['kɔʒɛn wiw'tɔrok]

18. Horas. Dia e noite

manhã (f)	ранок (ч)	['ranok]
de manhã	вранці	['wranʦi]
meio-dia (m)	полудень (ч)	['pɔludɛnʲ]
à tarde	після обіду	['pislʲa o'bidu]

tardinha (f)	вечір (ч)	['wɛʧir]
à tardinha	увечері	[u'wɛʧɛri]
noite (f)	ніч (ж)	[niʧ]
à noite	уночі	[uno'ʧi]
meia-noite (f)	північ (ж)	['piwniʧ]

segundo (m)	секунда (ж)	[sɛ'kunda]
minuto (m)	хвилина (ж)	[hwi'lina]
hora (f)	година (ж)	[ɦo'dina]

meia hora (f)	півгодини (мн)	[piwɦo'dini]
quarto (m) de hora	чверть (ж) години	[ʧwɛrtʲ ɦo'dini]
quinze minutos	15 хвилин	[pʲat'nadtsʲatʲ hwɨ'lin]
vinte e quatro horas	доба (ж)	[do'ba]

nascer (m) do sol	схід (ч) сонця	[shid 'sɔntsʲa]
amanhecer (m)	світанок (ч)	[swi'tanok]
madrugada (f)	ранній ранок (ч)	['ranij 'ranok]
pôr-do-sol (m)	захід (ч)	['zahid]

de madrugada	рано вранці	['rano 'wrantsi]
esta manhã	сьогодні вранці	[sʲo'ɦodni 'wrantsi]
amanhã de manhã	завтра вранці	['zawtra 'wrantsi]

esta tarde	сьогодні вдень	[sʲo'ɦodni wdɛnʲ]
à tarde	після обіду	['pislʲa o'bidu]
amanhã à tarde	завтра після обіду	['zawtra 'pislʲa o'bidu]

esta noite, hoje à noite	сьогодні увечері	[sʲo'ɦodni u'wɛʧɛri]
amanhã à noite	завтра увечері	['zawtra u'wɛʧɛri]

às três horas em ponto	рівно о третій годині	['riwno o t'rɛtij ɦo'dini]
por volta das quatro	біля четвертої години	['bilʲa ʧɛt'wɛrtoji ɦo'dini]
às doze	до дванадцятої години	[do dwa'nadtsʲatoji ɦo'dini]

em vinte minutos	за двадцять хвилин	[za 'dwadtsʲatʲ hwɨ'lin]
em uma hora	за годину	[za ɦo'dinu]
a tempo	вчасно	['wʧasno]

... um quarto para	без чверті	[bɛz 'ʧwɛrti]
dentro de uma hora	протягом години	['protʲaɦom ɦo'dini]
a cada quinze minutos	кожні п'ятнадцять хвилин	['kɔʒni pʲat'nadtsʲatʲ hwɨ'lin]
as vinte e quatro horas	цілодобово	[tsilodo'bowo]

19. Meses. Estações

janeiro (m)	січень (ч)	['siʧɛnʲ]
fevereiro (m)	лютий (ч)	['lʲutij]
março (m)	березень (ч)	['bɛrɛzɛnʲ]
abril (m)	квітень (ч)	['kwitɛnʲ]
maio (m)	травень (ч)	['trawɛnʲ]
junho (m)	червень (ч)	['ʧɛrwɛnʲ]

julho (m)	липень (ч)	['lipɛnʲ]
agosto (m)	серпень (ч)	['sɛrpɛnʲ]
setembro (m)	вересень (ч)	['wɛrɛsɛnʲ]
outubro (m)	жовтень (ч)	['ʒowtɛnʲ]
novembro (m)	листопад (ч)	[listo'pad]
dezembro (m)	грудень (ч)	['ɦrudɛnʲ]

primavera (f)	весна (ж)	[wɛs'na]
na primavera	навесні	[nawɛs'ni]
primaveril (adj)	весняний	[wɛs'nʲanij]
verão (m)	літо (с)	['lito]

no verão	влітку	['wlitku]
de verão	літній	['litnij]
outono (m)	осінь (ж)	['ɔsinʲ]
no outono	восени	[wosɛ'ni]
outonal (adj)	осінній	[o'sinij]
inverno (m)	зима (ж)	[zi'ma]
no inverno	взимку	['wzimku]
de inverno	зимовий	[zi'mɔwij]
mês (m)	місяць (ч)	['misʲats]
este mês	в цьому місяці	[w tsʲomu 'misʲatsi]
mês que vem	в наступному місяці	[w na'stupnomu 'misʲatsi]
no mês passado	в минулому місяці	[w mi'nulomu 'misʲatsi]
um mês atrás	місяць тому	['misʲats 'tomu]
em um mês	через місяць	['tʃɛrɛz 'misʲats]
em dois meses	через 2 місяці	['tʃɛrɛz dwa 'misʲatsi]
todo o mês	весь місяць	[wɛsʲ 'misʲats]
um mês inteiro	цілий місяць	['tsilij 'misʲats]
mensal (adj)	щомісячний	[ɕo'misʲatʃnij]
mensalmente	щомісяця	[ɕo'misʲatsʲa]
todo mês	кожний місяць	['kɔɲij 'misʲats]
duas vezes por mês	два рази на місяць	[dwa 'razi na 'misʲats]
ano (m)	рік (ч)	[rik]
este ano	в цьому році	[w tsʲomu 'rɔtsi]
ano que vem	в наступному році	[w na'stupnomu 'rɔtsi]
no ano passado	в минулому році	[w mi'nulomu 'rɔtsi]
há um ano	рік тому	[rik 'tomu]
em um ano	через рік	['tʃɛrɛz rik]
dentro de dois anos	через два роки	['tʃɛrɛz dwa 'rɔki]
todo o ano	увесь рік	[u'wɛsʲ rik]
um ano inteiro	цілий рік	['tsilij rik]
cada ano	кожен рік	['kɔʒɛn 'rik]
anual (adj)	щорічний	[ɕo'ritʃnij]
anualmente	щороку	[ɕo'rɔku]
quatro vezes por ano	чотири рази на рік	[tʃo'tiri 'razi na rik]
data (~ de hoje)	число (с)	[tʃis'lɔ]
data (ex. ~ de nascimento)	дата (ж)	['data]
calendário (m)	календар (ч)	[kalɛn'dar]
meio ano	півроку	[piw'rɔku]
seis meses	піврічча (с)	[piw'ritʃʲa]
estação (f)	сезон (ч)	[sɛ'zɔn]
século (m)	вік (ч)	[wik]

20. Tempo. Diversos

tempo (m)	час (с)	[tʃas]
momento (m)	мить (ж)	[mitʲ]

instante (m)	мить (ж)	[mitʲ]
instantâneo (adj)	миттєвий	[mit'tɛwij]
lapso (m) de tempo	відрізок (ч)	[wid'rizok]
vida (f)	життя (с)	[ʒitʲ'tʲa]
eternidade (f)	вічність (ж)	['witʃnistʲ]

época (f)	епоха (ж)	[ɛ'pɔha]
era (f)	ера (ж)	['ɛra]
ciclo (m)	цикл (ч)	['tsikl]
período (m)	період (ч)	[pɛ'riod]
prazo (m)	термін (ч)	['tɛrmin]

futuro (m)	майбутнє (с)	[maj'butnɛ]
futuro (adj)	майбутній	[maj'butnij]
da próxima vez	наступного разу	[na'stupnoɦo 'razu]
passado (m)	минуле (с)	[mi'nulɛ]
passado (adj)	минулий	[mi'nulij]
na última vez	минулого разу	[mi'nuloɦo 'razu]
mais tarde	пізніше	[piz'niʃɛ]
depois de ...	після	['pislʲa]
atualmente	сьогодення	[sʲoɦo'dɛnʲa]
agora	зараз	['zaraz]
imediatamente	негайно	[nɛ'ɦajno]
em breve	незабаром	[nɛza'barom]
de antemão	завчасно	[zaw'tʃasno]

há muito tempo	давно	[daw'nɔ]
recentemente	нещодавно	[nɛɕo'dawno]
destino (m)	доля (ж)	['dɔlʲa]
recordações (f pl)	пам'ять (ж)	['pamʲʲatʲ]
arquivo (m)	архів (ч)	[ar'hiw]
durante ...	під час	[pid 'tʃas]
durante muito tempo	довго	['dɔwɦo]
pouco tempo	недовго	[nɛ'dɔwɦo]
cedo (levantar-se ~)	рано	['rano]
tarde (deitar-se ~)	пізно	['pizno]

para sempre	назавжди	[na'zawʒdi]
começar (vt)	починати	[potʃi'nati]
adiar (vt)	перенести	[pɛrɛ'nɛsti]

ao mesmo tempo	одночасно	[odno'tʃasno]
permanentemente	постійно	[pos'tijno]
constante (~ ruído, etc.)	постійний	[pos'tijnij]
temporário (adj)	тимчасовий	[timtʃa'sɔwij]

às vezes	інколи	['inkoli]
raras vezes, raramente	рідко	['ridko]
frequentemente	часто	['tʃasto]

21. Linhas e formas

| quadrado (m) | квадрат (ч) | [kwad'rat] |
| quadrado (adj) | квадратний | [kwad'ratnij] |

círculo (m)	коло (с)	['kɔlo]
redondo (adj)	круглий	['kruɦlij]
triângulo (m)	трикутник (ч)	[tri'kutnik]
triangular (adj)	трикутний	[tri'kutnij]

oval (f)	овал (ч)	[o'wal]
oval (adj)	овальний	[o'walʲnij]
retângulo (m)	прямокутник (ч)	[prʲamo'kutnik]
retangular (adj)	прямокутний	[prʲamo'kutnij]

pirâmide (f)	піраміда (ж)	[pira'mida]
losango (m)	ромб (ч)	[romb]
trapézio (m)	трапеція (ж)	[tra'pɛtsiʲa]
cubo (m)	куб (ч)	[kub]
prisma (m)	призма (ж)	['prizma]

circunferência (f)	коло (с)	['kɔlo]
esfera (f)	сфера (ж)	['sfɛra]
globo (m)	куля (ж)	['kulʲa]
diâmetro (m)	діаметр (ч)	[di'amɛtr]
raio (m)	радіус (ч)	['radius]
perímetro (m)	периметр (ч)	[pɛ'rimɛtr]
centro (m)	центр (ч)	[tsɛntr]

horizontal (adj)	горизонтальний	[ɦorizon'talʲnij]
vertical (adj)	вертикальний	[wɛrti'kalʲnij]
paralela (f)	паралель (ж)	[para'lɛlʲ]
paralelo (adj)	паралельний	[para'lɛlʲnij]

linha (f)	лінія (ж)	['liniʲa]
traço (m)	риса (ж)	['risa]
reta (f)	пряма лінія (ж)	[prʲa'ma 'liniʲa]
curva (f)	крива лінія (ж)	[kri'wa 'liniʲa]
fino (linha ~a)	тонкий	[ton'kij]
contorno (m)	контур (ч)	['kɔntur]

interseção (f)	перетин (ч)	[pɛ'rɛtin]
ângulo (m) reto	прямий кут (ч)	[prʲa'mij kut]
segmento (m)	сегмент (ч)	[sɛɦ'mɛnt]
setor (m)	сектор (ч)	['sɛktor]
lado (de um triângulo, etc.)	бік (ч)	[bik]
ângulo (m)	кут (ч)	[kut]

22. Unidades de medida

peso (m)	вага (ж)	[wa'ɦa]
comprimento (m)	довжина (ж)	[dowʒi'na]
largura (f)	ширина (ж)	[ʃiri'na]
altura (f)	висота (ж)	[wiso'ta]
profundidade (f)	глибина (ж)	[ɦlibi'na]
volume (m)	об'єм (ч)	[o'b'ɛm]
área (f)	площа (ж)	['plɔɕa]
grama (m)	грам (ч)	[ɦram]
miligrama (m)	міліграм (ч)	[mili'ɦram]

quilograma (m)	кілограм (ч)	[kilo'ɦram]
tonelada (f)	тонна (ж)	['tɔna]
libra (453,6 gramas)	фунт (ч)	['funt]
onça (f)	унція (ж)	['untsiˈa]

metro (m)	метр (ч)	[mɛtr]
milímetro (m)	міліметр (ч)	[mili'mɛtr]
centímetro (m)	сантиметр (ч)	[santi'mɛtr]
quilômetro (m)	кілометр (ч)	[kilo'mɛtr]
milha (f)	миля (ж)	['miˈla]

polegada (f)	дюйм (ч)	[dˈujm]
pé (304,74 mm)	фут (ч)	[fut]
jarda (914,383 mm)	ярд (ч)	[jard]

| metro (m) quadrado | квадратний метр (ч) | [kwad'ratnij mɛtr] |
| hectare (m) | гектар (ч) | [ɦɛk'tar] |

litro (m)	літр (ч)	[litr]
grau (m)	градус (ч)	['ɦradus]
volt (m)	вольт (ч)	[wolˈt]
ampère (m)	ампер (ч)	[am'pɛr]
cavalo (m) de potência	кінська сила (ж)	['kinsˈka 'siˈla]

quantidade (f)	кількість (ж)	['kilˈkistˈ]
um pouco de ...	небагато...	[nɛba'ɦato]
metade (f)	половина (ж)	[polo'wina]
dúzia (f)	дюжина (ж)	['dˈuʒina]
peça (f)	штука (ж)	['ʃtuka]

| tamanho (m), dimensão (f) | розмір (ч) | ['rɔzmir] |
| escala (f) | масштаб (ч) | [masʃ'tab] |

mínimo (adj)	мінімальний	[mini'malˈnij]
menor, mais pequeno	найменший	[naj'mɛnʃij]
médio (adj)	середній	[sɛ'rɛdnij]
máximo (adj)	максимальний	[maksi'malˈnij]
maior, mais grande	найбільший	[naj'bilˈʃij]

23. Recipientes

pote (m) de vidro	банка (ж)	['banka]
lata (~ de cerveja)	банка (ж)	['banka]
balde (m)	відро (с)	[wid'rɔ]
barril (m)	бочка (ж)	['bɔtʃka]

bacia (~ de plástico)	таз (ч)	[taz]
tanque (m)	бак (ч)	[bak]
cantil (m) de bolso	фляжка (ж)	['flˈaʒka]
galão (m) de gasolina	каністра (ж)	[ka'nistra]
cisterna (f)	цистерна (ж)	[tsis'tɛrna]

| caneca (f) | кухоль (ч) | ['kuholˈ] |
| xícara (f) | чашка (ж) | ['tʃaʃka] |

pires (m)	блюдце (c)	['blʲudtsɛ]
copo (m)	склянка (ж)	['sklʲanka]
taça (f) de vinho	келих (ч)	['kɛlɨh]
panela (f)	каструля (ж)	[kas'trulʲa]
garrafa (f)	пляшка (ж)	['plʲaʃka]
gargalo (m)	горлечко	['ɦɔrlɛtʃko]
jarra (f)	карафа (ж)	[ka'rafa]
jarro (m)	глечик (ч)	['ɦlɛtʃik]
recipiente (m)	посудина (ж)	[po'sudina]
pote (m)	горщик (ч)	['ɦɔrɕik]
vaso (m)	ваза (ж)	['waza]
frasco (~ de perfume)	флакон (ч)	[fla'kɔn]
frasquinho (m)	пляшечка (ж)	['plʲaʃɛtʃka]
tubo (m)	тюбик (ч)	['tʲubik]
saco (ex. ~ de açúcar)	мішок (ч)	[mi'ʃɔk]
sacola (~ plastica)	пакет (ч)	[pa'kɛt]
maço (de cigarros, etc.)	пачка (ж)	['patʃka]
caixa (~ de sapatos, etc.)	коробка (ж)	[ko'rɔbka]
caixote (~ de madeira)	ящик (ч)	['ʲaɕik]
cesto (m)	кошик (ч)	['kɔʃik]

24. Materiais

material (m)	матеріал (ч)	[matɛri'al]
madeira (f)	дерево (c)	['dɛrɛwo]
de madeira	дерев'яний	[dɛrɛ'wʲanij]
vidro (m)	скло (c)	['sklɔ]
de vidro	скляний	[sklʲa'nij]
pedra (f)	камінь (ч)	['kaminʲ]
de pedra	кам'яний	[kam'ʲa'nij]
plástico (m)	пластмаса (ж)	[plast'masa]
plástico (adj)	пластмасовий	[plast'masowij]
borracha (f)	гума (ж)	['ɦuma]
de borracha	гумовий	['ɦumowij]
tecido, pano (m)	тканина (ж)	[tka'nina]
de tecido	з тканини	[z tka'nini]
papel (m)	папір (ч)	[pa'pir]
de papel	паперовий	[papɛ'rɔwij]
papelão (m)	картон (ч)	[kar'tɔn]
de papelão	картонний	[kar'tɔnij]
polietileno (m)	поліетилен (ч)	[poliɛti'lɛn]
celofane (m)	целофан (ч)	[tsɛlo'fan]

linóleo (m)	лінолеум (ч)	[liˈnɔlɛum]
madeira (f) compensada	фанера (ж)	[faˈnɛra]

porcelana (f)	фарфор (ч)	[ˈfarfor]
de porcelana	порцеляновий	[porʦɛˈlʲanowɨj]
argila (f), barro (m)	глина (ж)	[ˈɦlina]
de barro	глиняний	[ˈɦlinʲanɨj]
cerâmica (f)	кераміка (ж)	[kɛˈramika]
de cerâmica	керамічний	[kɛraˈmiʧnɨj]

25. Metais

metal (m)	метал (ч)	[mɛˈtal]
metálico (adj)	металевий	[mɛtaˈlɛwɨj]
liga (f)	сплав (ч)	[splaw]

ouro (m)	золото (с)	[ˈzɔloto]
de ouro	золотий	[zoloˈtɨj]
prata (f)	срібло (с)	[ˈsriblo]
de prata	срібний	[ˈsribnɨj]

ferro (m)	залізо (с)	[zaˈlizo]
de ferro	залізний	[zaˈliznɨj]
aço (m)	сталь (ж)	[stalʲ]
de aço (adj)	сталевий	[staˈlɛwɨj]
cobre (m)	мідь (ж)	[midʲ]
de cobre	мідний	[ˈmidnɨj]

alumínio (m)	алюміній (ч)	[alʲuˈminij]
de alumínio	алюмінієвий	[alʲuˈminiɛwɨj]
bronze (m)	бронза (ж)	[ˈbrɔnza]
de bronze	бронзовий	[ˈbrɔnzowɨj]

latão (m)	латунь (ж)	[laˈtunʲ]
níquel (m)	нікель (ч)	[ˈnikɛlʲ]
platina (f)	платина (ж)	[ˈplatina]
mercúrio (m)	ртуть (ж)	[rtutʲ]
estanho (m)	олово (с)	[ˈɔlowo]
chumbo (m)	свинець (ч)	[swiˈnɛʦ]
zinco (m)	цинк (ч)	[ˈʦink]

O SER HUMANO

O ser humano. O corpo

26. Humanos. Conceitos básicos

ser (m) humano	людина (ж)	[lʲuˈdina]
homem (m)	чоловік (ч)	[ʧoloˈwik]
mulher (f)	жінка (ж)	[ˈʒinka]
criança (f)	дитина (ж)	[diˈtina]
menina (f)	дівчинка (ж)	[ˈdiwʧinka]
menino (m)	хлопчик (ч)	[ˈhlɔpʧik]
adolescente (m)	підліток (ч)	[ˈpidlitok]
velho (m)	старий (ч)	[staˈrij]
velha (f)	стара жінка (ж)	[staˈra ˈʒinka]

27. Anatomia humana

organismo (m)	організм (ч)	[orɦaˈnizm]
coração (m)	серце (c)	[ˈsɛrʦɛ]
sangue (m)	кров (ж)	[krow]
artéria (f)	артерія (ж)	[arˈtɛriʲa]
veia (f)	вена (ж)	[ˈwɛna]
cérebro (m)	мозок (ч)	[ˈmɔzok]
nervo (m)	нерв (ч)	[nɛrw]
nervos (m pl)	нерви (мн)	[ˈnɛrwi]
vértebra (f)	хребець (ч)	[hrɛˈbɛʦ]
coluna (f) vertebral	хребет (ч)	[hrɛˈbɛt]
estômago (m)	шлунок (ч)	[ˈʃlunok]
intestinos (m pl)	кишечник (ч)	[kiˈʃɛʧnik]
intestino (m)	кишка (ж)	[ˈkiʃka]
fígado (m)	печінка (ж)	[pɛˈʧinka]
rim (m)	нирка (ж)	[ˈnirka]
osso (m)	кістка (ж)	[ˈkistka]
esqueleto (m)	скелет (ч)	[skɛˈlɛt]
costela (f)	ребро (c)	[rɛbˈrɔ]
crânio (m)	череп (ч)	[ˈʧɛrɛp]
músculo (m)	м'яз (ч)	[ˈmʲʲaz]
bíceps (m)	біцепс (ч)	[ˈbiʦɛps]
tríceps (m)	трицепс (ч)	[ˈtriʦɛps]
tendão (m)	сухожилля (c)	[suhoˈʒilʲʲa]
articulação (f)	суглоб (ч)	[suɦˈlɔb]

pulmões (m pl)	легені (мн)	[lɛ'ɦɛni]
órgãos (m pl) genitais	статеві органи (мн)	[sta'tɛwi 'ɔrɦani]
pele (f)	шкіра (ж)	['ʃkira]

28. Cabeça

cabeça (f)	голова (ж)	[ɦolo'wa]
rosto, cara (f)	обличчя (с)	[ob'litʃʲa]
nariz (m)	ніс (ч)	[nis]
boca (f)	рот (ч)	[rot]

olho (m)	око (с)	['ɔko]
olhos (m pl)	очі (мн)	['ɔtʃi]
pupila (f)	зіниця (ж)	[zi'nitsʲa]
sobrancelha (f)	брова (ж)	[bro'wa]
cílio (f)	вія (ж)	['wiʲa]
pálpebra (f)	повіка (ж)	[po'wika]

língua (f)	язик (ч)	[ja'zik]
dente (m)	зуб (ч)	[zub]
lábios (m pl)	губи (мн)	['ɦubi]
maçãs (f pl) do rosto	вилиці (мн)	['wilitsi]
gengiva (f)	ясна (мн)	['ʲasna]
palato (m)	піднебіння (с)	[pidnɛ'binʲa]

narinas (f pl)	ніздрі (мн)	['nizdri]
queixo (m)	підборіддя (с)	[pidbo'riddʲa]
mandíbula (f)	щелепа (ж)	[ɕɛ'lɛpa]
bochecha (f)	щока (ж)	[ɕo'ka]

testa (f)	чоло (с)	[tʃo'lɔ]
têmpora (f)	скроня (ж)	['skronʲa]
orelha (f)	вухо (с)	['wuho]
costas (f pl) da cabeça	потилиця (ж)	[po'tilitsʲa]
pescoço (m)	шия (ж)	['ʃʲa]
garganta (f)	горло (с)	['ɦɔrlo]

cabelo (m)	волосся (с)	[wo'lɔssʲa]
penteado (m)	зачіска (ж)	['zatʃiska]
corte (m) de cabelo	стрижка (ж)	['striʒka]
peruca (f)	парик (ч)	[pa'rik]

bigode (m)	вуса (мн)	['wusa]
barba (f)	борода (ж)	[boro'da]
ter (~ barba, etc.)	носити	[no'siti]
trança (f)	коса (ж)	[ko'sa]
suíças (f pl)	бакенбарди (мн)	[bakɛn'bardi]

ruivo (adj)	рудий	[ru'dij]
grisalho (adj)	сивий	['siwij]
careca (adj)	лисий	['lisij]
calva (f)	лисина (ж)	['lisina]
rabo-de-cavalo (m)	хвіст (ч)	[hwist]
franja (f)	чубчик (ч)	['tʃubtʃik]

29. Corpo humano

mão (f)	кисть (ж)	[kistⁱ]
braço (m)	рука (ж)	[ru'ka]

dedo (m)	палець (ч)	['palɛʦ]
dedo (m) do pé	палець	['palɛʦⁱ]
polegar (m)	великий палець (ч)	[wɛ'likij 'palɛʦ]
dedo (m) mindinho	мізинець (ч)	[mi'zinɛʦ]
unha (f)	ніготь (ч)	['niɦotⁱ]

punho (m)	кулак (ч)	[ku'lak]
palma (f)	долоня (ж)	[do'lonⁱa]
pulso (m)	зап'ясток (ч)	[za'pʲastok]
antebraço (m)	передпліччя (c)	[pɛrɛdp'litʃʲa]
cotovelo (m)	лікоть (ч)	['likotⁱ]
ombro (m)	плече (c)	[plɛ'ʧɛ]

perna (f)	гомілка (ж)	[ɦo'milka]
pé (m)	ступня (ж)	[stup'nⁱa]
joelho (m)	коліно (c)	[ko'lino]
panturrilha (f)	литка (ж)	['litka]
quadril (m)	стегно (c)	[stɛɦ'nɔ]
calcanhar (m)	п'ятка (ж)	['pʲatka]

corpo (m)	тіло (c)	['tilo]
barriga (f), ventre (m)	живіт (ч)	[ʒⁱ'wit]
peito (m)	груди (мн)	['ɦrudi]
seio (m)	груди (мн)	['ɦrudi]
lado (m)	бік (ч)	[bik]
costas (dorso)	спина (ж)	['spina]
região (f) lombar	поперек (ч)	[popɛ'rɛk]
cintura (f)	талія (ж)	['taliⁱa]

umbigo (m)	пупок (ч)	[pu'pɔk]
nádegas (f pl)	сідниці (мн)	[sid'niʦi]
traseiro (m)	зад (ч)	[zad]

sinal (m), pinta (f)	родимка (ж)	['rɔdimka]
sinal (m) de nascença	родима пляма (ж)	[ro'dima 'plⁱama]
tatuagem (f)	татуювання (c)	[tatuⁱu'wanⁱa]
cicatriz (f)	рубець (ч)	[ru'bɛʦ]

Vestuário & Acessórios

30. Roupa exterior. Casacos

roupa (f)	одяг (ч)	['ɔdʲaɦ]
roupa (f) exterior	верхній одяг (ч)	['wɛrhnij 'ɔdʲaɦ]
roupa (f) de inverno	зимовий одяг (ч)	[zi'mɔwij 'ɔdʲaɦ]
sobretudo (m)	пальто (с)	[palʲ'tɔ]
casaco (m) de pele	шуба (ж)	['ʃuba]
jaqueta (f) de pele	кожушок (ч)	[koʒu'ʃɔk]
casaco (m) acolchoado	пуховик (ч)	[puho'wik]
casaco (m), jaqueta (f)	куртка (ж)	['kurtka]
impermeável (m)	плащ (ч)	[plaɕ]
a prova d'água	непромокальний	[nɛpromo'kalʲnij]

31. Vestuário de homem & mulher

camisa (f)	сорочка (ж)	[so'rɔtʃka]
calça (f)	штани (мн)	[ʃta'ni]
jeans (m)	джинси (мн)	['dʒinsi]
paletó, terno (m)	піджак (ч)	[pi'dʒak]
terno (m)	костюм (ч)	[kos'tʲum]
vestido (ex. ~ de noiva)	сукня (ж)	['suknʲa]
saia (f)	спідниця (ж)	[spid'nitsʲa]
blusa (f)	блузка (ж)	['bluzka]
casaco (m) de malha	кофта (ж)	['kɔfta]
casaco, blazer (m)	жакет (ч)	[ʒa'kɛt]
camiseta (f)	футболка (ж)	[fut'bɔlka]
short (m)	шорти (мн)	['ʃɔrti]
training (m)	спортивний костюм (ч)	[spor'tiwnij kos'tʲum]
roupão (m) de banho	халат (ч)	[ha'lat]
pijama (m)	піжама (ж)	[pi'ʒama]
suéter (m)	светр (ч)	[swɛtr]
pulôver (m)	пуловер (ч)	[pulo'wɛr]
colete (m)	жилет (ч)	[ʒi'lɛt]
fraque (m)	фрак (ч)	[frak]
smoking (m)	смокінг (ч)	['smɔkinɦ]
uniforme (m)	форма (ж)	['fɔrma]
roupa (f) de trabalho	робочий одяг (ч)	[ro'bɔtʃij 'ɔdʲaɦ]
macacão (m)	комбінезон (ч)	[kombinɛ'zɔn]
jaleco (m), bata (f)	халат (ч)	[ha'lat]

32. Vestuário. Roupa interior

roupa (f) íntima	білизна (ж)	[bi'lizna]
cueca boxer (f)	труси (мн)	[tru'si]
calcinha (f)	жіноча білизна	[ʒi'nɔtʃa biliz'na]
camiseta (f)	майка (ж)	['majka]
meias (f pl)	шкарпетки (мн)	[ʃkar'pɛtki]
camisola (f)	нічна сорочка (ж)	[nitʃ'na so'rɔtʃka]
sutiã (m)	бюстгальтер (ч)	[bʲust'halʲtɛr]
meias longas (f pl)	гольфи (мн)	['hɔlʲfi]
meias-calças (f pl)	колготки (мн)	[kol'hɔtki]
meias (~ de nylon)	панчохи (мн)	[pan'tʃɔhi]
maiô (m)	купальник (ч)	[ku'palʲnik]

33. Adereços de cabeça

chapéu (m), touca (f)	шапка (ж)	['ʃapka]
chapéu (m) de feltro	капелюх (ч)	[kapɛ'lʲuh]
boné (m) de beisebol	бейсболка (ж)	[bɛjs'bɔlka]
boina (~ italiana)	кашкет (ч)	[kaʃ'kɛt]
boina (ex. ~ basca)	берет (ч)	[bɛ'rɛt]
capuz (m)	каптур (ч)	[kap'tur]
chapéu panamá (m)	панамка (ж)	[pa'namka]
touca (f)	в'язана шапочка (ж)	['wʲazana 'ʃapotʃka]
lenço (m)	хустка (ж)	['hustka]
chapéu (m) feminino	капелюшок (ч)	[kapɛ'lʲuʃok]
capacete (m) de proteção	каска (ж)	['kaska]
bibico (m)	пілотка (ж)	[pi'lɔtka]
capacete (m)	шолом (ч)	[ʃo'lɔm]
chapéu-coco (m)	котелок (ч)	[kotɛ'lɔk]
cartola (f)	циліндр (ч)	[tsi'lindr]

34. Calçado

calçado (m)	взуття (с)	[wzut'tʲa]
botinas (f pl), sapatos (m pl)	черевики (мн)	[tʃɛrɛ'wiki]
sapatos (de salto alto, etc.)	туфлі (мн)	['tufli]
botas (f pl)	чоботи (мн)	['tʃɔboti]
pantufas (f pl)	капці (мн)	['kaptsi]
tênis (~ Nike, etc.)	кросівки (мн)	[kro'siwki]
tênis (~ Converse)	кеди (мн)	['kɛdi]
sandálias (f pl)	сандалі (мн)	[san'dali]
sapateiro (m)	чоботар (ч)	[tʃobo'tar]
salto (m)	каблук (ч)	[kab'luk]

par (m)	пара (ж)	['para]
cadarço (m)	шнурок (ч)	[ʃnu'rɔk]
amarrar os cadarços	шнурувати	[ʃnuru'watɨ]
calçadeira (f)	ріжок (ч) для взуття	[ri'ʒɔk dlʲa wzu'tʲa]
graxa (f) para calçado	крем (ч) для взуття	[krɛm dlʲa wzut'tʲa]

35. Têxtil. Tecidos

algodão (m)	бавовна (ж)	[ba'wɔwna]
de algodão	з бавовни	[z ba'wɔwnɨ]
linho (m)	льон (ч)	[lʲon]
de linho	з льону	[z lʲonu]
seda (f)	шовк (ч)	['ʃowk]
de seda	шовковий	[ʃow'kɔwɨj]
lã (f)	вовна (ж)	['wɔwna]
de lã	вовняний	['wɔwnʲanɨj]
veludo (m)	оксамит (ч)	[oksa'mɨt]
camurça (f)	замша (ж)	['zamʃa]
veludo (m) cotelê	вельвет (ч)	[wɛlʲ'wɛt]
nylon (m)	нейлон (ч)	[nɛj'lɔn]
de nylon	з нейлону	[z nɛj'lɔnu]
poliéster (m)	поліестер (ч)	[poli'ɛstɛr]
de poliéster	поліестровий	[poli'ɛstrowɨj]
couro (m)	шкіра (ж)	['ʃkira]
de couro	зі шкіри	[zi 'ʃkirɨ]
pele (f)	хутро (с)	['hutro]
de pele	хутряний	[hu'trʲanɨj]

36. Acessórios pessoais

luva (f)	рукавички (мн)	[ruka'wɨtʃkɨ]
mitenes (f pl)	рукавиці (мн)	[ruka'wɨtsi]
cachecol (m)	шарф (ч)	[ʃarf]
óculos (m pl)	окуляри (мн)	[oku'lʲari]
armação (f)	оправа (ж)	[op'rawa]
guarda-chuva (m)	парасолька (ж)	[para'sɔlʲka]
bengala (f)	ціпок (ч)	[tsi'pɔk]
escova (f) para o cabelo	щітка (ж) для волосся	['ɕitka dlʲa wo'lɔssʲa]
leque (m)	віяло (с)	['wiʲalo]
gravata (f)	краватка (ж)	[kra'watka]
gravata-borboleta (f)	краватка-метелик (ж)	[kra'watka mɛ'tɛlik]
suspensórios (m pl)	підтяжки (мн)	[pid'tʲaʒkɨ]
lenço (m)	носовичок (ч)	[nosowɨ'tʃɔk]
pente (m)	гребінець (ч)	[ɦrɛbi'nɛts]
fivela (f) para cabelo	заколка (ж)	[za'kɔlka]

| grampo (m) | шпилька (ж) | ['ʃpilʲka] |
| fivela (f) | пряжка (ж) | ['prʲaʒka] |

| cinto (m) | ремінь (ч) | ['rɛminʲ] |
| alça (f) de ombro | ремінь (ч) | ['rɛminʲ] |

bolsa (f)	сумка (ж)	['sumka]
bolsa (feminina)	сумочка (ж)	['sumotʃka]
mochila (f)	рюкзак (ч)	[rʲuk'zak]

37. Vestuário. Diversos

moda (f)	мода (ж)	['mɔda]
na moda (adj)	модний	['mɔdnij]
estilista (m)	модельєр (ч)	[modɛ'lʲɛr]

colarinho (m)	комір (ч)	['kɔmir]
bolso (m)	кишеня (ж)	[ki'ʃɛnʲa]
de bolso	кишеньковий	[kiʃɛnʲ'kɔwij]
manga (f)	рукав (ч)	[ru'kaw]
ganchinho (m)	петля (ж)	[pɛt'lʲa]
bragueta (f)	ширинка (ж)	[ʃi'rinka]

zíper (m)	блискавка (ж)	['bliskawka]
colchete (m)	застібка (ж)	['zastibka]
botão (m)	ґудзик (ч)	['gudzik]
botoeira (casa de botão)	петля (ж)	[pɛt'lʲa]
soltar-se (vr)	відірватися	[widir'watisʲa]

costurar (vi)	шити	['ʃiti]
bordar (vt)	вишивати	[wiʃi'wati]
bordado (m)	вишивка (ж)	['wiʃiwka]
agulha (f)	голка (ж)	['hɔlka]
fio, linha (f)	нитка (ж)	['nitka]
costura (f)	шов (ч)	[ʃow]

sujar-se (vr)	забруднитися	[zabrud'nitisʲa]
mancha (f)	пляма (ж)	['plʲama]
amarrotar-se (vr)	зім'ятися	[zi'mʲatisʲa]
rasgar (vt)	порвати	[por'wati]
traça (f)	міль (ж)	[milʲ]

38. Cuidados pessoais. Cosméticos

pasta (f) de dente	зубна паста (ж)	[zub'na 'pasta]
escova (f) de dente	зубна щітка (ж)	[zub'na 'çitka]
escovar os dentes	чистити зуби	['tʃistiti 'zubi]

gilete (f)	бритва (ж)	['britwa]
creme (m) de barbear	крем (ч) для гоління	[krɛm dlʲa ɦo'linʲa]
barbear-se (vr)	голитися	[ɦo'litisʲa]
sabonete (m)	мило (с)	['miɫo]

xampu (m)	шампунь (ч)	[ʃam'punʲ]
tesoura (f)	ножиці (мн)	['nɔʒɨtsi]
lixa (f) de unhas	пилочка (ж) для нігтів	['pɨlotʃka dlʲa 'niɦtiw]
corta-unhas (m)	щипчики (мн)	['ɕiptʃiki]
pinça (f)	пінцет (ч)	[pin'tsɛt]

cosméticos (m pl)	косметика (ж)	[kos'mɛtika]
máscara (f)	маска (ж)	['maska]
manicure (f)	манікюр (ч)	[mani'kʲur]
fazer as unhas	робити манікюр	[ro'bitɨ mani'kʲur]
pedicure (f)	педикюр (ч)	[pɛdi'kʲur]

bolsa (f) de maquiagem	косметичка (ж)	[kosmɛ'titʃka]
pó (de arroz)	пудра (ж)	['pudra]
pó (m) compacto	пудрениця (ж)	['pudrɛnɨtsʲa]
blush (m)	рум'яна (мн)	[ru'mʲana]

perfume (m)	парфуми (мн)	[par'fumi]
água-de-colônia (f)	туалетна вода (ж)	[tua'lɛtna wo'da]
loção (f)	лосьйон (ч)	[lo'sjɔn]
colônia (f)	одеколон (ч)	[odɛko'lɔn]

sombra (f) de olhos	тіні (мн) для повік	['tini dlʲa po'wik]
delineador (m)	олівець (ч) для очей	[oli'wɛts dlʲa o'tʃɛj]
máscara (f), rímel (m)	туш (ж)	[tuʃ]

batom (m)	губна помада (ж)	[ɦub'na po'mada]
esmalte (m)	лак (ч) для нігтів	[lak dlʲa 'niɦtiw]
laquê (m), spray fixador (m)	лак (ч) для волосся	[lak dlʲa wo'lɔssʲa]
desodorante (m)	дезодорант (ч)	[dɛzodo'rant]

creme (m)	крем (ч)	[krɛm]
creme (m) de rosto	крем (ч) для обличчя	[krɛm dlʲa ob'litʃʲa]
creme (m) de mãos	крем (ч) для рук	[krɛm dlʲa ruk]
creme (m) antirrugas	крем (ч) проти зморшок	[krɛm 'protɨ 'zmorʃok]
creme (m) de dia	денний крем (ч)	['dɛnnij krɛm]
creme (m) de noite	нічний крем (ч)	[nitʃʲnij krɛm]
de dia	денний	['dɛnij]
da noite	нічний	[nitʃʲnij]

absorvente (m) interno	тампон (ч)	[tam'pɔn]
papel (m) higiênico	туалетний папір (ч)	[tua'lɛtnij pa'pir]
secador (m) de cabelo	фен (ч)	[fɛn]

39. Joalheria

joias (f pl)	коштовність (ж)	[koʃ'townistʲ]
precioso (adj)	коштовний	[koʃ'townij]
marca (f) de contraste	проба (ж)	['prɔba]

anel (m)	каблучка (ж)	[kab'lutʃka]
aliança (f)	обручка (ж)	[ob'rutʃka]
pulseira (f)	браслет (ч)	[bras'lɛt]
brincos (m pl)	сережки (мн)	[sɛ'rɛʒki]

colar (m)	намисто (c)	[na'mɪsto]
coroa (f)	корона (ж)	[ko'rɔna]
colar (m) de contas	намисто (c)	[na'mɪsto]

diamante (m)	діамант (ч)	[dia'mant]
esmeralda (f)	смарагд (ч)	[sma'raɦd]
rubi (m)	рубін (ч)	[ru'bin]
safira (f)	сапфір (ч)	[sap'fir]
pérola (f)	перли (мн)	['pɛrli]
âmbar (m)	бурштин (ч)	[burʃ'tin]

40. Relógios de pulso. Relógios

relógio (m) de pulso	годинник (ч)	[ɦo'dɪnik]
mostrador (m)	циферблат (ч)	[tsifɛrb'lat]
ponteiro (m)	стрілка (ж)	['strilka]
bracelete (em aço)	браслет (ч)	[bras'lɛt]
bracelete (em couro)	ремінець (ч)	[rɛmi'nɛts]

pilha (f)	батарейка (ж)	[bata'rɛjka]
acabar (vi)	сісти	['sisti]
trocar a pilha	поміняти батарейку	[pomi'nʲati bata'rɛjku]
estar adiantado	поспішати	[pospi'ʃati]
estar atrasado	відставати	[widsta'wati]

relógio (m) de parede	годинник (ч) настінний	[ɦo'dɪnik nas'tinij]
ampulheta (f)	годинник (ч) пісочний	[ɦo'dɪnik pi'sɔtʃnij]
relógio (m) de sol	годинник (ч) сонячний	[ɦo'dɪnik 'sɔnʲatʃnij]
despertador (m)	будильник (ч)	[bu'dɪlʲnik]
relojoeiro (m)	годинникар (ч)	[ɦodini'kar]
reparar (vt)	ремонтувати	[rɛmontu'wati]

Alimentação. Nutrição

41. Comida

carne (f)	м'ясо (c)	['m'ʲaso]
galinha (f)	курка (ж)	['kurka]
frango (m)	курча (c)	[kur'ʧa]
pato (m)	качка (ж)	['kaʧka]
ganso (m)	гусак (ч)	[ɦu'sak]
caça (f)	дичина (ж)	[diʧi'na]
peru (m)	індичка (ж)	[in'diʧka]

carne (f) de porco	свинина (ж)	[swi'nina]
carne (f) de vitela	телятина (ж)	[tɛ'lʲatina]
carne (f) de carneiro	баранина (ж)	[ba'ranina]
carne (f) de vaca	яловичина (ж)	['ʲalowiʧina]
carne (f) de coelho	кріль (ч)	[krilʲ]

linguiça (f), salsichão (m)	ковбаса (ж)	[kowba'sa]
salsicha (f)	сосиска (ж)	[so'siska]
bacon (m)	бекон (ч)	[bɛ'kɔn]
presunto (m)	шинка (ж)	['ʃinka]
pernil (m) de porco	окіст (ч)	['ɔkist]

patê (m)	паштет (ч)	[paʃ'tɛt]
fígado (m)	печінка (ж)	[pɛ'ʧinka]
guisado (m)	фарш (ч)	[farʃ]
língua (f)	язик (ч)	[ja'zik]

ovo (m)	яйце (c)	[jaj'tsɛ]
ovos (m pl)	яйця (мн)	['ʲajtsʲa]
clara (f) de ovo	білок (ч)	[bi'lɔk]
gema (f) de ovo	жовток (ч)	[ʒow'tɔk]

peixe (m)	риба (ж)	['riba]
mariscos (m pl)	морепродукти (мн)	[morɛpro'dukti]
crustáceos (m pl)	ракоподібні (мн)	[rakopo'dibni]
caviar (m)	ікра (ж)	[ik'ra]

caranguejo (m)	краб (ч)	[krab]
camarão (m)	креветка (ж)	[krɛ'wɛtka]
ostra (f)	устриця (ж)	['ustritsʲa]
lagosta (f)	лангуст (ч)	[lan'ɦust]
polvo (m)	восьминіг (ч)	[wosʲmiˈniɦ]
lula (f)	кальмар (ч)	[kalʲ'mar]

esturjão (m)	осетрина (ж)	[osɛt'rina]
salmão (m)	лосось (ч)	[lo'sɔsʲ]
halibute (m)	палтус (ч)	['paltus]
bacalhau (m)	тріска (ж)	[tris'ka]

cavala, sarda (f)	скумбрія (ж)	['skumbriᶦa]
atum (m)	тунець (ч)	[tu'nɛʦ]
enguia (f)	вугор (ч)	[wu'hɔr]
truta (f)	форель (ж)	[fo'rɛlᶦ]
sardinha (f)	сардина (ж)	[sar'dɨna]
lúcio (m)	щука (ж)	['ɕuka]
arenque (m)	оселедець (ч)	[osɛ'lɛdɛʦ]
pão (m)	хліб (ч)	[hlib]
queijo (m)	сир (ч)	[sɨr]
açúcar (m)	цукор (ч)	['ʦukor]
sal (m)	сіль (ж)	[silᶦ]
arroz (m)	рис (ч)	[rɨs]
massas (f pl)	макарони (мн)	[maka'rɔnɨ]
talharim, miojo (m)	локшина (ж)	[lokʃɨ'na]
manteiga (f)	вершкове масло (с)	[wɛrʃ'kɔwɛ 'maslo]
óleo (m) vegetal	олія (ж) рослинна	[o'liᶦa ros'lɨna]
óleo (m) de girassol	соняшникова олія (ж)	['sɔnᶦaʃnɨkowa o'liᶦa]
margarina (f)	маргарин (ч)	[marha'rɨn]
azeitonas (f pl)	оливки (мн)	[o'lɨwkɨ]
azeite (m)	олія (ж) оливкова	[o'liᶦa o'lɨwkowa]
leite (m)	молоко (с)	[molo'kɔ]
leite (m) condensado	згущене молоко (с)	['zhuɕɛnɛ molo'kɔ]
iogurte (m)	йогурт (ч)	['jɔhurt]
creme (m) azedo	сметана (ж)	[smɛ'tana]
creme (m) de leite	вершки (мн)	[wɛrʃ'kɨ]
maionese (f)	майонез (ч)	[maᶦo'nɛz]
creme (m)	крем (ч)	[krɛm]
grãos (m pl) de cereais	крупа (ж)	[kru'pa]
farinha (f)	борошно (с)	['bɔroʃno]
enlatados (m pl)	консерви (мн)	[kon'sɛrwɨ]
flocos (m pl) de milho	кукурудзяні пластівці (мн)	[kuku'rudzᶦani plastiw'ʦi]
mel (m)	мед (ч)	[mɛd]
geleia (m)	джем (ч)	[ʤɛm]
chiclete (m)	жувальна гумка (ж)	[ʒu'walᶦna 'humka]

42. Bebidas

água (f)	вода (ж)	[wo'da]
água (f) potável	питна вода (ж)	[pit'na wo'da]
água (f) mineral	мінеральна вода (ж)	[minɛ'ralᶦna wo'da]
sem gás (adj)	без газу	[bɛz 'hazu]
gaseificada (adj)	газований	[ha'zowanɨj]
com gás	з газом	[z 'hazom]
gelo (m)	лід (ч), крига (ж)	[lid], ['krɨha]

com gelo	з льодом	[z lʲodom]
não alcoólico (adj)	безалкогольний	[bɛzalkoˈɦolʲnij]
refrigerante (m)	безалкогольний напій (ч)	[bɛzalkoˈɦolʲnij naˈpij]
refresco (m)	прохолодний напій (ч)	[prohoˈlɔdnij ˈnapij]
limonada (f)	лимонад (ч)	[lʲimoˈnad]

bebidas (f pl) alcoólicas	алкогольні напої (мн)	[alkoˈɦolʲni naˈpɔji]
vinho (m)	вино (с)	[wiˈnɔ]
vinho (m) branco	біле вино (с)	[ˈbilɛ wiˈnɔ]
vinho (m) tinto	червоне вино (с)	[ʧɛrˈwɔnɛ wiˈnɔ]

licor (m)	лікер (ч)	[liˈkɛr]
champanhe (m)	шампанське (с)	[ʃamˈpansʲkɛ]
vermute (m)	вермут (ч)	[ˈwɛrmut]

uísque (m)	віскі (с)	[ˈwiski]
vodca (f)	горілка (ж)	[ɦoˈrilka]
gim (m)	джин (ч)	[dʒin]
conhaque (m)	коньяк (ч)	[koˈnʲak]
rum (m)	ром (ч)	[rom]

café (m)	кава (ж)	[ˈkawa]
café (m) preto	чорна кава (ж)	[ˈʧɔrna ˈkawa]
café (m) com leite	кава (ж) з молоком	[ˈkawa z moloˈkɔm]
cappuccino (m)	капучино (с)	[kapuˈʧino]
café (m) solúvel	розчинна кава (ж)	[rozˈʧina ˈkawa]

leite (m)	молоко (с)	[moloˈkɔ]
coquetel (m)	коктейль (ч)	[kokˈtɛjlʲ]
batida (f), milkshake (m)	молочний коктейль (ч)	[moˈlɔʧnij kokˈtɛjlʲ]

suco (m)	сік (ч)	[sik]
suco (m) de tomate	томатний сік (ч)	[toˈmatnij ˈsik]
suco (m) de laranja	апельсиновий сік (ч)	[apɛlʲˈsinowij sik]
suco (m) fresco	свіжовижатий сік (ч)	[swiʒoˈwiʒatij sik]

cerveja (f)	пиво (с)	[ˈpiwo]
cerveja (f) clara	світле пиво (с)	[ˈswitlɛ ˈpiwo]
cerveja (f) preta	темне пиво (с)	[ˈtɛmnɛ ˈpiwo]

chá (m)	чай (ч)	[ʧaj]
chá (m) preto	чорний чай (ч)	[ˈʧɔrnij ʧaj]
chá (m) verde	зелений чай (ч)	[zɛˈlɛnij ʧaj]

43. Vegetais

| vegetais (m pl) | овочі (мн) | [ˈɔwoʧi] |
| verdura (f) | зелень (ж) | [ˈzɛlɛnʲ] |

tomate (m)	помідор (ч)	[pomiˈdɔr]
pepino (m)	огірок (ч)	[oɦiˈrɔk]
cenoura (f)	морква (ж)	[ˈmɔrkwa]
batata (f)	картопля (ж)	[karˈtɔplʲa]
cebola (f)	цибуля (ж)	[ʦiˈbulʲa]

alho (m)	часник (ч)	[tʃas'nik]
couve (f)	капуста (ж)	[ka'pusta]
couve-flor (f)	кольорова капуста (ж)	[kolʲo'rɔwa ka'pusta]
couve-de-bruxelas (f)	брюссельська капуста (ж)	[brʲu'sɛlʲsʲka ka'pusta]
brócolis (m pl)	броколі (ж)	['brɔkoli]
beterraba (f)	буряк (ч)	[bu'rʲak]
berinjela (f)	баклажан (ч)	[bakla'ʒan]
abobrinha (f)	кабачок (ч)	[kaba'tʃɔk]
abóbora (f)	гарбуз (ч)	[ɦar'buz]
nabo (m)	ріпа (ж)	['ripa]
salsa (f)	петрушка (ж)	[pɛt'ruʃka]
endro, aneto (m)	кріп (ч)	[krip]
alface (f)	салат (ч)	[sa'lat]
aipo (m)	селера (ж)	[sɛ'lɛra]
aspargo (m)	спаржа (ж)	['sparʒa]
espinafre (m)	шпинат (ч)	[ʃpi'nat]
ervilha (f)	горох (ч)	[ɦo'rɔh]
feijão (~ soja, etc.)	боби (мн)	[bo'bi]
milho (m)	кукурудза (ж)	[kuku'rudza]
feijão (m) roxo	квасоля (ж)	[kwa'sɔlʲa]
pimentão (m)	перець (ч)	['pɛrɛts]
rabanete (m)	редиска (ж)	[rɛ'diska]
alcachofra (f)	артишок (ч)	[arti'ʃɔk]

44. Frutos. Nozes

fruta (f)	фрукт (ч)	[frukt]
maçã (f)	яблуко (с)	['ʲabluko]
pera (f)	груша (ж)	['ɦruʃa]
limão (m)	лимон (ч)	[li'mɔn]
laranja (f)	апельсин (ч)	[apɛlʲ'sin]
morango (m)	полуниця (ж)	[polu'nitsʲa]
tangerina (f)	мандарин (ч)	[manda'rin]
ameixa (f)	слива (ж)	['sliwa]
pêssego (m)	персик (ч)	['pɛrsik]
damasco (m)	абрикос (ч)	[abri'kɔs]
framboesa (f)	малина (ж)	[ma'lina]
abacaxi (m)	ананас (ч)	[ana'nas]
banana (f)	банан (ч)	[ba'nan]
melancia (f)	кавун (ч)	[ka'wun]
uva (f)	виноград (ч)	[wino'ɦrad]
ginja, cereja (f)	вишня, черешня (ж)	['wiʃnʲa], [tʃɛ'rɛʃnʲa]
ginja (f)	вишня (ж)	['wiʃnʲa]
cereja (f)	черешня (ж)	[tʃɛ'rɛʃnʲa]
melão (m)	диня (ж)	['dinʲa]
toranja (f)	грейпфрут (ч)	[ɦrɛjp'frut]
abacate (m)	авокадо (с)	[awo'kado]

mamão (m)	папайя (ж)	[pa'pa¹a]
manga (f)	манго (с)	['manɦo]
romã (f)	гранат (ч)	[ɦra'nat]
groselha (f) vermelha	порічки (мн)	[po'ritʃki]
groselha (f) negra	чорна смородина (ж)	['tʃorna smo'rɔdina]
groselha (f) espinhosa	аґрус (ч)	['agrus]
mirtilo (m)	чорниця (ж)	[tʃor'nitsʲa]
amora (f) silvestre	ожина (ж)	[o'ʒina]
passa (f)	родзинки (мн)	[ro'dzinki]
figo (m)	інжир (ч)	[in'ʒir]
tâmara (f)	фінік (ч)	['finik]
amendoim (m)	арахіс (ч)	[a'rahis]
amêndoa (f)	мигдаль (ч)	[miɦ'dalʲ]
noz (f)	горіх (ч) волоський	[ɦo'rih wo'lɔsʲkij]
avelã (f)	ліщина (ж)	[li'çina]
coco (m)	горіх (ч) кокосовий	[ɦo'rih ko'kɔsowij]
pistaches (m pl)	фісташки (мн)	[fis'taʃki]

45. Pão. Bolaria

pastelaria (f)	кондитерські вироби (мн)	[kon'ditɛrsʲki 'wirobi]
pão (m)	хліб (ч)	[ɦlib]
biscoito (m), bolacha (f)	печиво (с)	['pɛtʃiwo]
chocolate (m)	шоколад (ч)	[ʃoko'lad]
de chocolate	шоколадний	[ʃoko'ladnij]
bala (f)	цукерка (ж)	[tsu'kɛrka]
doce (bolo pequeno)	тістечко (с)	['tistɛtʃko]
bolo (m) de aniversário	торт (ч)	[tort]
torta (f)	пиріг (ч)	[pi'rih]
recheio (m)	начинка (ж)	[na'tʃinka]
geleia (m)	варення (с)	[wa'rɛnʲa]
marmelada (f)	мармелад (ч)	[marmɛ'lad]
wafers (m pl)	вафлі (мн)	['wafli]
sorvete (m)	морозиво (с)	[mo'rɔziwo]
pudim (m)	пудинг (ч)	['pudinɦ]

46. Pratos cozinhados

prato (m)	страва (ж)	['strawa]
cozinha (~ portuguesa)	кухня (ж)	['kuhnʲa]
receita (f)	рецепт (ч)	[rɛ'tsɛpt]
porção (f)	порція (ж)	['portsiʲa]
salada (f)	салат (ч)	[sa'lat]
sopa (f)	юшка (ж)	['ʲuʃka]
caldo (m)	бульйон (ч)	[bu'lʲon]

sanduíche (m)	канапка (ж)	[ka'napka]
ovos (m pl) fritos	яєчня (ж)	[ja'ɛʃnʲa]
hambúrguer (m)	гамбургер (ч)	['ɦamburɦɛr]
bife (m)	біфштекс (ч)	[bif'ʃtɛks]
acompanhamento (m)	гарнір (ч)	[ɦar'nir]
espaguete (m)	спагеті (мн)	[spa'ɦɛti]
purê (m) de batata	картопляне пюре (с)	[kartop'lʲanɛ pʲu'rɛ]
pizza (f)	піца (ж)	['pitsa]
mingau (m)	каша (ж)	['kaʃa]
omelete (f)	омлет (ч)	[om'lɛt]
fervido (adj)	варений	[wa'rɛnij]
defumado (adj)	копчений	[kop'tʃɛnij]
frito (adj)	смажений	['smaʒɛnij]
seco (adj)	сушений	['suʃɛnij]
congelado (adj)	заморожений	[zamo'rɔʒɛnij]
em conserva (adj)	маринований	[mari'nɔwanij]
doce (adj)	солодкий	[so'lɔdkij]
salgado (adj)	солоний	[so'lɔnij]
frio (adj)	холодний	[ho'lɔdnij]
quente (adj)	гарячий	[ɦa'rʲatʃij]
amargo (adj)	гіркий	[ɦir'kij]
gostoso (adj)	смачний	[smatʃ'nij]
cozinhar em água fervente	варити	[wa'riti]
preparar (vt)	готувати	[ɦotu'wati]
fritar (vt)	смажити	['smaʒiti]
aquecer (vt)	розігрівати	[roziɦri'wati]
salgar (vt)	солити	[so'liti]
apimentar (vt)	перчити	[pɛr'tʃiti]
ralar (vt)	терти	['tɛrti]
casca (f)	шкірка (ж)	['ʃkirka]
descascar (vt)	чистити	['tʃistiti]

47. Especiarias

sal (m)	сіль (ж)	[silʲ]
salgado (adj)	солоний	[so'lɔnij]
salgar (vt)	солити	[so'liti]
pimenta-do-reino (f)	чорний перець (ч)	['tʃɔrnij 'pɛrɛts]
pimenta (f) vermelha	червоний перець (ч)	[tʃɛr'wɔnij 'pɛrɛts]
mostarda (f)	гірчиця (ж)	[ɦir'tʃitsʲa]
raiz-forte (f)	хрін (ч)	[ɦrin]
condimento (m)	приправа (ж)	[prip'rawa]
especiaria (f)	прянощі (мн)	[prʲa'nɔɕi]
molho (~ inglês)	соус (ч)	['sɔus]
vinagre (m)	оцет (ч)	['ɔtsɛt]
anis estrelado (m)	аніс (ч)	['anis]

manjericão (m)	базилік (ч)	[bazi'lik]
cravo (m)	гвоздика (ж)	[ɦwoz'dika]
gengibre (m)	імбир (ч)	[im'bɨr]
coentro (m)	коріандр (ч)	[kori'andr]
canela (f)	кориця (ж)	[ko'ritsʲa]

gergelim (m)	кунжут (ч)	[kun'ʒut]
folha (f) de louro	лавровий лист (ч)	[law'rɔwij list]
páprica (f)	паприка (ж)	['paprika]
cominho (m)	кмин (ч)	[kmin]
açafrão (m)	шафран (ч)	[ʃaf'ran]

48. Refeições

comida (f)	їжа (ж)	['jiʒa]
comer (vt)	їсти	['jisti]

café (m) da manhã	сніданок (ч)	[sni'danok]
tomar café da manhã	снідати	['snidati]
almoço (m)	обід (ч)	[o'bid]
almoçar (vi)	обідати	[o'bidati]
jantar (m)	вечеря (ж)	[wɛ'tʃɛrʲa]
jantar (vi)	вечеряти	[wɛ'tʃɛrʲati]

apetite (m)	апетит (ч)	[apɛ'tit]
Bom apetite!	Смачного!	[smatʃ'nɔɦo]

abrir (~ uma lata, etc.)	відкривати	[widkri'wati]
derramar (~ líquido)	пролити	[pro'liti]
derramar-se (vr)	пролитись	[pro'litisʲ]

ferver (vi)	кипіти	[ki'piti]
ferver (vt)	кип'ятити	[kipʲa'titi]
fervido (adj)	кип'ячений	[kipʲa'tʃɛnij]
esfriar (vt)	охолодити	[oholo'diti]
esfriar-se (vr)	охолоджуватись	[oho'lɔdʒuwatisʲ]

sabor, gosto (m)	смак (ч)	[smak]
fim (m) de boca	присмак (ч)	['prismak]

emagrecer (vi)	худнути	['hudnuti]
dieta (f)	дієта (ж)	[di'ɛta]
vitamina (f)	вітамін (ч)	[wita'min]
caloria (f)	калорія (ж)	[ka'lɔrʲia]

vegetariano (m)	вегетаріанець (ч)	[wɛɦɛtari'anɛts]
vegetariano (adj)	вегетаріанський	[wɛɦɛtari'ansʲkij]

gorduras (f pl)	жири (мн)	[ʒɨ'ri]
proteínas (f pl)	білки (мн)	[bil'ki]
carboidratos (m pl)	вуглеводи (мн)	[wuɦlɛ'wɔdɨ]
fatia (~ de limão, etc.)	скибка (ж)	['skibka]
pedaço (~ de bolo)	шматок (ч)	[ʃma'tɔk]
migalha (f), farelo (m)	крихта (ж)	['krihta]

49. Por a mesa

colher (f)	ложка (ж)	['lɔʒka]
faca (f)	ніж (ч)	[niʒ]
garfo (m)	виделка (ж)	[wiˈdɛlka]
xícara (f)	чашка (ж)	[ˈtʃaʃka]
prato (m)	тарілка (ж)	[taˈrilka]
pires (m)	блюдце (с)	[ˈblʲudtsɛ]
guardanapo (m)	серветка (ж)	[sɛrˈwɛtka]
palito (m)	зубочистка (ж)	[zuboˈtʃistka]

50. Restaurante

restaurante (m)	ресторан (ч)	[rɛstoˈran]
cafeteria (f)	кав'ярня (ж)	[kaˈwʲʲarnʲa]
bar (m), cervejaria (f)	бар (ч)	[bar]
salão (m) de chá	чайна (ж)	[ˈtʃajna]
garçom (m)	офіціант (ч)	[ofitsiˈant]
garçonete (f)	офіціантка (ж)	[ofitsiˈantka]
barman (m)	бармен (ч)	[barˈmɛn]
cardápio (m)	меню (с)	[mɛˈnʲu]
lista (f) de vinhos	карта (ж) вин	[ˈkarta win]
reservar uma mesa	забронювати столик	[zabronʲuˈwati ˈstɔlik]
prato (m)	страва (ж)	[ˈstrawa]
pedir (vt)	замовити	[zaˈmɔwiti]
fazer o pedido	зробити замовлення	[zroˈbiti zaˈmɔwlɛnʲa]
aperitivo (m)	аперитив (ч)	[apɛriˈtiw]
entrada (f)	закуска (ж)	[zaˈkuska]
sobremesa (f)	десерт (ч)	[dɛˈsɛrt]
conta (f)	рахунок (ч)	[raˈhunok]
pagar a conta	оплатити рахунок	[oplaˈtiti raˈhunok]
dar o troco	дати решту	[ˈdati ˈrɛʃtu]
gorjeta (f)	чайові (мн)	[tʃaʲoˈwi]

Família, parentes e amigos

nome (m)	ім'я (c)	[i'm²ʲa]
sobrenome (m)	прізвище (c)	['prizwiɕɛ]
data (f) de nascimento	дата (ж) народження	['data na'rɔdʒɛnʲa]
local (m) de nascimento	місце (c) народження	['mistsɛ na'rɔdʒɛnʲa]
nacionalidade (f)	національність (ж)	[natsio'nalʲnistʲ]
lugar (m) de residência	місце (c) проживання	['mistsɛ proʒiˈwanʲa]
país (m)	країна (ж)	[kra'jina]
profissão (f)	професія (ж)	[pro'fɛsiʲa]
sexo (m)	стать (ж)	[statʲ]
estatura (f)	зріст (ч)	[zrist]
peso (m)	вага (ж)	[wa'ɦa]

mãe (f)	мати (ж)	['mati]
pai (m)	батько (ч)	['batʲko]
filho (m)	син (ч)	[sin]
filha (f)	дочка (ж)	[doʧ'ka]
caçula (f)	молодша дочка (ж)	[mo'lodʃa doʧ'ka]
caçula (m)	молодший син (ч)	[mo'lodʃij sin]
filha (f) mais velha	старша дочка (ж)	['starʃa doʧ'ka]
filho (m) mais velho	старший син (ч)	['starʃij sin]
irmão (m)	брат (ч)	[brat]
irmão (m) mais velho	старший брат (ч)	[star'ʃij brat]
irmão (m) mais novo	молодший брат (ч)	[mo'lodʃij brat]
irmã (f)	сестра (ж)	[sɛst'ra]
irmã (f) mais velha	старша сестра (ж)	[star'ʃa sɛst'ra]
irmã (f) mais nova	молодша сестра (ж)	[mo'lodʃa sɛst'ra]
primo (m)	двоюрідний брат (ч)	[dwoʲu'ridnij brat]
prima (f)	двоюрідна сестра (ж)	[dwoʲu'ridna sɛst'ra]
mamãe (f)	мати (ж)	['mati]
papai (m)	тато (ч)	['tato]
pais (pl)	батьки (мн)	[batʲ'ki]
criança (f)	дитина (ж)	[di'tina]
crianças (f pl)	діти (мн)	['diti]
avó (f)	бабуся (ж)	[ba'busʲa]
avô (m)	дід (ч)	['did]
neto (m)	онук (ч)	[o'nuk]

| neta (f) | онука (ж) | [o'nuka] |
| netos (pl) | онуки (мн) | [o'nuki] |

tio (m)	дядько (ч)	['dʲadʲko]
tia (f)	тітка (ж)	['titka]
sobrinho (m)	племінник (ч)	[plɛ'minik]
sobrinha (f)	племінниця (ж)	[plɛ'minitsʲa]

sogra (f)	теща (ж)	['tɛɕa]
sogro (m)	свекор (ч)	['swɛkor]
genro (m)	зять (ч)	[zʲatʲ]
madrasta (f)	мачуха (ж)	['matʃuha]
padrasto (m)	вітчим (ч)	['witʃim]

criança (f) de colo	немовля (с)	[nɛmow'lʲa]
bebê (m)	малюк (ч)	[ma'lʲuk]
menino (m)	малюк (ч)	[ma'lʲuk]

mulher (f)	дружина (ж)	[dru'ʒina]
marido (m)	чоловік (ч)	[tʃolo'wik]
esposo (m)	чоловік (ч)	[tʃolo'wik]
esposa (f)	дружина (ж)	[dru'ʒina]

casado (adj)	одружений	[od'ruʒɛnij]
casada (adj)	заміжня	[za'miʒnʲa]
solteiro (adj)	холостий	[holos'tij]
solteirão (m)	холостяк (ч)	[holos'tʲak]
divorciado (adj)	розлучений	[roz'lutʃɛnij]
viúva (f)	вдова (ж)	[wdo'wa]
viúvo (m)	вдівець (ч)	[wdi'wɛts]

parente (m)	родич (ч)	['rɔditʃ]
parente (m) próximo	близький родич (ч)	[bliz'ʲkij 'rɔditʃ]
parente (m) distante	далекий родич (ч)	[da'lɛkij 'rɔditʃ]
parentes (m pl)	рідні (мн)	['ridni]

órfão (m), órfã (f)	сирота (ч)	[siro'ta]
órfão (m)	сирота (ч)	[siro'ta]
órfã (f)	сирота (ж)	[siro'ta]
tutor (m)	опікун (ч)	[opi'kun]
adotar (um filho)	усиновити	[usino'witi]
adotar (uma filha)	удочерити	[udotʃɛ'riti]

53. Amigos. Colegas de trabalho

amigo (m)	друг (ч)	[druɦ]
amiga (f)	подруга (ж)	['pɔdruɦa]
amizade (f)	дружба (ж)	['druʒba]
ser amigos	дружити	[dru'ʒiti]

amigo (m)	приятель (ч)	['prijatɛlʲ]
amiga (f)	приятелька (ж)	['prijatɛlʲka]
parceiro (m)	партнер (ч)	[part'nɛr]
chefe (m)	шеф (ч)	[ʃɛf]

superior (m)	начальник (ч)	[na'ʧalʲnik]
proprietário (m)	власник	['wlasnik]
subordinado (m)	підлеглий (ч)	[pid'lɛɦlij]
colega (m, f)	колега (ч)	[ko'lɛɦa]

conhecido (m)	знайомий (ч)	[zna'jɔmij]
companheiro (m) de viagem	попутник (ч)	[po'putnik]
colega (m) de classe	однокласник (ч)	[odno'klasnik]

vizinho (m)	сусід (ч)	[su'sid]
vizinha (f)	сусідка (ж)	[su'sidka]
vizinhos (pl)	сусіди (мн)	[su'sidi]

54. Homem. Mulher

mulher (f)	жінка (ж)	['ʒinka]
menina (f)	дівчина (ж)	['diwʧina]
noiva (f)	наречена (ж)	[narɛ'ʧɛna]

bonita, bela (adj)	гарна	['ɦarna]
alta (adj)	висока	[wi'sɔka]
esbelta (adj)	струнка	[stru'nka]
baixa (adj)	невисокого зросту	[nɛwi'sɔkoɦo 'zrɔstu]

| loira (f) | блондинка (ж) | [blon'dinka] |
| morena (f) | брюнетка (ж) | [brʲu'nɛtka] |

de senhora	дамський	['damsʲkij]
virgem (f)	незаймана дівчина (ж)	[nɛ'zajmana 'diwʧina]
grávida (adj)	вагітна	[wa'ɦitna]

homem (m)	чоловік (ч)	[ʧolo'wik]
loiro (m)	блондин (ч)	[blon'din]
moreno (m)	брюнет (ч)	[brʲu'nɛt]
alto (adj)	високий	[wi'sɔkij]
baixo (adj)	невисокого зросту	[nɛwi'sɔkoɦo 'zrɔstu]

rude (adj)	брутальний	[bru'talʲnij]
atarracado (adj)	кремезний	[krɛ'mɛznij]
robusto (adj)	міцний	[mits'nij]
forte (adj)	сильний	['silʲnij]
força (f)	сила (ж)	['sila]

gordo (adj)	повний	['pɔwnij]
moreno (adj)	смаглявий	[smaɦ'lʲawij]
esbelto (adj)	стрункий	[stru'nkij]
elegante (adj)	елегантний	[ɛlɛ'ɦantnij]

55. Idade

| idade (f) | вік (ч) | [wik] |
| juventude (f) | юність (ж) | ['ʲunistʲ] |

jovem (adj)	молодий	[molo'dij]
mais novo (adj)	молодший	[mo'lɔdʃij]
mais velho (adj)	старший	['starʃij]
jovem (m)	юнак (ч)	[ʲu'nak]
adolescente (m)	підліток (ч)	['pidlitok]
rapaz (m)	хлопець (ч)	['hlɔpɛʦ]
velho (m)	старий (ч)	[sta'rij]
velha (f)	стара жінка (ж)	[sta'ra 'ʒinka]
adulto	дорослий	[do'rɔslij]
de meia-idade	середніх років	[sɛ'rɛdnih ro'kiw]
idoso, de idade (adj)	похилий	[po'hiɫij]
velho (adj)	старий	[sta'rij]
aposentadoria (f)	пенсія (ж)	['pɛnsiʲa]
aposentar-se (vr)	вийти на пенсію	['wijti na 'pɛnsiʲu]
aposentado (m)	пенсіонер (ч)	[pɛnsio'nɛr]

56. Crianças

criança (f)	дитина (ж)	[di'tina]
crianças (f pl)	діти (мн)	['diti]
gêmeos (m pl), gêmeas (f pl)	близнюки (мн)	[blizn'ʲu'ki]
berço (m)	колиска (ж)	[ko'liska]
chocalho (m)	брязкальце (с)	['brʲazkalʲʦɛ]
fralda (f)	підгузок (ч)	[pid'ɦuzok]
chupeta (f), bico (m)	соска (ж)	['sɔska]
carrinho (m) de bebê	коляска (ж)	[ko'lʲaska]
jardim (m) de infância	дитячий садок (ч)	[di'tʲatʃij sa'dɔk]
babysitter, babá (f)	няня (ж)	['nʲanʲa]
infância (f)	дитинство (с)	[di'tinstwo]
boneca (f)	лялька (ж)	['lʲalʲka]
brinquedo (m)	іграшка (ж)	['iɦraʃka]
jogo (m) de montar	конструктор (ч)	[kon'struktor]
bem-educado (adj)	вихований	['wihowanij]
malcriado (adj)	невихований	[nɛ'wihowanij]
mimado (adj)	розбещений	[roz'bɛɕɛnij]
ser travesso	пустувати	[pustu'wati]
travesso, traquinas (adj)	пустотливий	[pustot'liwij]
travessura (f)	пустощі (мн)	['pustoɕi]
criança (f) travessa	пустун (ч)	[pus'tun]
obediente (adj)	слухняний	[sluh'nʲanij]
desobediente (adj)	неслухняний	[nɛsluh'nʲanij]
dócil (adj)	розумний	[ro'zumnij]
inteligente (adj)	розумний	[ro'zumnij]
prodígio (m)	вундеркінд (ч)	[wundɛr'kind]

57. Casais. Vida de família

beijar (vt)	цілувати	[ʦilu'watɪ]
beijar-se (vr)	цілуватися	[ʦilu'watisʲa]
família (f)	сім'я (ж)	[si'mʲa]
familiar (vida ~)	сімейний	[si'mɛjnɪj]
casal (m)	пара (ж)	['para]
matrimônio (m)	шлюб (ч)	[ʃlʲub]
lar (m)	домашнє вогнище (с)	[do'maʃnɛ 'woɦnɪʦɛ]
dinastia (f)	династія (ж)	[dɪ'nastiʲa]
encontro (m)	побачення (с)	[po'batʃɛnʲa]
beijo (m)	поцілунок (ч)	[poʦi'lunok]
amor (m)	кохання (с)	[ko'hanʲa]
amar (pessoa)	кохати	[ko'hatɪ]
amado, querido (adj)	кохана	[ko'hana]
ternura (f)	ніжність (ж)	['niʒnistʲ]
afetuoso (adj)	ніжний	['niʒnɪj]
fidelidade (f)	вірність (ж)	['wirnistʲ]
fiel (adj)	вірний	['wirnɪj]
cuidado (m)	турбота (ж)	[tur'bota]
carinhoso (adj)	турботливий	[tur'botlɪwɪj]
recém-casados (pl)	молодята (мн)	[molo'dʲata]
lua (f) de mel	медовий місяць (ч)	[mɛ'dowɪj 'misʲaʦ]
casar-se (com um homem)	вийти заміж	['wɪjtɪ 'zamiʒ]
casar-se (com uma mulher)	одружуватися	[od'ruʒuwatisʲa]
casamento (m)	весілля (с)	[wɛ'silʲa]
bodas (f pl) de ouro	золоте весілля (с)	[zolo'tɛ wɛ'silʲa]
aniversário (m)	річниця (ж)	[riʧ'niʦʲa]
amante (m)	коханець (ч)	[ko'hanɛʦ]
amante (f)	коханка (ж)	[ko'hanka]
adultério (m), traição (f)	зрада (ж)	['zrada]
cometer adultério	зрадити	['zradɪtɪ]
ciumento (adj)	ревнивий	[rɛw'nɪwɪj]
ser ciumento, -a	ревнувати	[rɛwnu'watɪ]
divórcio (m)	розлучення (с)	[roz'luʧɛnʲa]
divorciar-se (vr)	розлучитися	[rozlu'ʧitisʲa]
brigar (discutir)	сваритися	[swa'ritisʲa]
fazer as pazes	миритися	[mɪ'ritisʲa]
juntos (ir ~)	разом	['razom]
sexo (m)	секс (ч)	[sɛks]
felicidade (f)	щастя (с)	['ɕastʲa]
feliz (adj)	щасливий	[ɕas'lɪwɪj]
infelicidade (f)	нещастя (с)	[nɛ'ɕastʲa]
infeliz (adj)	нещасний	[nɛ'ɕasnɪj]

Caráter. Sentimentos. Emoções

58. Sentimentos. Emoções

sentimento (m)	почуття (с)	[potʃut'tʲa]
sentimentos (m pl)	почуття (мн)	[potʃut'tʲa]
sentir (vt)	відчувати	[widtʃu'wati]
fome (f)	голод (ч)	['ɦɔlod]
ter fome	хотіти їсти	[ho'titi 'jisti]
sede (f)	спрага (ж)	['spraɦa]
ter sede	хотіти пити	[ho'titi 'piti]
sonolência (f)	сонливість (ж)	[son'liwistʲ]
estar sonolento	хотіти спати	[ho'titi 'spati]
cansaço (m)	втома (ж)	['wtɔma]
cansado (adj)	втомлений	['wtɔmlɛnij]
ficar cansado	втомитися	[wto'mitisʲa]
humor (m)	настрій (ч)	['nastrij]
tédio (m)	нудьга (ж)	[nudʲ'ɦa]
entediar-se (vr)	нудьгувати	[nudʲɦu'wati]
reclusão (isolamento)	самота (ж)	[samo'ta]
isolar-se (vr)	усамітнюватися	[usa'mitnʲuwatisʲa]
preocupar (vt)	хвилювати	[hwilʲu'wati]
estar preocupado	хвилюватися	[hwilʲu'watisʲa]
preocupação (f)	хвилювання (с)	[hwilʲu'wanʲa]
ansiedade (f)	занепокоєння (с)	[zanɛpo'kɔɛnʲa]
preocupado (adj)	занепокоєний	[zanɛpo'kɔɛnij]
estar nervoso	нервуватися	[nɛrwu'watisʲa]
entrar em pânico	панікувати	[paniku'wati]
esperança (f)	надія (ж)	[na'diʲa]
esperar (vt)	сподіватися	[spodi'watisʲa]
certeza (f)	упевненість (ж)	[u'pɛwnɛnistʲ]
certo, seguro de …	упевнений	[u'pɛwnɛnij]
indecisão (f)	невпевненість (ж)	[nɛw'pɛwnɛnistʲ]
indeciso (adj)	невпевнений	[nɛw'pɛwnɛnij]
bêbado (adj)	п'яний	['pʲanij]
sóbrio (adj)	тверезий	[twɛ'rɛzij]
fraco (adj)	слабкий	[slab'kij]
feliz (adj)	щасливий	[ɕas'liwij]
assustar (vt)	налякати	[nalʲa'kati]
fúria (f)	шаленство (с)	[ʃa'lɛnstwo]
ira, raiva (f)	лють (ж)	[lʲutʲ]
depressão (f)	депресія (ж)	[dɛ'prɛsiʲa]
desconforto (m)	дискомфорт (ч)	[diskom'fɔrt]

conforto (m)	комфорт (ч)	[kom'fɔrt]
arrepender-se (vr)	жалкувати	[ʒalku'wati]
arrependimento (m)	жаль (ч)	[ʒalʲ]
azar (m), má sorte (f)	невезіння (с)	[nɛwɛ'zinʲa]
tristeza (f)	прикрість (ж)	['prikristʲ]

vergonha (f)	сором (ч)	['sɔrom]
alegria (f)	веселість (ж)	[wɛ'sɛlistʲ]
entusiasmo (m)	ентузіазм (ч)	[ɛntuzi'azm]
entusiasta (m)	ентузіаст (ч)	[ɛntuzi'ast]
mostrar entusiasmo	проявити ентузіазм	[proja'witi ɛntuzi'azm]

59. Caráter. Personalidade

caráter (m)	характер (ч)	[ha'raktɛr]
falha (f) de caráter	вада (ж)	['wada]
mente, razão (f)	ум (ч), розум (ч)	[um], ['rɔzum]
mente (f)	ум (ч)	[um]
razão (f)	розум (ч)	['rɔzum]

consciência (f)	совість (ж)	['sɔwistʲ]
hábito, costume (m)	звичка (ж)	['zwiʧka]
habilidade (f)	здібність (ж)	['zdibnistʲ]
saber (~ nadar, etc.)	уміти	[u'miti]

paciente (adj)	терплячий	[tɛrp'lʲaʧij]
impaciente (adj)	нетерплячий	[nɛtɛr'plʲaʧij]
curioso (adj)	цікавий	[ʦi'kawij]
curiosidade (f)	цікавість (ж)	[ʦi'kawistʲ]

modéstia (f)	скромність (ж)	['skrɔmnistʲ]
modesto (adj)	скромний	['skrɔmnij]
imodesto (adj)	нескромний	[nɛ'skrɔmnij]

preguiça (f)	лінь (ж)	[linʲ]
preguiçoso (adj)	ледачий	[lɛ'daʧij]
preguiçoso (m)	ледар (ч)	['lɛdar]

astúcia (f)	хитрість (ж)	['hitristʲ]
astuto (adj)	хитрий	['hitrij]
desconfiança (f)	недовіра (ж)	[nɛdo'wira]
desconfiado (adj)	недовірливий	[nɛdo'wirliwij]

generosidade (f)	щедрість (ж)	['ɕɛdristʲ]
generoso (adj)	щедрий	['ɕɛdrij]
talentoso (adj)	талановитий	[talano'witij]
talento (m)	талант (ч)	[ta'lant]

corajoso (adj)	сміливий	[smi'liwij]
coragem (f)	сміливість (ж)	[smi'liwistʲ]
honesto (adj)	чесний	['ʧɛsnij]
honestidade (f)	чесність (ж)	['ʧɛsnistʲ]
prudente, cuidadoso (adj)	обережний	[obɛ'rɛʒnij]
valoroso (adj)	відважний	[wid'waʒnij]

sério (adj)	серйозний	[sɛ'rʲɔznij]
severo (adj)	суворий	[su'wɔrij]
decidido (adj)	рішучий	[ri'ʃutʃij]
indeciso (adj)	нерішучий	[nɛri'ʃutʃij]
tímido (adj)	сором'язливий	[soro'mʲazlɨwij]
timidez (f)	сором'язливість (ж)	[soro'mʲazlɨwistʲ]
confiança (f)	довіра (ж)	[do'wira]
confiar (vt)	вірити	['wiriti]
crédulo (adj)	довірливий	[do'wirlɨwij]
sinceramente	щиро	['ɕiro]
sincero (adj)	щирий	['ɕirij]
sinceridade (f)	щирість (ж)	['ɕiristʲ]
aberto (adj)	відкритий	[wid'kritij]
calmo (adj)	тихий	['tɨhij]
franco (adj)	відвертий	[wid'wɛrtij]
ingênuo (adj)	наївний	[na'jiwnij]
distraído (adj)	неуважний	[nɛu'waʒnij]
engraçado (adj)	кумедний	[ku'mɛdnij]
ganância (f)	жадібність (ж)	['ʒadibnistʲ]
ganancioso (adj)	жадібний	['ʒadibnij]
avarento, sovina (adj)	скупий	[sku'pij]
mal (adj)	злий	['zlij]
teimoso (adj)	впертий	['wpɛrtij]
desagradável (adj)	неприємний	[nɛpri'ɛmnij]
egoísta (m)	егоїст (ч)	[ɛɦo'jist]
egoísta (adj)	егоїстичний	[ɛɦojis'titʃnij]
covarde (m)	боягуз (ч)	[boja'ɦuz]
covarde (adj)	боягузливий	[boja'ɦuzlɨwij]

60. O sono. Sonhos

dormir (vi)	спати	['spati]
sono (m)	сон (ч)	[son]
sonho (m)	сон (ч)	[son]
sonhar (ver sonhos)	бачити сни	['batʃiti sni]
sonolento (adj)	сонний	['sɔnij]
cama (f)	ліжко (с)	['liʒko]
colchão (m)	матрац (ч)	[mat'rats]
cobertor (m)	ковдра (ж)	['kɔwdra]
travesseiro (m)	подушка (ж)	[po'duʃka]
lençol (m)	простирадло (с)	[prosti'radlo]
insônia (f)	безсоння (с)	[bɛz'sɔnʲa]
sem sono (adj)	безсонний	[bɛz'sɔnij]
sonífero (m)	снодійне (с)	[sno'dijnɛ]
tomar um sonífero	прийняти снодійне	[prij'nʲati sno'dijnɛ]
estar sonolento	хотіти спати	[ho'titi 'spati]

bocejar (vi)	позіхати	[pozi'hati]
ir para a cama	йти спати	[jti 'spati]
fazer a cama	стелити ліжко	[stɛ'liti 'liӡko]
adormecer (vi)	заснути	[zas'nuti]

pesadelo (m)	страхіття (c)	[stra'hittɨa]
ronco (m)	хропіння (c)	[hro'pinɨa]
roncar (vi)	хропіти	[hro'piti]

despertador (m)	будильник (ч)	[bu'dilʲnik]
acordar, despertar (vt)	розбудити	[rozbu'diti]
acordar (vi)	прокидатися	[proki'datisʲa]
levantar-se (vr)	вставати	[wsta'wati]
lavar-se (vr)	умитися	[u'mitisʲa]

61. Humor. Riso. Alegria

humor (m)	гумор (ч)	['ɦumor]
senso (m) de humor	почуття (c) гумору	[potʃu'tʲa 'ɦumoru]
divertir-se (vr)	веселитися	[wɛsɛ'litisʲa]
alegre (adj)	веселий	[wɛ'sɛlij]
diversão (f)	веселощі (мн)	[wɛ'sɛloɕi]

sorriso (m)	посмішка (ж)	['pɔsmiʃka]
sorrir (vi)	посміхатися	[posmi'hatisʲa]
começar a rir	засміятися	[zasmiʲ'atisʲa]
rir (vi)	сміятися	[smiʲ'atisʲa]
riso (m)	сміх (ч)	[smih]

anedota (f)	анекдот (ч)	[anɛk'dɔt]
engraçado (adj)	смішний	[smiʃ'nij]
ridículo, cômico (adj)	кумедний	[ku'mɛdnij]

brincar (vi)	жартувати	[ӡartu'wati]
piada (f)	жарт (ч)	[ӡart]
alegria (f)	радість (ж)	['radistʲ]
regozijar-se (vr)	радіти	[ra'diti]
alegre (adj)	радісний	['radisnij]

62. Discussão, conversação. Parte 1

comunicação (f)	спілкування (c)	[spilku'wanʲa]
comunicar-se (vr)	спілкуватися	[spilku'watisʲa]

conversa (f)	розмова (ж)	[roz'mɔwa]
diálogo (m)	діалог (ч)	[dia'lɔɦ]
discussão (f)	дискусія (ж)	[dis'kusiʲa]
debate (m)	суперечка (ж)	[supɛ'rɛtʃka]
debater (vt)	сперечатися	[spɛrɛ'tʃatisʲa]

interlocutor (m)	співрозмовник (ч)	[spiwroz'mɔwnik]
tema (m)	тема (ж)	['tɛma]

ponto (m) de vista	точка (ж) зору	['tɔtʃka 'zɔru]
opinião (f)	думка (ж)	['dumka]
discurso (m)	промова (ж)	[pro'mɔwa]

discussão (f)	обговорення (c)	[obɦo'wɔrɛnʲa]
discutir (vt)	обговорювати	[obɦo'wɔrʲuwati]
conversa (f)	бесіда (ж)	['bɛsida]
conversar (vi)	бесідувати	[bɛ'siduwati]
reunião (f)	зустріч (ж)	['zustritʃ]
encontrar-se (vr)	зустрічатися	[zustri'tʃatisʲa]

provérbio (m)	прислів'я (c)	[pris'liwʲʲa]
ditado, provérbio (m)	приказка (ж)	['prikazka]
adivinha (f)	загадка (ж)	['zaɦadka]
dizer uma adivinha	загадувати загадку	[za'ɦaduwati 'zaɦadku]
senha (f)	пароль (ч)	[pa'rɔlʲ]
segredo (m)	секрет (ч)	[sɛk'rɛt]

juramento (m)	клятва (ж)	['klʲatwa]
jurar (vi)	клястися	['klʲastisʲa]
promessa (f)	обіцянка (ж)	[obi'tsʲanka]
prometer (vt)	обіцяти	[obi'tsʲati]

conselho (m)	порада (ж)	[po'rada]
aconselhar (vt)	радити	['raditi]
seguir o conselho	дотримуватись поради	[do'trimuwatisʲ po'radi]
escutar (~ os conselhos)	слухатись	['sluhatisʲ]

novidade, notícia (f)	новина (ж)	[nowi'na]
sensação (f)	сенсація (ж)	[sɛn'satsʲiʲa]
informação (f)	відомості (мн)	[wi'dɔmosti]
conclusão (f)	висновок (ч)	['wisnowok]
voz (f)	голос (ч)	['ɦɔlos]
elogio (m)	комплімент (ч)	[kompli'mɛnt]
amável, querido (adj)	люб'язний	[lʲu'bʲʲaznij]

palavra (f)	слово (c)	['slɔwo]
frase (f)	фраза (ж)	['fraza]
resposta (f)	відповідь (ж)	['widpowidʲ]

verdade (f)	правда (ж)	['prawda]
mentira (f)	брехня (ж)	[brɛh'nʲa]
pensamento (m)	думка (ж)	['dumka]
ideia (f)	думка (ж)	['dumka]
fantasia (f)	фантазія (ж)	[fan'taziʲa]

63. Discussão, conversação. Parte 2

estimado, respeitado (adj)	шановний	[ʃa'nɔwnij]
respeitar (vt)	поважати	[powa'ʒati]
respeito (m)	повага (ж)	[po'waɦa]
Estimado ..., Caro ...	Шановний...	[ʃa'nɔwnij]
apresentar	познайомити	[pozna'jomiti]
(alguém a alguém)		

conhecer (vt)	познайомитися	[pozna'jomitisʲa]
intenção (f)	намір (ч)	['namir]
tencionar (~ fazer algo)	мати наміри	['matɨ 'namirɨ]
desejo (de boa sorte)	побажання (c)	[poba'ʒanʲa]
desejar (ex. ~ boa sorte)	побажати	[poba'ʒatɨ]

surpresa (f)	здивування (c)	[zdɨwu'wanʲa]
surpreender (vt)	дивувати	[dɨwu'watɨ]
surpreender-se (vr)	дивуватись	[dɨwu'watɨsʲ]

dar (vt)	дати	['datɨ]
pegar (tomar)	взяти	['wzʲatɨ]
devolver (vt)	повернути	[powɛr'nutɨ]
retornar (vt)	віддати	[wid'datɨ]

desculpar-se (vr)	вибачатися	[wɨba'ʧatɨsʲa]
desculpa (f)	вибачення (c)	['wɨbaʧɛnʲa]
perdoar (vt)	вибачати	[wɨba'ʧatɨ]

falar (vi)	розмовляти	[rozmow'lʲatɨ]
escutar (vt)	слухати	['sluhatɨ]
ouvir até o fim	вислухати	['wɨsluhatɨ]
entender (compreender)	зрозуміти	[zrozu'mitɨ]

mostrar (vt)	показати	[poka'zatɨ]
olhar para ...	дивитися	[dɨ'wɨtɨsʲa]
chamar (alguém para ...)	покликати	[pok'lɨkatɨ]
perturbar, distrair (vt)	турбувати	[turbu'watɨ]
perturbar (vt)	заважати	[zawa'ʒatɨ]
entregar (~ em mãos)	передати	[pɛrɛ'datɨ]

pedido (m)	прохання (c)	[pro'hanʲa]
pedir (ex. ~ ajuda)	просити	[pro'sɨtɨ]
exigência (f)	вимога (ж)	[wɨ'mɔha]
exigir (vt)	вимагати	[wɨma'hatɨ]

insultar (chamar nomes)	дражнити	[draʒ'nɨtɨ]
zombar (vt)	насміхатися	[nasmi'hatɨsʲa]
zombaria (f)	насмішка (ж)	[na'smiʃka]
alcunha (f), apelido (m)	прізвисько (c)	['prizwɨsʲko]

insinuação (f)	натяк (ч)	['natʲak]
insinuar (vt)	натякати	[natʲa'katɨ]
querer dizer	мати на увазі	['matɨ na u'wazi]

descrição (f)	опис (ч)	['ɔpɨs]
descrever (vt)	описати	[opɨ'satɨ]
elogio (m)	похвала (ж)	[pohwa'la]
elogiar (vt)	хвалити	[hwa'lɨtɨ]

desapontamento (m)	розчарування (c)	[rozʧaru'wanʲa]
desapontar (vt)	розчарувати	[rozʧaru'watɨ]
desapontar-se (vr)	розчаруватися	[rozʧaru'watɨsʲa]

| suposição (f) | припущення (c) | [prɨ'puʧɛnʲa] |
| supor (vt) | припускати | [prɨpus'katɨ] |

| advertência (f) | застереження (c) | [zastɛ'rɛʒɛnʲa] |
| advertir (vt) | застерегти | [zastɛrɛɦ'ti] |

64. Discussão, conversação. Parte 3

| convencer (vt) | умовити | [u'mɔwiti] |
| acalmar (vt) | заспокоювати | [zaspo'kɔʲuwati] |

silêncio (o ~ é de ouro)	мовчання (c)	[mow'ʧanʲa]
ficar em silêncio	мовчати	[mow'ʧati]
sussurrar (vt)	шепнути	[ʃɛp'nuti]
sussurro (m)	шепіт (ч)	['ʃɛpit]

| francamente | відверто | [wid'wɛrto] |
| na minha opinião ... | на мою думку... | [na mo'ʲu 'dumku] |

detalhe (~ da história)	деталь (ж)	[dɛ'talʲ]
detalhado (adj)	детальний	[dɛ'talʲnij]
detalhadamente	детально	[dɛ'talʲno]

| dica (f) | підказка (ж) | [pid'kazka] |
| dar uma dica | підказати | [pidka'zati] |

olhar (m)	погляд (ч)	['pɔɦlʲad]
dar uma olhada	поглянути	[poɦ'lʲanuti]
fixo (olhada ~a)	нерухомий	[nɛru'ɦɔmij]
piscar (vi)	кліпати	['klipati]
piscar (vt)	підморгнути	[pidmorɦ'nuti]
acenar com a cabeça	кивнути	[kiw'nuti]

suspiro (m)	зітхання (c)	[zit'hanʲa]
suspirar (vi)	зітхнути	[zith'nuti]
estremecer (vi)	здригатися	[zdri'ɦatisʲa]
gesto (m)	жест (ч)	[ʒɛst]
tocar (com as mãos)	доторкнутися	[dotor'knutisʲa]
agarrar (~ pelo braço)	хапати	[ha'pati]
bater de leve	плескати	[plɛs'kati]

Cuidado!	Обережно!	[obɛ'rɛʒno]
Sério?	Невже?	[nɛw'ʒɛ]
Tem certeza?	Ти впевнений?	[ti 'wpɛwnɛnij]
Boa sorte!	Хай щастить!	[haj ças'titʲ]
Entendi!	Зрозуміло!	[zrozu'milo]
Que pena!	Шкода!	['ʃkɔda]

65. Acordo. Recusa

consentimento (~ mútuo)	згода (ж)	['zɦɔda]
consentir (vi)	погоджуватися	[po'ɦɔdʒuwatisʲa]
aprovação (f)	схвалення (c)	[sh'walɛnʲa]
aprovar (vt)	схвалити	[shwa'liti]
recusa (f)	відмова (ж)	[wid'mɔwa]

negar-se a ...	відмовлятися	[widmow'l'atis'a]
Ótimo!	Чудово!	[tʃu'dɔwo]
Tudo bem!	Добре!	['dɔbrɛ]
Está bem! De acordo!	Згода!	['zɦɔda]

proibido (adj)	заборонений	[zabo'rɔnɛnij]
é proibido	не можна	[nɛ 'mɔʒna]
é impossível	неможливо	[nɛmoʒ'liwo]
incorreto (adj)	помилковий	[pomil'kɔwij]

rejeitar (~ um pedido)	відхилити	[widhi'liti]
apoiar (vt)	підтримати	[pid'trimati]
aceitar (desculpas, etc.)	прийняти	[prij'n'ati]

confirmar (vt)	підтвердити	[pid'twɛrditi]
confirmação (f)	підтвердження (c)	[pid'twɛrdʒɛn'a]
permissão (f)	дозвіл (ч)	['dɔzwil]
permitir (vt)	дозволити	[doz'wɔliti]
decisão (f)	рішення (c)	['riʃɛn'a]
não dizer nada	промовчати	[promow'tʃati]

condição (com uma ~)	умова (ж)	[u'mɔwa]
pretexto (m)	відмовка (ж)	[wid'mɔwka]
elogio (m)	похвала (ж)	[pohwa'la]
elogiar (vt)	хвалити	[hwa'liti]

66. Sucesso. Boa sorte. Insucesso

êxito, sucesso (m)	успіх (ч)	['uspih]
com êxito	успішно	[us'piʃno]
bem sucedido (adj)	успішний	[us'piʃnij]

sorte (fortuna)	везіння (c)	[wɛ'zin'a]
Boa sorte!	Хай щастить!	[haj ɕas'tit']
de sorte	вдалий	['wdalij]
sortudo, felizardo (adj)	везучий	[wɛ'zutʃij]

fracasso (m)	невдача (ж)	[nɛw'datʃa]
pouca sorte (f)	невдача (ж)	[nɛw'datʃa]
azar (m), má sorte (f)	невезіння (c)	[nɛwɛ'zin'a]

| mal sucedido (adj) | невдалий | [nɛw'dalij] |
| catástrofe (f) | катастрофа (ж) | [kata'strɔfa] |

orgulho (m)	гордість (ж)	['hɔrdist']
orgulhoso (adj)	гордовитий	[hordo'witij]
estar orgulhoso, -a	гордитися	[hor'ditis'a]

vencedor (m)	переможець (ч)	[pɛrɛ'mɔʒɛts]
vencer (vi, vt)	перемогти	[pɛrɛmoɦ'ti]
perder (vt)	програти	[proɦ'rati]
tentativa (f)	спроба (ж)	['sprɔba]
tentar (vt)	намагатися	[nama'ɦatis'a]
chance (m)	шанс (ч)	[ʃans]

67. Conflitos. Emoções negativas

grito (m)	крик (ч)	[krik]
gritar (vi)	кричати	[kri'tʃati]
começar a gritar	закричати	[zakri'tʃati]

discussão (f)	сварка (ж)	['swarka]
brigar (discutir)	сваритися	[swa'ritisʲa]
escândalo (m)	скандал (ч)	[skan'dal]
criar escândalo	сваритися	[swa'ritisʲa]
conflito (m)	конфлікт (ч)	[kon'flikt]
mal-entendido (m)	непорозуміння (с)	[nɛporozu'minʲa]

insulto (m)	приниження (с)	[pri'niʒɛnʲa]
insultar (vt)	принизити	[pri'niziti]
insultado (adj)	принижений	[pri'niʒɛnij]
ofensa (f)	образа (ж)	[ob'raza]
ofender (vt)	образити	[ob'raziti]
ofender-se (vr)	образитись	[ob'razitisʲ]

indignação (f)	обурення (с)	[o'burɛnʲa]
indignar-se (vr)	обурюватися	[o'burʲuwatisʲa]
queixa (f)	скарга (ж)	['skarɦa]
queixar-se (vr)	скаржитися	['skarʒitisʲa]

desculpa (f)	вибачення (с)	['wibatʃɛnʲa]
desculpar-se (vr)	вибачатися	[wiba'tʃatisʲa]
pedir perdão	просити вибачення	[pro'siti 'wibatʃɛnʲa]

crítica (f)	критика (ж)	['kritika]
criticar (vt)	критикувати	[kritiku'wati]
acusação (f)	обвинувачення (с)	[obwinu'watʃɛnʲa]
acusar (vt)	звинувачувати	[zwinu'watʃuwati]

vingança (f)	помста (ж)	['pɔmsta]
vingar (vt)	мстити	['mstiti]
vingar-se de	помститися	[poms'titisʲa]

desprezo (m)	зневага (ж)	[znɛ'waɦa]
desprezar (vt)	зневажати	[znɛwa'ʒati]
ódio (m)	ненависть (ж)	[nɛ'nawistʲ]
odiar (vt)	ненавидіти	[nɛna'widiti]

nervoso (adj)	нервовий	[nɛr'wɔwij]
estar nervoso	нервувати	[nɛrwu'wati]
zangado (adj)	сердитий	[sɛr'ditij]
zangar (vt)	розсердити	[roz'sɛrditi]

humilhação (f)	приниження (с)	[pri'niʒɛnʲa]
humilhar (vt)	принижувати	[pri'niʒuwati]
humilhar-se (vr)	принижуватись	[pri'niʒuwatisʲ]

choque (m)	шок (ч)	[ʃok]
chocar (vt)	шокувати	[ʃoku'wati]
aborrecimento (m)	неприємність (ж)	[nɛpri'ɛmnistʲ]

desagradável (adj)	неприємний	[nɛpri'ɛmnij]
medo (m)	страх (ч)	[strah]
terrível (tempestade, etc.)	страшний	['straʃnij]
assustador (ex. história ~a)	страшний	['straʃnij]
horror (m)	жах (ч)	[ʒah]
horrível (crime, etc.)	жахливий	[ʒah'ɫiwij]
começar a tremer	почати тремтіти	[po'ʧatɪ trɛm'titɪ]
chorar (vi)	плакати	['plakatɪ]
começar a chorar	заплакати	[za'plakatɪ]
lágrima (f)	сльоза (ж)	[sʎo'za]
falta (f)	провина (ж)	[pro'wina]
culpa (f)	провина (ж)	[pro'wina]
desonra (f)	ганьба (ж)	[hanʲ'ba]
protesto (m)	протест (ч)	[pro'tɛst]
estresse (m)	стрес (ч)	['strɛs]
perturbar (vt)	заважати	[zawa'ʒatɪ]
zangar-se com ...	лютувати	[ʎutu'watɪ]
zangado (irritado)	злий	['zlij]
terminar (vt)	припиняти	[pripɪ'nʲatɪ]
praguejar	лаятися	['laʲatisʲa]
assustar-se	лякатися	[ʎa'katisʲa]
golpear (vt)	ударити	[u'dariti]
brigar (na rua, etc.)	битися	['bitisʲa]
resolver (o conflito)	урегулювати	[urɛhuʎu'watɪ]
descontente (adj)	незадоволений	[nɛzado'wɔlɛnij]
furioso (adj)	розлючений	[roz'ʎuʧɛnij]
Não está bem!	Це недобре!	[ʦɛ nɛ'dɔbrɛ]
É ruim!	Це погано!	[ʦɛ po'ɦano]

Medicina

doença (f)	хвороба (ж)	[hwo'rɔba]
estar doente	хворіти	[hwo'riti]
saúde (f)	здоров'я (с)	[zdo'rɔwʲa]
nariz (m) escorrendo	нежить (ч)	['nɛʒitʲ]
amigdalite (f)	ангіна (ж)	[an'ɦina]
resfriado (m)	застуда (ж)	[za'studa]
ficar resfriado	застудитися	[zastu'ditisʲa]
bronquite (f)	бронхіт (ч)	[bron'hit]
pneumonia (f)	запалення (с) легенів	[za'palɛnja lɛ'ɦɛniw]
gripe (f)	грип (ч)	[ɦrip]
míope (adj)	короткозорий	[korotko'zɔrij]
presbita (adj)	далекозорий	[dalɛko'zɔrij]
estrabismo (m)	косоокість (ж)	[koso'ɔkistʲ]
estrábico, vesgo (adj)	косоокий	[koso'ɔkij]
catarata (f)	катаракта (ж)	[kata'rakta]
glaucoma (m)	глаукома (ж)	[ɦlau'kɔma]
AVC (m), apoplexia (f)	інсульт (ч)	[in'sulʲt]
ataque (m) cardíaco	інфаркт (ч)	[in'farkt]
enfarte (m) do miocárdio	інфаркт (ч) міокарду	[in'farkt mio'kardu]
paralisia (f)	параліч (ч)	[para'litʃ]
paralisar (vt)	паралізувати	[paralizu'wati]
alergia (f)	алергія (ж)	[alɛr'ɦiʲa]
asma (f)	астма (ж)	['astma]
diabetes (f)	діабет (ч)	[dia'bɛt]
dor (f) de dente	зубний біль (ч)	[zub'nij bilʲ]
cárie (f)	карієс (ч)	['kariɛs]
diarreia (f)	діарея (ж)	[dia'rɛʲa]
prisão (f) de ventre	запор (ч)	[za'pɔr]
desarranjo (m) intestinal	розлад (ч) шлунку	['rɔzlad 'ʃlunku]
intoxicação (f) alimentar	отруєння (с)	[ot'ruɛnʲa]
intoxicar-se	отруїтись	[otru'jitisʲ]
artrite (f)	артрит (ч)	[art'rit]
raquitismo (m)	рахіт (ч)	[ra'hit]
reumatismo (m)	ревматизм (ч)	[rɛwma'tizm]
arteriosclerose (f)	атеросклероз (ч)	[atɛrosklɛ'rɔz]
gastrite (f)	гастрит (ч)	[ɦast'rit]
apendicite (f)	апендицит (ч)	[apɛndi'tsit]

| colecistite (f) | холецистит (ч) | [holɛʦis'tit] |
| úlcera (f) | виразка (ж) | ['wirazka] |

sarampo (m)	кір (ч)	[kir]
rubéola (f)	краснуха (ж)	[kras'nuha]
icterícia (f)	жовтуха (ж)	[ʒow'tuha]
hepatite (f)	гепатит (ч)	[ɦɛpa'tit]

esquizofrenia (f)	шизофренія (ж)	[ʃizofrɛ'niʲa]
raiva (f)	сказ (ч)	[skaz]
neurose (f)	невроз (ч)	[nɛw'rɔz]
contusão (f) cerebral	струс (ч) мозку	['strus 'mɔzku]

câncer (m)	рак (ч)	[rak]
esclerose (f)	склероз (ч)	[sklɛ'rɔz]
esclerose (f) múltipla	розсіяний склероз (ч)	[roz'siʲanij sklɛ'rɔz]

alcoolismo (m)	алкоголізм (ч)	[alkoɦo'lizm]
alcoólico (m)	алкоголік (ч)	[alko'ɦolik]
sífilis (f)	сифіліс (ч)	['sifilis]
AIDS (f)	СНІД (ч)	[snid]

tumor (m)	пухлина (ж)	[puh'lina]
maligno (adj)	злоякісна	[zlo'ʲakisna]
benigno (adj)	доброякісна	[dobro'ʲakisna]

febre (f)	гарячка (ж)	[ɦa'rʲaʧka]
malária (f)	малярія (ж)	[malʲa'riʲa]
gangrena (f)	гангрена (ж)	[ɦan'ɦrɛna]
enjoo (m)	морська хвороба (ж)	[morsʲ'ka hwo'rɔba]
epilepsia (f)	епілепсія (ж)	[ɛpi'lɛpsiʲa]

epidemia (f)	епідемія (ж)	[ɛpi'dɛmiʲa]
tifo (m)	тиф (ч)	[tif]
tuberculose (f)	туберкульоз (ч)	[tubɛrku'lʲoz]
cólera (f)	холера (ж)	[ho'lɛra]
peste (f) bubônica	чума (ж)	[ʧu'ma]

69. Sintomas. Tratamentos. Parte 1

sintoma (m)	симптом (ч)	[simp'tɔm]
temperatura (f)	температура (ж)	[tɛmpɛra'tura]
febre (f)	висока температура (ж)	[wi'sɔka tɛmpɛra'tura]
pulso (m)	пульс (ч)	[pulʲs]

vertigem (f)	запаморочення (с)	[za'pamoroʧɛnʲa]
quente (testa, etc.)	гарячий	[ɦa'rʲaʧij]
calafrio (m)	озноб (ч)	[oz'nɔb]
pálido (adj)	блідий	[bli'dij]

tosse (f)	кашель (ч)	['kaʃɛlʲ]
tossir (vi)	кашляти	['kaʃlʲati]
espirrar (vi)	чхати	['ʧhati]
desmaio (m)	непритомність (ж)	[nɛpri'tɔmnistʲ]

desmaiar (vi)	знепритомніти	[znɛpri'tɔmniti]
mancha (f) preta	синець (ч)	[si'nɛʦ]
galo (m)	гуля (ж)	['ɦulʲa]
machucar-se (vr)	ударитись	[u'daritisʲ]
contusão (f)	забите місце (c)	[za'bitɛ 'misʦɛ]
machucar-se (vr)	забитися	[za'bitisʲa]
mancar (vi)	кульгати	[kulʲ'ɦati]
deslocamento (f)	вивих (ч)	['wiwih]
deslocar (vt)	вивихнути	['wiwihnuti]
fratura (f)	перелом (ч)	[pɛrɛ'lɔm]
fraturar (vt)	отримати перелом	[ot'rimati pɛrɛ'lom]
corte (m)	поріз (ч)	[po'riz]
cortar-se (vr)	порізатися	[po'rizatisʲa]
hemorragia (f)	кровотеча (ж)	[krowo'tɛʧa]
queimadura (f)	опік (ч)	['ɔpik]
queimar-se (vr)	обпектися	[obpɛk'tisʲa]
picar (vt)	уколоти	[uko'lɔti]
picar-se (vr)	уколотися	[uko'lɔtisʲa]
lesionar (vt)	пошкодити	[poʃ'kɔditi]
lesão (m)	ушкодження (c)	[uʃ'kɔʤɛnʲa]
ferida (f), ferimento (m)	рана (ж)	['rana]
trauma (m)	травма (ж)	['trawma]
delirar (vi)	марити	['mariti]
gaguejar (vi)	заїкатися	[zaji'katisʲa]
insolação (f)	сонячний удар (ч)	['sɔnʲatʃnij u'dar]

70. Sintomas. Tratamentos. Parte 2

dor (f)	біль (ч)	[bilʲ]
farpa (no dedo, etc.)	скалка (ж)	['skalka]
suor (m)	піт (ч)	[pit]
suar (vi)	спітніти	[spit'niti]
vômito (m)	блювота (ж)	[blʲu'wɔta]
convulsões (f pl)	судома (ж)	[su'dɔma]
grávida (adj)	вагітна	[wa'ɦitna]
nascer (vi)	народитися	[naro'ditisʲa]
parto (m)	пологи (мн)	[po'lɔɦi]
dar à luz	народжувати	[na'rɔʤuwati]
aborto (m)	аборт (ч)	[a'bɔrt]
respiração (f)	дихання (c)	['dihanʲa]
inspiração (f)	вдих (ч)	[wdih]
expiração (f)	видих (ч)	['widih]
expirar (vi)	видихнути	['widihnuti]
inspirar (vi)	зробити вдих	[zro'biti wdih]
inválido (m)	інвалід (ч)	[inwa'lid]
aleijado (m)	каліка (ч)	[ka'lika]

drogado (m)	наркоман (ч)	[narko'man]
surdo (adj)	глухий	[ɦlu'hij]
mudo (adj)	німий	[ni'mij]
surdo-mudo (adj)	глухонімий	[ɦluhoni'mij]

louco, insano (adj)	божевільний	[boʒɛ'wilʲnij]
louco (m)	божевільний (ч)	[boʒɛ'wilʲnij]
louca (f)	божевільна (ж)	[boʒɛ'wilʲna]
ficar louco	збожеволіти	[zboʒɛ'wɔliti]

gene (m)	ген (ч)	[ɦɛn]
imunidade (f)	імунітет (ч)	[imuni'tɛt]
hereditário (adj)	спадковий	[spad'kɔwij]
congênito (adj)	вроджений	['wrɔdʒɛnij]

vírus (m)	вірус (ч)	['wirus]
micróbio (m)	мікроб (ч)	[mik'rɔb]
bactéria (f)	бактерія (ж)	[bak'tɛriʲa]
infecção (f)	інфекція (ж)	[in'fɛktsiʲa]

71. Sintomas. Tratamentos. Parte 3

hospital (m)	лікарня (ж)	[li'karnʲa]
paciente (m)	пацієнт (ч)	[patsi'ɛnt]

diagnóstico (m)	діагноз (ч)	[di'aɦnoz]
cura (f)	лікування (с)	[liku'wanʲa]
tratamento (m) médico	лікування (с)	[liku'wanʲa]
curar-se (vr)	лікуватися	[liku'watisʲa]
tratar (vt)	лікувати	[liku'wati]
cuidar (pessoa)	доглядати	[doɦlʲa'dati]
cuidado (m)	догляд (ч)	['doɦlʲad]

operação (f)	операція (ж)	[opɛ'ratsiʲa]
enfaixar (vt)	перев'язати	[pɛrɛw'ʲa'zati]
enfaixamento (m)	перев'язка (ж)	[pɛrɛ'w'ʲazka]

vacinação (f)	щеплення (с)	['ɕɛplɛnʲa]
vacinar (vt)	робити щеплення	[ro'biti 'ɕɛplɛnʲa]
injeção (f)	ін'єкція (ж)	[i'n'ʲɛktsiʲa]
dar uma injeção	робити укол	[ro'biti u'kɔl]

ataque (~ de asma, etc.)	напад	['napad]
amputação (f)	ампутація (ж)	[ampu'tatsiʲa]
amputar (vt)	ампутувати	[amputu'wati]
coma (f)	кома (ж)	['kɔma]
estar em coma	бути в комі	['buti w 'kɔmi]
reanimação (f)	реанімація (ж)	[rɛani'matsiʲa]

recuperar-se (vr)	видужувати	[wi'duʒuwati]
estado (~ de saúde)	стан (ч)	['stan]
consciência (perder a ~)	свідомість (ж)	[swi'dɔmistʲ]
memória (f)	пам'ять (ж)	['pam'ʲatʲ]
tirar (vt)	видалити	['widaliti]

obturação (f)	пломба (ж)	['plɔmba]
obturar (vt)	пломбувати	[plombu'wati]
hipnose (f)	гіпноз (ч)	[ɦip'nɔz]
hipnotizar (vt)	гіпнотизувати	[ɦipnotizu'wati]

72. Médicos

médico (m)	лікар (ч)	['likar]
enfermeira (f)	медсестра (ж)	[mɛdsɛst'ra]
médico (m) pessoal	особистий лікар (ч)	[oso'bistij 'likar]
dentista (m)	стоматолог (ч)	[stoma'tɔloɦ]
oculista (m)	окуліст (ч)	[oku'list]
terapeuta (m)	терапевт (ч)	[tɛra'pɛwt]
cirurgião (m)	хірург (ч)	[ɦi'rurɦ]
psiquiatra (m)	психіатр (ч)	[psihi'atr]
pediatra (m)	педіатр (ч)	[pɛdi'atr]
psicólogo (m)	психолог (ч)	[psi'ɦoloɦ]
ginecologista (m)	гінеколог (ч)	[ɦinɛ'kɔloɦ]
cardiologista (m)	кардіолог (ч)	[kardi'ɔloɦ]

73. Medicina. Drogas. Acessórios

medicamento (m)	ліки (мн)	['likɨ]
remédio (m)	засіб (ч)	['zasib]
receitar (vt)	прописати	[propɨ'sati]
receita (f)	рецепт (ч)	[rɛ'ʦɛpt]
comprimido (m)	пігулка (ж)	[pi'ɦulka]
unguento (m)	мазь (ж)	[mazʲ]
ampola (f)	ампула (ж)	['ampula]
solução, preparado (m)	мікстура (ж)	[miks'tura]
xarope (m)	сироп (ч)	[sɨ'rɔp]
cápsula (f)	пігулка (ж)	[pi'ɦulka]
pó (m)	порошок (ч)	[poro'ʃɔk]
atadura (f)	бинт (ч)	[bɨnt]
algodão (m)	вата (ж)	['wata]
iodo (m)	йод (ч)	['ɪod]
curativo (m) adesivo	лейкопластир (ч)	[lɛjko'plastir]
conta-gotas (m)	піпетка (ж)	[pi'pɛtka]
termômetro (m)	градусник (ч)	['ɦradusnik]
seringa (f)	шприц (ч)	[ʃprɨʦ]
cadeira (f) de rodas	інвалідне крісло (с)	[inwa'lidnɛ 'krislo]
muletas (f pl)	милиці (мн)	['mɨlɨʦi]
analgésico (m)	знеболювальне (с)	[znɛ'bolʲuwalʲnɛ]
laxante (m)	проносне (с)	[pronos'nɛ]

álcool (m)	спирт (ч)	[spirt]
ervas (f pl) medicinais	лікарська трава (ж)	['likarsʲka tra'wa]
de ervas (chá ~)	трав'яний	[traw'ʲa'nij]

74. Fumar. Produtos tabágicos

tabaco (m)	тютюн (ч)	[tʲu'tʲun]
cigarro (m)	цигарка (ж)	[tsi'harka]
charuto (m)	сигара (ж)	[si'hara]
cachimbo (m)	люлька (ж)	['lʲulʲka]
maço (~ de cigarros)	пачка (ж)	['patʃka]

fósforos (m pl)	сірники (мн)	[sirnɨ'ki]
caixa (f) de fósforos	сірникова коробка (ж)	[sirnɨ'kowa ko'rɔbka]
isqueiro (m)	запальничка (ж)	[zapalʲ'nitʃka]
cinzeiro (m)	попільниця (ж)	[popilʲ'nitsʲa]
cigarreira (f)	портсигар (ч)	[portsi'har]

piteira (f)	мундштук (ч)	[mund'ʃtuk]
filtro (m)	фільтр (ч)	['filʲtr]

fumar (vi, vt)	палити	[pa'liti]
acender um cigarro	запалити	[zapa'liti]
tabagismo (m)	паління (с)	[pa'linʲa]
fumante (m)	курець (ч)	[ku'rɛts]

bituca (f)	недопалок (ч)	[nɛdo'palok]
fumaça (f)	дим (ч)	[dim]
cinza (f)	попіл (ч)	['pɔpil]

HABITAT HUMANO

Cidade

cidade (f)	місто (c)	['misto]
capital (f)	столиця (ж)	[sto'litsʲa]
aldeia (f)	село (c)	[sɛ'lɔ]
mapa (m) da cidade	план (ч) міста	[plan 'mista]
centro (m) da cidade	центр (ч) міста	[tsɛntr 'mista]
subúrbio (m)	передмістя (c)	[pɛrɛd'mistʲa]
suburbano (adj)	приміський	[primisʲ'kij]
periferia (f)	околиця (ж)	[o'kɔlitsʲa]
arredores (m pl)	околиці (мн)	[o'kɔlitsi]
quarteirão (m)	квартал (ч)	[kwar'tal]
quarteirão (m) residencial	житловий квартал (ч)	[ʒitlo'wij kwar'tal]
tráfego (m)	вуличний рух (ч)	['wulitʃnij ruh]
semáforo (m)	світлофор (ч)	[switlo'fɔr]
transporte (m) público	міський транспорт (ч)	[misʲ'kij 'transport]
cruzamento (m)	перехрестя (c)	[pɛrɛh'rɛstʲa]
faixa (f)	пішохідний перехід (ч)	[piʃo'hidnij pɛrɛ'hid]
túnel (m) subterrâneo	підземний перехід (ч)	[pi'dzɛmnij pɛrɛ'hid]
cruzar, atravessar (vt)	переходити	[pɛrɛ'hɔditi]
pedestre (m)	пішохід (ч)	[piʃo'hid]
calçada (f)	тротуар (ч)	[trotu'ar]
ponte (f)	міст (ч)	[mist]
margem (f) do rio	набережна (ж)	['nabɛrɛʒna]
fonte (f)	фонтан (ч)	[fon'tan]
alameda (f)	алея (ж)	[a'lɛʲa]
parque (m)	парк (ч)	[park]
bulevar (m)	бульвар (ч)	[bulʲ'war]
praça (f)	площа (ж)	['plɔça]
avenida (f)	проспект (ч)	[pros'pɛkt]
rua (f)	вулиця (ж)	['wulitsʲa]
travessa (f)	провулок (ч)	[pro'wulok]
beco (m) sem saída	глухий кут (ч)	[ɦlu'hij kut]
casa (f)	будинок (ч)	[bu'dinok]
edifício, prédio (m)	споруда (ж)	[spo'ruda]
arranha-céu (m)	хмарочос (ч)	[hmaro'tʃɔs]
fachada (f)	фасад (ч)	[fa'sad]
telhado (m)	дах (ч)	[dah]

janela (f)	вікно (с)	[wik'nɔ]
arco (m)	арка (ж)	['arka]
coluna (f)	колона (ж)	[ko'lɔna]
esquina (f)	ріг (ч)	[riɦ]

vitrine (f)	вітрина (ж)	[wi'trina]
letreiro (m)	вивіска (ж)	['wiwiska]
cartaz (do filme, etc.)	афіша (ж)	[a'fiʃa]
cartaz (m) publicitário	рекламний плакат (ч)	[rɛk'lamnij pla'kat]
painel (m) publicitário	рекламний щит (ч)	[rɛk'lamnij ɕit]

lixo (m)	сміття (с)	[smit'tʲa]
lata (f) de lixo	урна (ж)	['urna]
jogar lixo na rua	смітити	[smi'titi]
aterro (m) sanitário	смітник (ч)	[smit'nik]

orelhão (m)	телефонна будка (ж)	[tɛlɛ'fɔna 'budka]
poste (m) de luz	ліхтарний стовп (ч)	[lih'tarnij stowp]
banco (m)	лавка (ж)	['lawka]

polícia (m)	поліцейський (ч)	[poli'tsɛjsʲkij]
polícia (instituição)	поліція (ж)	[po'litsiʲa]
mendigo, pedinte (m)	жебрак (ч)	[ʒɛb'rak]
desabrigado (m)	безпритульний (ч)	[bɛzpri'tulʲnij]

76. Instituições urbanas

loja (f)	магазин (ч)	[maɦa'zin]
drogaria (f)	аптека (ж)	[ap'tɛka]
ótica (f)	оптика (ж)	['ɔptika]
centro (m) comercial	торгівельний центр (ч)	[torɦi'wɛlʲnij 'tsɛntr]
supermercado (m)	супермаркет (ч)	[supɛr'markɛt]

padaria (f)	пекарня (ж)	[pɛ'karnʲa]
padeiro (m)	пекар (ч)	['pɛkar]
pastelaria (f)	кондитерська (ж)	[kon'ditɛrsʲka]
mercearia (f)	бакалія (ж)	[baka'liʲa]
açougue (m)	м'ясний магазин (ч)	[mʲʲas'nij maɦa'zin]

fruteira (f)	овочевий магазин (ч)	[owo'tʃewij maɦa'zin]
mercado (m)	ринок (ч)	['rinok]

cafeteria (f)	кав'ярня (ж)	[ka'wʲʲarnʲa]
restaurante (m)	ресторан (ч)	[rɛsto'ran]
bar (m)	пивна (ж)	[piw'na]
pizzaria (f)	піцерія (ж)	[pitsɛ'riʲa]

salão (m) de cabeleireiro	перукарня (ж)	[pɛru'karnʲa]
agência (f) dos correios	пошта (ж)	['poʃta]
lavanderia (f)	хімчистка (ж)	[him'tʃistka]
estúdio (m) fotográfico	фотоательє (с)	[fotoatɛ'ljɛ]

sapataria (f)	взуттєвий магазин (ч)	[wzut'tɛwij maɦa'zin]
livraria (f)	книгарня (ж)	[kniʲɦarnʲa]

loja (f) de artigos esportivos	спортивний магазин (ч)	[spor'tiwnij maɦa'zin]
costureira (m)	ремонт (ч) одягу	[rɛ'mɔnt 'ɔdʲaɦu]
aluguel (m) de roupa	прокат (ч) одягу	[pro'kat 'ɔdʲaɦu]
videolocadora (f)	прокат (ч) фільмів	[pro'kat 'filʲmiw]
circo (m)	цирк (ч)	[tsirk]
jardim (m) zoológico	зоопарк (ч)	[zoo'park]
cinema (m)	кінотеатр (ч)	[kinotɛ'atr]
museu (m)	музей (ч)	[mu'zɛj]
biblioteca (f)	бібліотека (ж)	[biblio'tɛka]
teatro (m)	театр (ч)	[tɛ'atr]
ópera (f)	опера (ж)	['ɔpɛra]
boate (casa noturna)	нічний клуб (ч)	[nitʃ'nij klub]
cassino (m)	казино (с)	[kazi'nɔ]
mesquita (f)	мечеть (ж)	[mɛ'tʃɛtʲ]
sinagoga (f)	синагога (ж)	[sina'ɦɔɦa]
catedral (f)	собор (ч)	[so'bɔr]
templo (m)	храм (ч)	[hram]
igreja (f)	церква (ж)	['tsɛrkwa]
faculdade (f)	інститут (ч)	[insti'tut]
universidade (f)	університет (ч)	[uniwɛrsi'tɛt]
escola (f)	школа (ж)	['ʃkola]
prefeitura (f)	префектура (ж)	[prɛfɛk'tura]
câmara (f) municipal	мерія (ж)	['mɛriʲa]
hotel (m)	готель (ч)	[ɦo'tɛlʲ]
banco (m)	банк (ч)	[bank]
embaixada (f)	посольство (с)	[po'sɔlʲstwo]
agência (f) de viagens	турагентство (с)	[tura'ɦɛntstwo]
agência (f) de informações	довідкове бюро (с)	[dowid'kɔwɛ bʲu'rɔ]
casa (f) de câmbio	обмінний пункт (ч)	[ob'minij punkt]
metrô (m)	метро (с)	[mɛt'rɔ]
hospital (m)	лікарня (ж)	[li'karnʲa]
posto (m) de gasolina	автозаправка (ж)	[awtoza'prawka]
parque (m) de estacionamento	автостоянка (ж)	[awtosto'ʲanka]

77. Transportes urbanos

ônibus (m)	автобус (ч)	[aw'tɔbus]
bonde (m) elétrico	трамвай (ч)	[tram'waj]
trólebus (m)	тролейбус (ч)	[tro'lɛjbus]
rota (f), itinerário (m)	маршрут (ч)	[marʃ'rut]
número (m)	номер (ч)	['nɔmɛr]
ir de ... (carro, etc.)	їхати на...	['jihatɨ na]
entrar no ...	сісти	['sisti]
descer do ...	вийти	['wijti]
parada (f)	зупинка (ж)	[zu'pɨnka]

próxima parada (f)	наступна зупинка (ж)	[na'stupna zu'pinka]
terminal (m)	кінцева зупинка (ж)	[kin'tsɛwa zu'pinka]
horário (m)	розклад (ч)	['rɔzklad]
esperar (vt)	чекати	[tʃɛ'kati]

| passagem (f) | квиток (ч) | [kwi'tɔk] |
| tarifa (f) | вартість (ж) квитка | ['wartistʲ kwit'ka] |

bilheteiro (m)	касир (ч)	[ka'sir]
controle (m) de passagens	контроль (ч)	[kon'trɔlʲ]
revisor (m)	контролер (ч)	[kontro'lɛr]

atrasar-se (vr)	запізнюватися	[za'piznʲuwatisʲa]
perder (o autocarro, etc.)	спізнитися	[spiz'nitisʲa]
estar com pressa	поспішати	[pospi'ʃati]

táxi (m)	таксі (с)	[tak'si]
taxista (m)	таксист (ч)	[tak'sist]
de táxi (ir ~)	на таксі	[na tak'si]
ponto (m) de táxis	стоянка таксі	[sto'ʲanka tak'si]
chamar um táxi	викликати таксі	['wiklikati tak'si]
pegar um táxi	взяти таксі	['wzʲati tak'si]

tráfego (m)	вуличний рух (ч)	['wulitʃnij ruh]
engarrafamento (m)	затор (ч)	[za'tɔr]
horas (f pl) de pico	години (мн) пік	[ɦo'dini pik]
estacionar (vi)	паркуватися	[parku'watisʲa]
estacionar (vt)	паркувати	[parku'wati]
parque (m) de estacionamento	стоянка (ж)	[sto'ʲanka]

metrô (m)	метро (с)	[mɛt'rɔ]
estação (f)	станція (ж)	['stantsiʲa]
ir de metrô	їхати в метро	['jihati w mɛt'rɔ]
trem (m)	поїзд (ч)	['pojizd]
estação (f) de trem	вокзал (ч)	[wok'zal]

78. Turismo

monumento (m)	пам'ятник (ч)	['pamʲʲatnik]
fortaleza (f)	фортеця (ж)	[for'tɛtsʲa]
palácio (m)	палац (ч)	[pa'lats]
castelo (m)	замок (ч)	['zamok]
torre (f)	вежа (ж)	['wɛʒa]
mausoléu (m)	мавзолей (ч)	[mawzo'lɛj]

arquitetura (f)	архітектура (ж)	[arhitɛk'tura]
medieval (adj)	середньовічний	[sɛrɛdnʲo'witʃnij]
antigo (adj)	старовинний	[staro'winij]
nacional (adj)	національний	[natsio'nalʲnij]
famoso, conhecido (adj)	відомий	[wi'dɔmij]

turista (m)	турист (ч)	[tu'rist]
guia (pessoa)	гід (ч)	[hid]
excursão (f)	екскурсія (ж)	[ɛks'kursiʲa]

mostrar (vt)	показувати	[po'kazuwati]
contar (vt)	розповідати	[rozpowi'dati]
encontrar (vt)	знайти	[znaj'ti]
perder-se (vr)	загубитися	[zaɦu'bitisʲa]
mapa (~ do metrô)	схема (ж)	['shɛma]
mapa (~ da cidade)	план (ч)	[plan]
lembrança (f), presente (m)	сувенір (ч)	[suwɛ'nir]
loja (f) de presentes	магазин (ч) сувенірів	[maɦa'zin suwɛ'niriw]
tirar fotos, fotografar	фотографувати	[fotoɦrafu'wati]
fotografar-se (vr)	фотографуватися	[fotoɦrafu'watisʲa]

79. Compras

comprar (vt)	купляти	[kup'lʲati]
compra (f)	покупка (ж)	[po'kupka]
fazer compras	робити покупки	[ro'biti po'kupki]
compras (f pl)	шопінг (ч)	['ʃopinɦ]
estar aberta (loja)	працювати	[pratsʲu'wati]
estar fechada	зачинитися	[zatʃi'nitisʲa]
calçado (m)	взуття (с)	[wzut'tʲa]
roupa (f)	одяг (ч)	['odʲaɦ]
cosméticos (m pl)	косметика (ж)	[kos'mɛtika]
alimentos (m pl)	продукти (мн)	[pro'dukti]
presente (m)	подарунок (ч)	[poda'runok]
vendedor (m)	продавець (ч)	[proda'wɛts]
vendedora (f)	продавщиця (ж)	[prodaw'çitsʲa]
caixa (f)	каса (ж)	['kasa]
espelho (m)	дзеркало (с)	['dzɛrkalo]
balcão (m)	прилавок (ч)	[pri'lawok]
provador (m)	примірочна (ж)	[pri'mirotʃna]
provar (vt)	приміряти	[pri'mirʲati]
servir (roupa, caber)	пасувати	[pasu'wati]
gostar (apreciar)	подобатися	[po'dobatisʲa]
preço (m)	ціна (ж)	[tsi'na]
etiqueta (f) de preço	цінник (ч)	['tsinik]
custar (vt)	коштувати	['koʃtuwati]
Quanto?	Скільки?	['skilʲki]
desconto (m)	знижка (ж)	['zniɹka]
não caro (adj)	недорогий	[nɛdoro'ɦij]
barato (adj)	дешевий	[dɛ'ʃɛwij]
caro (adj)	дорогий	[doro'ɦij]
É caro	Це дорого.	[tsɛ 'doroɦo]
aluguel (m)	прокат (ч)	[pro'kat]
alugar (roupas, etc.)	взяти напрокат	['wzʲati napro'kat]

crédito (m)   кредит (ч)   [krɛ'dɨt]
a crédito   в кредит   [w krɛ'dɨt]

80. Dinheiro

dinheiro (m)   гроші (мн)   ['ɦrɔʃi]
câmbio (m)   обмін (ч)   ['ɔbmin]
taxa (f) de câmbio   курс (ч)   [kurs]
caixa (m) eletrônico   банкомат (ч)   [banko'mat]
moeda (f)   монета (ж)   [mo'nɛta]

dólar (m)   долар (ч)   ['dɔlar]
euro (m)   євро (с)   ['ɛwro]

lira (f)   італійська ліра (ж)   [ita'lijsʲka 'lira]
marco (m)   марка (ж)   ['marka]
franco (m)   франк (ч)   ['frank]
libra (f) esterlina   фунт (ч)   ['funt]
iene (m)   єна (ж)   ['ɛna]

dívida (f)   борг (ч)   ['bɔrɦ]
devedor (m)   боржник (ч)   [borʒ'nik]
emprestar (vt)   позичити   [po'zɨtʃɨtɨ]
pedir emprestado   взяти в борг   ['wzʲatɨ w bɔrɦ]

banco (m)   банк (ч)   [bank]
conta (f)   рахунок (ч)   [ra'hunok]
depositar (vt)   покласти   [pok'lastɨ]
depositar na conta   покласти на рахунок   [pok'lastɨ na ra'hunok]
sacar (vt)   зняти з рахунку   ['znʲatɨ z ra'hunku]

cartão (m) de crédito   кредитна картка (ж)   [krɛ'dɨtna 'kartka]
dinheiro (m) vivo   готівка (ж)   [ɦo'tiwka]
cheque (m)   чек (ч)   [tʃɛk]
passar um cheque   виписати чек   ['wɨpɨsatɨ 'tʃɛk]
talão (m) de cheques   чекова книжка (ж)   ['tʃɛkowa 'kniʒka]

carteira (f)   портмоне (с)   [portmo'nɛ]
niqueleira (f)   гаманець (ч)   [ɦama'nɛts]
cofre (m)   сейф (ч)   [sɛjf]

herdeiro (m)   спадкоємець (ч)   [spadko'ɛmɛts]
herança (f)   спадщина (ж)   ['spadçina]
fortuna (riqueza)   статок (ч)   ['statok]

arrendamento (m)   оренда (ж)   [o'rɛnda]
aluguel (pagar o ~)   квартирна плата (ж)   [kwar'tɨrna 'plata]
alugar (vt)   зняти   ['znʲatɨ]

preço (m)   ціна (ж)   [tsi'na]
custo (m)   вартість (ж)   ['wartistʲ]
soma (f)   сума (ж)   ['suma]
gastar (vt)   витрачати   [wɨtra'tʃatɨ]
gastos (m pl)   витрати (мн)   ['wɨtratɨ]

| economizar (vi) | економити | [ɛkoˈnɔmiti] |
| econômico (adj) | економний | [ɛkoˈnɔmnij] |

pagar (vt)	платити	[plaˈtiti]
pagamento (m)	оплата (ж)	[opˈlata]
troco (m)	решта (ж)	[ˈrɛʃta]

imposto (m)	податок (ч)	[poˈdatok]
multa (f)	штраф (ч)	[ʃtraf]
multar (vt)	штрафувати	[ʃtrafuˈwati]

81. Correios. Serviço postal

agência (f) dos correios	пошта (ж)	[ˈpɔʃta]
correio (m)	пошта (ж)	[ˈpɔʃta]
carteiro (m)	листоноша (ч)	[listoˈnɔʃa]
horário (m)	години (мн) роботи	[ɦoˈdini roˈbɔti]

carta (f)	лист (ч)	[list]
carta (f) registada	рекомендований лист (ч)	[rɛkomɛnˈdɔwanij list]
cartão (m) postal	листівка (ж)	[lisˈtiwka]
telegrama (m)	телеграма (ж)	[tɛlɛˈɦrama]
encomenda (f)	посилка (ж)	[poˈsilka]
transferência (f) de dinheiro	грошовий переказ (ч)	[ɦroʃoˈwij pɛˈrɛkaz]

receber (vt)	отримати	[otˈrimati]
enviar (vt)	відправити	[widˈprawiti]
envio (m)	відправлення (с)	[widˈprawlɛnʲa]

endereço (m)	адреса (ж)	[adˈrɛsa]
código (m) postal	індекс (ч)	[ˈindɛks]
remetente (m)	відправник (ч)	[widˈprawnik]
destinatário (m)	одержувач (ч)	[oˈdɛrʒuwatʃ]

| nome (m) | ім'я (с) | [iˈmʲʔa] |
| sobrenome (m) | прізвище (с) | [ˈprizwiɕɛ] |

tarifa (f)	тариф (ч)	[taˈrif]
ordinário (adj)	звичайний	[zwiˈtʃajnij]
econômico (adj)	економічний	[ɛkonoˈmitʃnij]

peso (m)	вага (ж)	[waˈɦa]
pesar (estabelecer o peso)	зважувати	[ˈzwaʒuwati]
envelope (m)	конверт (ч)	[konˈwɛrt]
selo (m) postal	марка (ж)	[ˈmarka]
colar o selo	приклеювати марку	[prikˈlɛʲuwati ˈmarku]

Moradia. Casa. Lar

casa (f)	будинок (ч)	[bu'dɨnok]
em casa	вдома	['wdɔma]
pátio (m), quintal (f)	двір (ч)	[dwir]
cerca, grade (f)	огорожа (ж)	[oɦo'rɔʒa]

tijolo (m)	цегла (ж)	['ʦɛɦla]
de tijolos	цегляний	[ʦɛɦlʲa'nij]
pedra (f)	камінь (ч)	['kaminʲ]
de pedra	кам'яний	[kamʔʲa'nij]
concreto (m)	бетон (ч)	[bɛ'tɔn]
concreto (adj)	бетонний	[bɛ'tɔnij]

novo (adj)	новий	[no'wɨj]
velho (adj)	старий	[sta'rij]
decrépito (adj)	обвітшалий	[obwit'ʃalij]
moderno (adj)	сучасний	[su'ʧasnij]
de vários andares	багатоповерховий	[ba'ɦato powɛr'hɔwɨj]
alto (adj)	високий	[wɨ'sɔkij]

| andar (m) | поверх (ч) | ['pɔwɛrh] |
| de um andar | одноповерховий | [odnopowɛr'hɔwɨj] |

| térreo (m) | нижній поверх (ч) | ['niʒnij 'pɔwɛrh] |
| andar (m) de cima | верхній поверх (ч) | ['wɛrhnij 'pɔwɛrh] |

| telhado (m) | дах (ч) | [dah] |
| chaminé (f) | труба (ж) | [tru'ba] |

telha (f)	черепиця (ж)	[ʧɛrɛ'pɨʦʲa]
de telha	черепичний	[ʧɛrɛ'pɨʧnij]
sótão (m)	горище (с)	[ɦo'riɕɛ]

| janela (f) | вікно (с) | [wik'nɔ] |
| vidro (m) | скло (с) | ['sklo] |

| parapeito (m) | підвіконня (с) | [pidwi'konʲa] |
| persianas (f pl) | віконниці (мн) | [wi'konɪʦi] |

parede (f)	стіна (ж)	[sti'na]
varanda (f)	балкон (ч)	[bal'kɔn]
calha (f)	ринва (ж)	['rinwa]

em cima	нагорі	[naɦo'ri]
subir (vi)	підніматися	[pidni'matisʲa]
descer (vi)	спускатися	[spus'katisʲa]
mudar-se (vr)	переїздити	[pɛrɛjiz'diti]

83. Casa. Entrada. Elevador

entrada (f)	пiд'їзд (ч)	[pid"jizd]
escada (f)	сходи (мн)	['shɔdi]
degraus (m pl)	сходинки (мн)	['shɔdinki]
corrimão (m)	поруччя (мн)	[po'rutʃ'a]
hall (m) de entrada	хол (ч)	[hol]
caixa (f) de correio	поштова скринька (ж)	[poʃ'towa sk'rinʲka]
lata (f) do lixo	бак (ч) для смiття	[bak dlʲa smit'tʲa]
calha (f) de lixo	смiттєпровiд (ч)	[smittɛ'prɔwid]
elevador (m)	лiфт (ч)	[lift]
elevador (m) de carga	вантажний лiфт (ч)	[wan'taʒnij lift]
cabine (f)	кабiна (ж)	[ka'bina]
pegar o elevador	їхати в лiфтi	['jihati w 'lifti]
apartamento (m)	квартира (ж)	[kwar'tira]
residentes (pl)	мешканцi (мн)	['mɛʃkantsi]
vizinho (m)	сусiд (ч)	[su'sid]
vizinha (f)	сусiдка (ж)	[su'sidka]
vizinhos (pl)	сусiди (мн)	[su'sidi]

84. Casa. Portas. Fechaduras

porta (f)	дверi (мн)	['dwɛri]
portão (m)	брама (ж)	['brama]
maçaneta (f)	ручка (ж)	['rutʃka]
destrancar (vt)	вiдкрити	[wid'kriti]
abrir (vt)	вiдкривати	[widkri'wati]
fechar (vt)	закривати	[zakri'wati]
chave (f)	ключ (ч)	[klʲutʃ]
molho (m)	в'язка (ж)	['wʲazka]
ranger (vi)	скрипiти	[skri'piti]
rangido (m)	скрипiння (с)	[skri'pinʲa]
dobradiça (f)	петля (ж)	[pɛt'lʲa]
capacho (m)	килимок (ч)	[kili'mɔk]
fechadura (f)	замок (ч)	[za'mɔk]
buraco (m) da fechadura	замкова щiлина (ж)	[zam'kɔwa ɕi'lina]
barra (f)	засув (ч)	['zasuw]
fecho (ferrolho pequeno)	засувка (ж)	['zasuwka]
cadeado (m)	навiсний замок (ч)	[nawis'nij za'mɔk]
tocar (vt)	дзвонити	[dzwo'niti]
toque (m)	дзвiнок (ч)	[dzwi'nɔk]
campainha (f)	дзвiнок (ч)	[dzwi'nɔk]
botão (m)	кнопка (ж)	['knɔpka]
batida (f)	стукiт (ч)	['stukit]
bater (vi)	стукати	['stukati]
código (m)	код (ч)	[kod]

fechadura (f) de código	кодовий замок (ч)	['kɔdowij za'mɔk]
interfone (m)	домофон (ч)	[domo'fɔn]
número (m)	номер (ч)	['nɔmɛr]
placa (f) de porta	табличка (ж)	[tab'litʃka]
olho (m) mágico	вічко (с)	['witʃko]

85. Casa de campo

aldeia (f)	село (с)	[sɛ'lɔ]
horta (f)	город (ч)	[ɦo'rɔd]
cerca (f)	паркан (ч)	[par'kan]
cerca (f) de piquete	тин (ч)	[tin]
portão (f) do jardim	хвіртка (ж)	['hwirtka]
celeiro (m)	комора (ж)	[ko'mɔra]
adega (f)	льох (ч)	[lʲoh]
galpão, barracão (m)	сарай (ч)	[sa'raj]
poço (m)	криниця (ж)	[kri'nitsʲa]
fogão (m)	піч (ж)	[pitʃ]
atiçar o fogo	розпалювати піч	[roz'palʲuwati pitʃ]
lenha (carvão ou ~)	дрова (мн)	['drowa]
acha, lenha (f)	поліно (с)	[po'lino]
varanda (f)	веранда (ж)	[wɛ'randa]
alpendre (m)	тераса (ж)	[tɛ'rasa]
degraus (m pl) de entrada	ґанок (ч)	['ɦanok]
balanço (m)	гойдалка (ж)	['ɦɔjdalka]

86. Castelo. Palácio

castelo (m)	замок (ч)	['zamok]
palácio (m)	палац (ч)	[pa'lats]
fortaleza (f)	фортеця (ж)	[for'tɛtsʲa]
muralha (f)	стіна (ж)	[sti'na]
torre (f)	вежа (ж)	['wɛʒa]
calabouço (m)	головна вежа (ж)	[ɦolow'na 'wɛʒa]
grade (f) levadiça	підйомна брама (ж)	[pid'jɔmna 'brama]
passagem (f) subterrânea	підземний хід (ч)	[pi'dzɛmnij hid]
fosso (m)	рів (ч)	[riw]
corrente, cadeia (f)	ланцюг (ч)	[lan'tsʲuɦ]
seteira (f)	бійниця (ж)	[bij'nitsʲa]
magnífico (adj)	пишний	['piʃnij]
majestoso (adj)	величний	[wɛ'litʃnij]
inexpugnável (adj)	неприступний	[nɛpri'stupnij]
medieval (adj)	середньовічний	[sɛrɛdnʲo'witʃnij]

87. Apartamento

apartamento (m)	квартира (ж)	[kwar'tira]
quarto, cômodo (m)	кімната (ж)	[kim'nata]
quarto (m) de dormir	спальня (ж)	['spalʲnʲa]
sala (f) de jantar	їдальня (ж)	['jidalʲnʲa]
sala (f) de estar	вітальня (ж)	[wi'talʲnʲa]
escritório (m)	кабінет (ч)	[kabi'nɛt]

sala (f) de entrada	передпокій (ч)	[pɛrɛd'pokij]
banheiro (m)	ванна кімната (ж)	['wana kim'nata]
lavabo (m)	туалет (ч)	[tua'lɛt]

teto (m)	стеля (ж)	['stɛlʲa]
chão, piso (m)	підлога (ж)	[pid'lɔɦa]
canto (m)	куток (ч)	[ku'tɔk]

88. Apartamento. Limpeza

arrumar, limpar (vt)	прибирати	[pribi'rati]
guardar (no armário, etc.)	прибирати	[pribi'rati]
pó (m)	пил (ч)	[piɫ]
empoeirado (adj)	курний	[kur'nij]
tirar o pó	витирати пил	[witi'rati piɫ]
aspirador (m)	пилосос (ч)	[piɫo'sɔs]
aspirar (vt)	пилососити	[piɫo'sɔsiti]

varrer (vt)	підмітати	[pidmi'tati]
sujeira (f)	сміття (с)	[smit'tʲa]
arrumação, ordem (f)	лад (ч)	[lad]
desordem (f)	безлад (ч)	['bɛzlad]

esfregão (m)	швабра (ж)	['ʃwabra]
pano (m), trapo (m)	ганчірка (ж)	[ɦan'ʧirka]
vassoura (f)	віник (ч)	['winik]
pá (f) de lixo	совок (ч) для сміття	[so'wɔk dlʲa smit'tʲa]

89. Mobiliário. Interior

mobiliário (m)	меблі (мн)	['mɛbli]
mesa (f)	стіл (ч)	[stil]
cadeira (f)	стілець (ч)	[sti'lɛʦ]
cama (f)	ліжко (с)	['liʒko]
sofá, divã (m)	диван (ч)	[di'wan]
poltrona (f)	крісло (с)	['krislo]

| estante (f) | шафа (ж) | ['ʃafa] |
| prateleira (f) | полиця (ж) | [po'liʦʲa] |

| guarda-roupas (m) | шафа (ж) | ['ʃafa] |
| cabide (m) de parede | вішалка (ж) | ['wiʃalka] |

cabideiro (m) de pé	вішак (ч)	[wi'ʃak]
cômoda (f)	комод (ч)	[ko'mɔd]
mesinha (f) de centro	журнальний столик (ч)	[ʒurˈnalʲnij 'stɔlik]
espelho (m)	дзеркало (c)	['dzɛrkalo]
tapete (m)	килим (ч)	['kiɫim]
tapete (m) pequeno	килимок (ч)	[kiɫiˈmɔk]
lareira (f)	камін (ч)	[ka'min]
vela (f)	свічка (ж)	['switʃka]
castiçal (m)	свічник (ч)	[switʃˈnik]
cortinas (f pl)	штори (мн)	['ʃtɔri]
papel (m) de parede	шпалери (мн)	[ʃpaˈlɛri]
persianas (f pl)	жалюзі (мн)	['ʒalʲuzi]
luminária (f) de mesa	настільна лампа (ж)	[naˈstilʲna 'lampa]
luminária (f) de parede	світильник (ч)	[swiˈtilʲnik]
abajur (m) de pé	торшер (ч)	[tor'ʃɛr]
lustre (m)	люстра (ж)	['lʲustra]
pé (de mesa, etc.)	ніжка (ж)	['niʒka]
braço, descanso (m)	підлокітник (ч)	[pidlo'kitnik]
costas (f pl)	спинка (ж)	['spinka]
gaveta (f)	шухляда (ж)	[ʃuhˈlʲada]

90. Quarto de dormir

roupa (f) de cama	білизна (ж)	[bi'lizna]
travesseiro (m)	подушка (ж)	[po'duʃka]
fronha (f)	наволочка (ж)	['nawolotʃka]
cobertor (m)	ковдра (ж)	['kɔwdra]
lençol (m)	простирадло (c)	[prostiˈradlo]
colcha (f)	покривало (c)	[pokriˈwalo]

91. Cozinha

cozinha (f)	кухня (ж)	['kuhnʲa]
gás (m)	газ (ч)	[ɦaz]
fogão (m) a gás	плита (ж) газова	[pliˈta 'ɦazowa]
fogão (m) elétrico	плита (ж) електрична	[pliˈta ɛlɛktˈritʃna]
forno (m)	духовка (ж)	[du'hɔwka]
forno (m) de micro-ondas	мікрохвильова піч (ж)	[mikrohwiɫʲo'wa pitʃ]
geladeira (f)	холодильник (ч)	[holo'diɫʲnik]
congelador (m)	морозильник (ч)	[moro'ziɫʲnik]
máquina (f) de lavar louça	посудомийна машина (ж)	[posudo'mijna ma'ʃina]
moedor (m) de carne	м'ясорубка (ж)	[mʲaso'rubka]
espremedor (m)	соковижималка (ж)	[sokowiʒi'malka]
torradeira (f)	тостер (ч)	['tɔstɛr]
batedeira (f)	міксер (ч)	['miksɛr]

máquina (f) de café	кавоварка (ж)	[kawo'warka]
cafeteira (f)	кавник (ч)	[kaw'nik]
moedor (m) de café	кавомолка (ж)	[kawo'mɔlka]

chaleira (f)	чайник (ч)	['ʧajnik]
bule (m)	заварник (ч)	[za'warnik]
tampa (f)	кришка (ж)	['kriʃka]
coador (m) de chá	ситечко (с)	['sitɛʧko]

colher (f)	ложка (ж)	['lɔʒka]
colher (f) de chá	чайна ложка (ж)	['ʧajna 'lɔʒka]
colher (f) de sopa	столова ложка (ж)	[sto'lɔwa 'lɔʒka]
garfo (m)	виделка (ж)	[wi'dɛlka]
faca (f)	ніж (ч)	[niʒ]

louça (f)	посуд (ч)	['pɔsud]
prato (m)	тарілка (ж)	[ta'rilka]
pires (m)	блюдце (с)	['blʲudtsɛ]

cálice (m)	чарка (ж)	['ʧarka]
copo (m)	склянка (ж)	['sklʲanka]
xícara (f)	чашка (ж)	['ʧaʃka]

açucareiro (m)	цукорниця (ж)	['tsukornitsʲa]
saleiro (m)	сільничка (ж)	[silʲ'niʧka]
pimenteiro (m)	перечниця (ж)	['pɛrɛʧnitsʲa]
manteigueira (f)	маслянка (ж)	['maslʲanka]

panela (f)	каструля (ж)	[kas'trulʲa]
frigideira (f)	сковорідка (ж)	[skowo'ridka]
concha (f)	черпак (ч)	[ʧɛr'pak]
coador (m)	друшляк (ч)	[druʃ'lʲak]
bandeja (f)	піднос (ч)	[pid'nɔs]

garrafa (f)	пляшка (ж)	['plʲaʃka]
pote (m) de vidro	банка (ж)	['banka]
lata (~ de cerveja)	бляшанка (ж)	[blʲa'ʃanka]

abridor (m) de garrafa	відкривачка (ж)	[widkri'waʧka]
abridor (m) de latas	відкривачка (ж)	[widkri'waʧka]
saca-rolhas (m)	штопор (ч)	['ʃtɔpor]
filtro (m)	фільтр (ч)	['filʲtr]
filtrar (vt)	фільтрувати	[filʲtru'wati]

lixo (m)	сміття (с)	[smit'tʲa]
lixeira (f)	відро (с) для сміття	[wid'ro dlʲa smit'tʲa]

92. Casa de banho

banheiro (m)	ванна кімната (ж)	['wana kim'nata]
água (f)	вода (ж)	[wo'da]
torneira (f)	кран (ч)	[kran]
água (f) quente	гаряча вода (ж)	[ɦa'rʲaʧa wo'da]
água (f) fria	холодна вода (ж)	[ho'lɔdna wo'da]

pasta (f) de dente	зубна паста (ж)	[zub'na 'pasta]
escovar os dentes	чистити зуби	['tʃistiti 'zubi]
escova (f) de dente	зубна щітка (ж)	[zub'na 'çitka]

barbear-se (vr)	голитися	[ɦo'litisʲa]
espuma (f) de barbear	піна (ж) для гоління	['pina dlʲa ɦo'linʲa]
gilete (f)	бритва (ж)	['britwa]

lavar (vt)	мити	['miti]
tomar banho	митися	['mitisʲa]
chuveiro (m), ducha (f)	душ (ч)	[duʃ]
tomar uma ducha	приймати душ	[prij'mati duʃ]

banheira (f)	ванна (ж)	['wana]
vaso (m) sanitário	унітаз (ч)	[uni'taz]
pia (f)	раковина (ж)	['rakowina]

sabonete (m)	мило (с)	['milo]
saboneteira (f)	мильниця (ж)	['milʲnitsʲa]

esponja (f)	губка (ж)	['ɦubka]
xampu (m)	шампунь (ч)	[ʃam'punʲ]
toalha (f)	рушник (ч)	[ruʃ'nik]
roupão (m) de banho	халат (ч)	[ha'lat]

lavagem (f)	прання (с)	[pra'nʲa]
lavadora (f) de roupas	пральна машина (ж)	['pralʲna ma'ʃina]
lavar a roupa	прати білизну	['prati bi'liznu]
detergente (m)	пральний порошок (ч)	['pralʲnij poro'ʃok]

93. Eletrodomésticos

televisor (m)	телевізор (ч)	[tɛlɛ'wizor]
gravador (m)	магнітофон (ч)	[maɦnito'fɔn]
videogravador (m)	відеомагнітофон (ч)	['widɛo maɦnito'fɔn]
rádio (m)	приймач (ч)	[prij'matʃ]
leitor (m)	плеєр (ч)	['plɛɛr]

projetor (m)	відеопроектор (ч)	['widɛo pro'ɛktor]
cinema (m) em casa	домашній кінотеатр (ч)	[do'maʃnij kinotɛ'atr]
DVD Player (m)	програвач (ч) DVD	[proɦra'watʃ diwi'di]
amplificador (m)	підсилювач (ч)	[pid'silʲuwatʃ]
console (f) de jogos	гральна приставка (ж)	['ɦralʲna pri'stawka]

câmera (f) de vídeo	відеокамера (ж)	['widɛo 'kamɛra]
máquina (f) fotográfica	фотоапарат (ч)	[fotoapa'rat]
câmera (f) digital	цифровий фотоапарат (ч)	[tsifro'wij fotoapa'rat]

aspirador (m)	пилосос (ч)	[pilo'sɔs]
ferro (m) de passar	праска (ж)	['praska]
tábua (f) de passar	дошка (ж) для прасування	['dɔʃka dlʲa prasu'wanʲa]

telefone (m)	телефон (ч)	[tɛlɛ'fɔn]
celular (m)	мобільний телефон (ч)	[mo'bilʲnij tɛlɛ'fɔn]

máquina (f) de escrever	писемна машинка (ж)	[pi'sɛmna ma'ʃinka]
máquina (f) de costura	швейна машинка (ж)	['ʃwɛjna ma'ʃinka]
microfone (m)	мікрофон (ч)	[mikro'fɔn]
fone (m) de ouvido	навушники (мн)	[na'wuʃniki]
controle remoto (m)	пульт (ч)	[pulʲt]
CD (m)	CD-диск (ч)	[si'di disk]
fita (f) cassete	касета (ж)	[ka'sɛta]
disco (m) de vinil	платівка (ж)	[pla'tiwka]

94. Reparações. Renovação

renovação (f)	ремонт (ч)	[rɛ'mɔnt]
renovar (vt), fazer obras	робити ремонт	[ro'biti rɛ'mɔnt]
reparar (vt)	ремонтувати	[rɛmontu'wati]
consertar (vt)	привести до ладу	[pri'wɛsti do 'ladu]
refazer (vt)	переробляти	[pɛrɛrob'lʲati]
tinta (f)	фарба (ж)	['farba]
pintar (vt)	фарбувати	[farbu'wati]
pintor (m)	маляр (ч)	['malʲar]
pincel (m)	пензлик (ч)	['pɛnzlik]
cal (f)	побілка (ж)	[po'bilka]
caiar (vt)	білити	[bi'liti]
papel (m) de parede	шпалери (мн)	[ʃpa'lɛri]
colocar papel de parede	поклеїти шпалерами	[pok'lɛjiti ʃpa'lɛrami]
verniz (m)	лак (ч)	[lak]
envernizar (vt)	покривати лаком	[pokri'wati 'lakom]

95. Canalizações

água (f)	вода (ж)	[wo'da]
água (f) quente	гаряча вода (ж)	[ha'rʲatʃa wo'da]
água (f) fria	холодна вода (ж)	[ho'lɔdna wo'da]
torneira (f)	кран (ч)	[kran]
gota (f)	крапля (ж)	['kraplʲa]
gotejar (vi)	крапати	['krapati]
vazar (vt)	протікати	[proti'kati]
vazamento (m)	протікання (с)	[proti'kanʲa]
poça (f)	калюжа (ж)	[ka'lʲuʒa]
tubo (m)	труба (ж)	[tru'ba]
válvula (f)	вентиль (ч)	['wɛntilʲ]
entupir-se (vr)	засмітитись	[zasmi'titisʲ]
ferramentas (f pl)	інструменти (мн)	[instru'mɛnti]
chave (f) inglesa	розвідний ключ (ч)	[roz'widnij klʲutʃ]
desenroscar (vt)	відкрутити	[widkru'titi]

enroscar (vt)	закручувати	[za'kruʧuwati]
desentupir (vt)	прочищати	[protʃi'ɕati]
encanador (m)	сантехнік (ч)	[san'tɛhnik]
porão (m)	підвал (ч)	[pid'wal]
rede (f) de esgotos	каналізація (ж)	[kanali'zaʦiʲa]

96. Fogo. Deflagração

incêndio (m)	пожежа (ж)	[po'ʒɛʒa]
chama (f)	полум'я (с)	['polumʲʲa]
faísca (f)	іскра (ж)	['iskra]
fumaça (f)	дим (ч)	[dɨm]
tocha (f)	смолоскип (ч)	[smolos'kɨp]
fogueira (f)	багаття (с)	[ba'hattʲa]
gasolina (f)	бензин (ч)	[bɛn'zɨn]
querosene (m)	керосин (ч)	[kɛro'sɨn]
inflamável (adj)	горючий	[ho'rʲuʧij]
explosivo (adj)	вибухонебезпечний	[wibuhonɛbɛz'pɛʧnij]
PROIBIDO FUMAR!	ПАЛИТИ ЗАБОРОНЕНО	[pa'litɨ zabo'rɔnɛno]
segurança (f)	безпека (ж)	[bɛz'pɛka]
perigo (m)	небезпека (ж)	[nɛbɛz'pɛka]
perigoso (adj)	небезпечний	[nɛbɛz'pɛʧnij]
incendiar-se (vr)	загорітися	[zaho'ritisʲa]
explosão (f)	вибух (ч)	['wibuh]
incendiar (vt)	підпалити	[pidpa'liti]
incendiário (m)	підпалювач (ч)	[pid'palʲuwaʧ]
incêndio (m) criminoso	підпал (ч)	['pidpal]
flamejar (vi)	палати	[pa'lati]
queimar (vi)	горіти	[ho'riti]
queimar tudo (vi)	згоріти	[zho'riti]
chamar os bombeiros	викликати пожежників	[wiklɨ'kati po'ʒɛʒnikiw]
bombeiro (m)	пожежник (ч)	[po'ʒɛʒnik]
caminhão (m) de bombeiros	пожежна машина (ж)	[po'ʒɛʒna ma'ʃina]
corpo (m) de bombeiros	пожежна команда (ж)	[po'ʒɛʒna ko'manda]
escada (f) extensível	висувна драбина (ж)	[wisuw'na dra'bina]
mangueira (f)	шланг (ч)	[ʃlanh]
extintor (m)	вогнегасник (ч)	[wohnɛ'hasnik]
capacete (m)	каска (ж)	['kaska]
sirene (f)	сирена (ж)	[si'rɛna]
gritar (vi)	кричати	[kri'ʧati]
chamar por socorro	кликати на допомогу	['klikati na dopo'mɔhu]
socorrista (m)	рятувальник (ч)	[rʲatu'walʲnik]
salvar, resgatar (vt)	рятувати	[rʲatu'wati]
chegar (vi)	приїхати	[pri'jihati]
apagar (vt)	тушити	[tu'ʃiti]
água (f)	вода (ж)	[wo'da]

areia (f)	пісок (ч)	[pi'sɔk]
ruínas (f pl)	руїни (мн)	[ru'jini]
ruir (vi)	повалитися	[powa'litisʲa]
desmoronar (vi)	обвалитися	[obwalitisʲa]
desabar (vi)	завалитися	[zawa'litisʲa]
fragmento (m)	уламок (ч)	[u'lamok]
cinza (f)	попіл (ч)	['pɔpil]
sufocar (vi)	задихнутися	[zadih'nutisʲa]
perecer (vi)	загинути	[za'ɦinuti]

ATIVIDADES HUMANAS

Emprego. Negócios. Parte 1

97. Banca

banco (m)	банк (ч)	[bank]
balcão (f)	відділення (c)	[wid'dilɛnʲa]
consultor (m) bancário	консультант (ч)	[konsulʲ'tant]
gerente (m)	керівник (ч)	[kɛriw'nik]
conta (f)	рахунок (ч)	[ra'hunok]
número (m) da conta	номер (ч) рахунка	['nɔmɛr ra'hunka]
conta (f) corrente	поточний рахунок (ч)	[po'tɔʧnij ra'hunok]
conta (f) poupança	накопичувальний рахунок (ч)	[nako'piʧuwalʲnij ra'hunok]
abrir uma conta	відкрити рахунок	[wid'kriti ra'hunok]
fechar uma conta	закрити рахунок	[za'kriti ra'hunok]
depositar na conta	покласти на рахунок	[pok'lasti na ra'hunok]
sacar (vt)	зняти з рахунку	['znʲati z ra'hunku]
depósito (m)	внесок (ч)	['wnɛsok]
fazer um depósito	зробити внесок	[zro'biti 'wnɛsok]
transferência (f) bancária	переказ (ч)	[pɛ'rɛkaz]
transferir (vt)	зробити переказ	[zro'biti pɛ'rɛkaz]
soma (f)	сума (ж)	['suma]
Quanto?	Скільки?	['skilʲki]
assinatura (f)	підпис (ч)	['pidpis]
assinar (vt)	підписати	[pidpi'sati]
cartão (m) de crédito	кредитна картка (ж)	[krɛ'ditna 'kartka]
senha (f)	код (ч)	[kod]
número (m) do cartão de crédito	номер (ч) кредитної картки	['nɔmɛr krɛ'ditnoji 'kartki]
caixa (m) eletrônico	банкомат (ч)	[banko'mat]
cheque (m)	чек (ч)	[ʧɛk]
passar um cheque	виписати чек	['wipisati 'ʧɛk]
talão (m) de cheques	чекова книжка (ж)	['ʧɛkowa 'kniʒka]
empréstimo (m)	кредит (ч)	[krɛ'dit]
pedir um empréstimo	звертатися за кредитом	[zwɛr'tatisʲa za krɛ'ditom]
obter empréstimo	брати кредит	['brati krɛ'dit]
dar um empréstimo	надавати кредит	[nada'wati krɛ'dit]
garantia (f)	застава (ж)	[za'stawa]

98. Telefone. Conversação telefônica

telefone (m)	телефон (ч)	[tɛlɛ'fɔn]
celular (m)	мобільний телефон (ч)	[mo'bilʲnij tɛlɛ'fɔn]
secretária (f) eletrônica	автовідповідач (ч)	[awtowidpowi'datʃ]
fazer uma chamada	зателефонувати	[zatɛlɛfonu'wati]
chamada (f)	дзвінок (ч)	[dʑwi'nɔk]
discar um número	набрати номер	[nab'rati 'nɔmɛr]
Alô!	Алло!	[a'lɔ]
perguntar (vt)	запитати	[zapi'tati]
responder (vt)	відповісти	[widpo'wisti]
ouvir (vt)	чути	['tʃuti]
bem	добре	['dɔbrɛ]
mal	погано	[po'ɦano]
ruído (m)	перешкоди (мн)	[pɛrɛʃ'kɔdi]
fone (m)	трубка (ж)	['trubka]
pegar o telefone	зняти трубку	['znʲati 'trubku]
desligar (vi)	покласти трубку	[pok'lasti t'rubku]
ocupado (adj)	зайнятий	['zajnʲatij]
tocar (vi)	дзвонити	[dʑwo'niti]
lista (f) telefônica	телефонна книга (ж)	[tɛlɛ'fɔna 'kniɦa]
local (adj)	місцевий	[mis'tsɛwij]
chamada (f) local	місцевий зв'язок (ч)	[mis'tsɛwij 'zwʲazok]
de longa distância	міжміський	[miʒmisʲˈkij]
chamada (f) de longa distância	міжміський зв'язок (ч)	[miʒmisʲˈkij 'zwʲazok]
internacional (adj)	міжнародний	[miʒna'rɔdnij]
chamada (f) internacional	міжнародний зв'язок (ч)	[miʒna'rɔdnij 'zwʲazok]

99. Telefone móvel

celular (m)	мобільний телефон (ч)	[mo'bilʲnij tɛlɛ'fɔn]
tela (f)	дисплей (ч)	[dis'plɛj]
botão (m)	кнопка (ж)	['knɔpka]
cartão SIM (m)	SIM-карта (ж)	[sim 'karta]
bateria (f)	батарея (ж)	[bata'rɛʲa]
descarregar-se (vr)	розрядитися	[rozrʲa'ditisʲa]
carregador (m)	зарядний пристрій (ч)	[za'rʲadnij 'pristrij]
menu (m)	меню (с)	[mɛ'nʲu]
configurações (f pl)	настройки (мн)	[na'strɔjki]
melodia (f)	мелодія (ж)	[mɛ'lɔdiʲa]
escolher (vt)	вибрати	['wibrati]
calculadora (f)	калькулятор (ч)	[kalʲku'lʲator]
correio (m) de voz	автовідповідач (ч)	[awtowidpowi'datʃ]

| despertador (m) | будильник (ч) | [bu'diɫ'nik] |
| contatos (m pl) | телефонна книга (ж) | [tɛlɛ'fɔna 'kniɦa] |

| mensagem (f) de texto | SMS-повідомлення (c) | [ɛsɛ'mɛs powi'dɔmlɛnʲa] |
| assinante (m) | абонент (ч) | [abo'nɛnt] |

100. Estacionário

| caneta (f) | авторучка (ж) | [awto'ruʧka] |
| caneta (f) tinteiro | ручка-перо (c) | ['ruʧka pɛ'rɔ] |

lápis (m)	олівець (ч)	[oli'wɛts]
marcador (m) de texto	маркер (ч)	['markɛr]
caneta (f) hidrográfica	фломастер (ч)	[flo'mastɛr]

| bloco (m) de notas | блокнот (ч) | [blok'nɔt] |
| agenda (f) | щоденник (ч) | [ɕo'dɛnik] |

régua (f)	лінійка (ж)	[li'nijka]
calculadora (f)	калькулятор (ч)	[kalʲku'lʲator]
borracha (f)	гумка (ж)	['ɦumka]
alfinete (m)	кнопка (ж)	['knɔpka]
clipe (m)	скріпка (ж)	['skripka]

cola (f)	клей (ч)	[klɛj]
grampeador (m)	степлер (ч)	['stɛplɛr]
furador (m) de papel	діркопробивач (ч)	[dirkoprobi'waʧ]
apontador (m)	стругачка (ж)	[stru'ɦaʧka]

Emprego. Negócios. Parte 2

101. Media

jornal (m)	газета (ж)	[ɦaˈzɛta]
revista (f)	журнал (ч)	[ʒurˈnal]
imprensa (f)	преса (ж)	[ˈprɛsa]
rádio (m)	радіо (с)	[ˈradio]
estação (f) de rádio	радіостанція (ж)	[radiosˈtantsiʲa]
televisão (f)	телебачення (с)	[tɛlɛˈbatʃɛnʲa]
apresentador (m)	ведучий (ч)	[wɛˈdutʃij]
locutor (m)	диктор (ч)	[ˈdiktor]
comentarista (m)	коментатор (ч)	[komɛnˈtator]
jornalista (m)	журналіст (ч)	[ʒurnaˈlist]
correspondente (m)	кореспондент (ч)	[korɛsponˈdɛnt]
repórter (m) fotográfico	фотокореспондент (ч)	[ˈfoto korɛsponˈdɛnt]
repórter (m)	репортер (ч)	[rɛporˈtɛr]
redator (m)	редактор (ч)	[rɛˈdaktor]
redator-chefe (m)	головний редактор (ч)	[ɦolowˈnij rɛˈdaktor]
assinar a …	передплатити	[pɛrɛdplaˈtiti]
assinatura (f)	передплата (ж)	[pɛrɛdpˈlata]
assinante (m)	передплатник (ч)	[pɛrɛdpˈlatnik]
ler (vt)	читати	[tʃiˈtati]
leitor (m)	читач (ч)	[tʃiˈtatʃ]
tiragem (f)	наклад (ч)	[ˈnaklad]
mensal (adj)	щомісячний	[ɕoˈmisʲatʃnij]
semanal (adj)	щотижневий	[ɕotiʒˈnɛwij]
número (jornal, revista)	номер (ч)	[ˈnɔmɛr]
recente, novo (adj)	свіжий	[ˈswiʒij]
manchete (f)	заголовок (ч)	[zaɦoˈlɔwok]
pequeno artigo (m)	замітка (ж)	[zaˈmitka]
coluna (~ semanal)	рубрика (ж)	[ˈrubrika]
artigo (m)	стаття (ж)	[statˈtʲa]
página (f)	сторінка (ж)	[stoˈrinka]
reportagem (f)	репортаж (ч)	[rɛporˈtaʒ]
evento (festa, etc.)	подія (ж)	[poˈdiʲa]
sensação (f)	сенсація (ж)	[sɛnˈsatsiʲa]
escândalo (m)	скандал (ч)	[skanˈdal]
escandaloso (adj)	скандальний	[skanˈdalʲnij]
grande (adj)	гучний	[ɦutʃˈnij]
programa (m)	передача (ж)	[pɛrɛˈdatʃa]
entrevista (f)	інтерв'ю (с)	[intɛrˈwʲu]

transmissão (f) ao vivo	пряма трансляція (ж)	[prⸯa'ma trans'lⸯatsiⸯa]
canal (m)	канал (ч)	[ka'nal]

102. Agricultura

agricultura (f)	сільське господарство (с)	[silⸯsⸯkɛ ɦospo'darstwo]
camponês (m)	селянин (ч)	[sɛlⸯa'nin]
camponesa (f)	селянка (ж)	[sɛ'lⸯanka]
agricultor, fazendeiro (m)	фермер (ч)	['fɛrmɛr]

trator (m)	трактор (ч)	['traktor]
colheitadeira (f)	комбайн (ч)	[kom'bajn]

arado (m)	плуг (ч)	[pluɦ]
arar (vt)	орати	[o'rati]
campo (m) lavrado	рілля (ж)	[ri'lⸯa]
sulco (m)	борозна (ж)	[boroz'na]

semear (vt)	сіяти	['siⸯati]
plantadeira (f)	сівалка (ж)	[si'walka]
semeadura (f)	посів (ч)	[po'siw]

foice (m)	коса (ж)	[ko'sa]
cortar com foice	косити	[ko'siti]

pá (f)	лопата (ж)	[lo'pata]
cavar (vt)	копати, вскопувати	[ko'pati], ['wskɔpuwati]

enxada (f)	сапка (ж)	['sapka]
capinar (vt)	полоти	[po'lɔti]
erva (f) daninha	бур'ян (ч)	[bu'rⸯⁱan]

regador (m)	лійка (ж)	['lijka]
regar (plantas)	поливати	[poli'wati]
rega (f)	поливання (с)	[poli'wanⸯa]

forquilha (f)	вила (мн)	['wiɫa]
ancinho (m)	граблі (мн)	[ɦra'bli]

fertilizante (m)	добриво (с)	['dɔbriwo]
fertilizar (vt)	удобрювати	[u'dɔbrⸯuwati]
estrume, esterco (m)	гній (ч)	[ɦnij]

campo (m)	поле (с)	['pɔlɛ]
prado (m)	лука (ж)	['luka]
horta (f)	город (ч)	[ɦo'rɔd]
pomar (m)	сад (ч)	[sad]

pastar (vt)	пасти	['pasti]
pastor (m)	пастух (ч)	[pas'tuh]
pastagem (f)	пасовище (с)	[paso'wiɕɛ]

pecuária (f)	тваринництво (с)	[twa'rinitstwo]
criação (f) de ovelhas	вівчарство (с)	[wiw'tʃarstwo]

plantação (f)	плантація (ж)	[plan'tatsiˈa]
canteiro (m)	грядка (ж)	['hrˈadka]
estufa (f)	парник (ч)	[par'nik]

| seca (f) | посуха (ж) | ['posuha] |
| seco (verão ~) | посушливий | [po'suʃliwij] |

grão (m)	зерно (c), зернові (мн)	[zɛr'nɔ], [zɛrno'wi]
cereais (m pl)	зернові (мн)	[zɛrno'wi]
colher (vt)	збирати	[zbiˈrati]

moleiro (m)	мірошник (ч)	[mi'rɔʃnik]
moinho (m)	млин (ч)	[mlin]
moer (vt)	молотити	[molo'titi]
farinha (f)	борошно (c)	['boroʃno]
palha (f)	солома (ж)	[so'lɔma]

103. Construção. Processo de construção

canteiro (m) de obras	будівництво (c)	[budiw'nitstwo]
construir (vt)	будувати	[budu'wati]
construtor (m)	будівельник (ч)	[budi'wɛlˈnik]

projeto (m)	проект (ч)	[pro'ɛkt]
arquiteto (m)	архітектор (ч)	[arhi'tɛktor]
operário (m)	робітник (ч)	[robit'nik]

fundação (f)	фундамент (ч)	[fun'damɛnt]
telhado (m)	дах (ч)	[dah]
estaca (f)	паля (ж)	['palˈa]
parede (f)	стіна (ж)	[sti'na]

| colunas (f pl) de sustentação | арматура (ж) | [arma'tura] |
| andaime (m) | риштування (мн) | [riʃtu'wanˈa] |

concreto (m)	бетон (ч)	[bɛ'tɔn]
granito (m)	граніт (ч)	[hra'nit]
pedra (f)	камінь (ч)	['kaminˈ]
tijolo (m)	цегла (ж)	['tsɛhla]

areia (f)	пісок (ч)	[pi'sɔk]
cimento (m)	цемент (ч)	[tsɛ'mɛnt]
emboço, reboco (m)	штукатурка (ж)	[ʃtuka'turka]
emboçar, rebocar (vt)	штукатурити	[ʃtuka'turiti]

tinta (f)	фарба (ж)	['farba]
pintar (vt)	фарбувати	[farbu'wati]
barril (m)	бочка (ж)	['botʃka]

grua (f), guindaste (m)	кран (ч)	[kran]
erguer (vt)	піднімати	[pidni'mati]
baixar (vt)	опускати	[opus'kati]
buldózer (m)	бульдозер (ч)	[bulˈ'dɔzɛr]
escavadora (f)	екскаватор (ч)	[ɛkska'wator]

caçamba (f)	ківш (ч)	[kiwʃ]
escavar (vt)	копати	[ko'pati]
capacete (m) de proteção	каска (ж)	['kaska]

Profissões e ocupações

trabalho (m)	робота (ж)	[ro'bɔta]
equipe (f)	колектив, штат (ч)	[kolɛk'tiw], [ʃtat]
pessoal (m)	персонал (ч)	[pɛrso'nal]
carreira (f)	кар'єра (ж)	[ka'rʲɛra]
perspectivas (f pl)	перспектива (ж)	[pɛrspɛk'tiwa]
habilidades (f pl)	майстерність (ж)	[majs'tɛrnistʲ]
seleção (f)	підбір (ч)	[pid'bir]
agência (f) de emprego	кадрове агентство (c)	['kadrowɛ a'ɦɛntstwo]
currículo (m)	резюме (c)	[rɛzʲu'mɛ]
entrevista (f) de emprego	співбесіда (ж)	[spiw'bɛsida]
vaga (f)	вакансія (ж)	[wa'kansiʲa]
salário (m)	зарплатня (ж)	[zarplat'nʲa]
salário (m) fixo	оклад (ч)	[ok'lad]
pagamento (m)	оплата (ж)	[op'lata]
cargo (m)	посада (ж)	[po'sada]
dever (do empregado)	обов'язок (ч)	[o'bɔwʲazok]
gama (f) de deveres	коло (c) обов'язків	['kɔlo obo'wʲazkiw]
ocupado (adj)	зайнятий	['zajnʲatij]
despedir, demitir (vt)	звільнити	[zwilʲ'niti]
demissão (f)	звільнення (c)	['zwilʲnɛnʲa]
desemprego (m)	безробіття (c)	[bɛzro'bittʲa]
desempregado (m)	безробітний (ч)	[bɛzro'bitnij]
aposentadoria (f)	пенсія (ж)	['pɛnsiʲa]
aposentar-se (vr)	вийти на пенсію	['wijti na 'pɛnsiʲu]

diretor (m)	директор (ч)	[diʲ'rɛktor]
gerente (m)	керівник (ч)	[kɛriw'nik]
patrão, chefe (m)	бос (ч)	[bɔs]
superior (m)	начальник (ч)	[na'tʃalʲnik]
superiores (m pl)	керівництво (c)	[kɛriw'niɬstwo]
presidente (m)	президент (ч)	[prɛzi'dɛnt]
chairman (m)	голова (ч)	[ɦolo'wa]
substituto (m)	заступник (ч)	[za'stupnik]
assistente (m)	помічник (ч)	[pomitʃʲnik]

| secretário (m) | секретар (ч) | [sɛkrɛ'tar] |
| secretário (m) pessoal | особистий секретар (ч) | [oso'bistij sɛkrɛ'tar] |

homem (m) de negócios	бізнесмен (ч)	[biznɛs'mɛn]
empreendedor (m)	підприємець (ч)	[pidpri'ɛmɛts]
fundador (m)	засновник (ч)	[zas'nɔwnik]
fundar (vt)	заснувати	[zasnu'wati]

principiador (m)	основоположник (ч)	[osnowopo'lɔʒnik]
parceiro, sócio (m)	партнер (ч)	[part'nɛr]
acionista (m)	акціонер (ч)	[aktsio'nɛr]

milionário (m)	мільйонер (ч)	[milʲo'nɛr]
bilionário (m)	мільярдер (ч)	[miljar'dɛr]
proprietário (m)	власник (ч)	['wlasnik]
proprietário (m) de terras	землевласник (ч)	[zɛmlɛw'lasnik]

cliente (m)	клієнт (ч)	[kli'ɛnt]
cliente (m) habitual	постійний клієнт (ч)	[pos'tijnij kli'ɛnt]
comprador (m)	покупець (ч)	[poku'pɛts]
visitante (m)	відвідувач (ч)	[wid'widuwatʃ]

profissional (m)	професіонал (ч)	[profɛsio'nal]
perito (m)	експерт (ч)	[ɛks'pɛrt]
especialista (m)	фахівець (ч)	[fahi'wɛts]

| banqueiro (m) | банкір (ч) | [ba'nkir] |
| corretor (m) | брокер (ч) | ['brɔkɛr] |

caixa (m, f)	касир (ч)	[ka'sir]
contador (m)	бухгалтер (ч)	[buh'haltɛr]
guarda (m)	охоронник (ч)	[oho'rɔnik]

investidor (m)	інвестор (ч)	[in'wɛstor]
devedor (m)	боржник (ч)	[borʒ'nik]
credor (m)	кредитор (ч)	[krɛdi'tɔr]
mutuário (m)	боржник (ч)	[borʒ'nik]

| importador (m) | імпортер (ч) | [impor'tɛr] |
| exportador (m) | експортер (ч) | [ɛkspor'tɛr] |

produtor (m)	виробник (ч)	[wirob'nik]
distribuidor (m)	дистриб'ютор (ч)	[distri'bʲutor]
intermediário (m)	посередник (ч)	[posɛ'rɛdnik]

consultor (m)	консультант (ч)	[konsulʲ'tant]
representante comercial	представник (ч)	[prɛdstaw'nik]
agente (m)	агент (ч)	[a'ɦɛnt]
agente (m) de seguros	страховий агент (ч)	[straho'wij a'ɦɛnt]

106. Profissões de serviços

| cozinheiro (m) | кухар (ч) | ['kuhar] |
| chefe (m) de cozinha | шеф-кухар (ч) | [ʃɛf 'kuhar] |

padeiro (m)	пекар (ч)	['pɛkar]
barman (m)	бармен (ч)	[bar'mɛn]
garçom (m)	офіціант (ч)	[ofiʦi'ant]
garçonete (f)	офіціантка (ж)	[ofiʦi'antka]
advogado (m)	адвокат (ч)	[adwo'kat]
jurista (m)	юрист (ч)	[ʲu'rist]
notário (m)	нотаріус (ч)	[no'tarius]
eletricista (m)	електрик (ч)	[ɛ'lɛktrik]
encanador (m)	сантехнік (ч)	[san'tɛhnik]
carpinteiro (m)	тесля (ч)	['tɛslʲa]
massagista (m)	масажист (ч)	[masa'ʒist]
massagista (f)	масажистка (ж)	[masa'ʒistka]
médico (m)	лікар (ч)	['likar]
taxista (m)	таксист (ч)	[tak'sist]
condutor (automobilista)	шофер (ч)	[ʃo'fɛr]
entregador (m)	кур'єр (ч)	[ku'rʲɛr]
camareira (f)	покоївка (ж)	[poko'jiwka]
guarda (m)	охоронник (ч)	[oho'rɔnik]
aeromoça (f)	стюардеса (ж)	[stʲuar'dɛsa]
professor (m)	вчитель (ч)	['wtʃitɛlʲ]
bibliotecário (m)	бібліотекар (ч)	[biblio'tɛkar]
tradutor (m)	перекладач (ч)	[pɛrɛkla'datʃ]
intérprete (m)	перекладач (ч)	[pɛrɛkla'datʃ]
guia (m)	гід (ч)	[ɦid]
cabeleireiro (m)	перукар (ч)	[pɛru'kar]
carteiro (m)	листоноша (ч)	[listo'nɔʃa]
vendedor (m)	продавець (ч)	[proda'wɛʦ]
jardineiro (m)	садівник (ч)	[sadiw'nik]
criado (m)	слуга (ч)	[slu'ɦa]
criada (f)	служниця (ж)	[sluʒ'niʦʲa]
empregada (f) de limpeza	прибиральниця (ж)	[pribi'ralʲniʦʲa]

107. Profissões militares e postos

soldado (m) raso	рядовий (ч)	[rʲado'wij]
sargento (m)	сержант (ч)	[sɛr'ʒant]
tenente (m)	лейтенант (ч)	[lɛjtɛ'nant]
capitão (m)	капітан (ч)	[kapi'tan]
major (m)	майор (ч)	[ma'jɔr]
coronel (m)	полковник (ч)	[pol'kɔwnik]
general (m)	генерал (ч)	[ɦɛnɛ'ral]
marechal (m)	маршал (ч)	['marʃal]
almirante (m)	адмірал (ч)	[admi'ral]
militar (m)	військовий (ч)	[wijsʲ'kɔwij]
soldado (m)	солдат (ч)	[sol'dat]

| oficial (m) | офіцер (ч) | [ofi'tsɛr] |
| comandante (m) | командир (ч) | [koman'dir] |

guarda (m) de fronteira	прикордонник (ч)	[prikor'dɔnik]
operador (m) de rádio	радист (ч)	[ra'dist]
explorador (m)	розвідник (ч)	[roz'widnik]
sapador-mineiro (m)	сапер (ч)	[sa'pɛr]
atirador (m)	стрілок (ч)	[stri'lɔk]
navegador (m)	штурман (ч)	['ʃturman]

108. Oficiais. Padres

| rei (m) | король (ч) | [ko'rɔlʲ] |
| rainha (f) | королева (ж) | [koro'lɛwa] |

| príncipe (m) | принц (ч) | [prints] |
| princesa (f) | принцеса (ж) | [prin'tsɛsa] |

| czar (m) | цар (ч) | [tsar] |
| czarina (f) | цариця (ж) | [tsa'ritsʲa] |

presidente (m)	президент (ч)	[prɛzi'dɛnt]
ministro (m)	міністр (ч)	[mi'nistr]
primeiro-ministro (m)	прем'єр-міністр (ч)	[prɛ'mʲɛr mi'nistr]
senador (m)	сенатор (ч)	[sɛ'nator]

diplomata (m)	дипломат (ч)	[diplo'mat]
cônsul (m)	консул (ч)	['kɔnsul]
embaixador (m)	посол (ч)	[po'sɔl]
conselheiro (m)	радник (ч)	['radnik]

funcionário (m)	чиновник (ч)	[tʃi'nɔwnik]
prefeito (m)	префект (ч)	[prɛ'fɛkt]
Presidente (m) da Câmara	мер (ч)	[mɛr]

| juiz (m) | суддя (ч) | [sud'dʲa] |
| procurador (m) | прокурор (ч) | [proku'rɔr] |

missionário (m)	місіонер (ч)	[misio'nɛr]
monge (m)	чернець (ч)	[tʃɛr'nɛts]
abade (m)	абат (ч)	[a'bat]
rabino (m)	рабин (ч)	[ra'bin]

vizir (m)	візир (ч)	[wi'zir]
xá (m)	шах (ч)	[ʃah]
xeique (m)	шейх (ч)	[ʃɛjh]

109. Profissões agrícolas

abelheiro (m)	пасічник (ч)	['pasitʃnik]
pastor (m)	пастух (ч)	[pas'tuh]
agrônomo (m)	агроном (ч)	[aɦro'nɔm]

criador (m) de gado	тваринник (ч)	[twa'rinik]
veterinário (m)	ветеринар (ч)	[wɛtɛri'nar]
agricultor, fazendeiro (m)	фермер (ч)	['fɛrmɛr]
vinicultor (m)	винороб (ч)	[wino'rɔb]
zoólogo (m)	зоолог (ч)	[zo'ɔloɦ]
vaqueiro (m)	ковбой (ч)	[kow'bɔj]

110. Profissões artísticas

ator (m)	актор (ч)	[ak'tɔr]
atriz (f)	акторка (ж)	[ak'tɔrka]
cantor (m)	співак (ч)	[spi'wak]
cantora (f)	співачка (ж)	[spi'watʃka]
bailarino (m)	танцюрист (ч)	[tantsʲu'rist]
bailarina (f)	танцюристка (ж)	[tantsʲu'ristka]
artista (m)	артист (ч)	[ar'tist]
artista (f)	артистка (ж)	[ar'tistka]
músico (m)	музикант (ч)	[muzi'kant]
pianista (m)	піаніст (ч)	[pia'nist]
guitarrista (m)	гітарист (ч)	[ɦita'rist]
maestro (m)	диригент (ч)	[diri'ɦɛnt]
compositor (m)	композитор (ч)	[kompo'zitor]
empresário (m)	імпресаріо (ч)	[imprɛ'sario]
diretor (m) de cinema	режисер (ч)	[rɛʒi'sɛr]
produtor (m)	продюсер (ч)	[pro'dʲusɛr]
roteirista (m)	сценарист (ч)	[stsɛna'rist]
crítico (m)	критик (ч)	['kritik]
escritor (m)	письменник (ч)	[pisʲ'mɛnik]
poeta (m)	поет (ч)	[po'ɛt]
escultor (m)	скульптор (ч)	['skulʲptor]
pintor (m)	художник (ч)	[hu'dɔʒnik]
malabarista (m)	жонглер (ч)	[ʒonɦ'lɛr]
palhaço (m)	клоун (ч)	['klɔun]
acrobata (m)	акробат (ч)	[akro'bat]
ilusionista (m)	фокусник (ч)	['fɔkusnik]

111. Várias profissões

médico (m)	лікар (ч)	['likar]
enfermeira (f)	медсестра (ж)	[mɛdsɛst'ra]
psiquiatra (m)	психіатр (ч)	[psihi'atr]
dentista (m)	стоматолог (ч)	[stoma'tɔloɦ]
cirurgião (m)	хірург (ч)	[hi'rurɦ]

astronauta (m)	астронавт (ч)	[astro'nawt]
astrônomo (m)	астроном (ч)	[astro'nɔm]
piloto (m)	льотчик, пілот (ч)	['lʲɔtʧik], [pi'lɔt]
motorista (m)	водій (ч)	[wo'dij]
maquinista (m)	машиніст (ч)	[maʃi'nist]
mecânico (m)	механік (ч)	[mɛ'hanik]
mineiro (m)	шахтар (ч)	[ʃah'tar]
operário (m)	робітник (ч)	[robit'nik]
serralheiro (m)	слюсар (ч)	['slʲusar]
marceneiro (m)	столяр (ч)	['stolʲar]
torneiro (m)	токар (ч)	['tɔkar]
construtor (m)	будівельник (ч)	[budi'wɛlʲnik]
soldador (m)	зварювальник (ч)	['zwarʲuwalʲnik]
professor (m)	професор (ч)	[pro'fɛsor]
arquiteto (m)	архітектор (ч)	[arhi'tɛktor]
historiador (m)	історик (ч)	[is'tɔrik]
cientista (m)	вчений (ч)	['wʧenij]
físico (m)	фізик (ч)	['fizik]
químico (m)	хімік (ч)	['himik]
arqueólogo (m)	археолог (ч)	[arhɛ'ɔloɦ]
geólogo (m)	геолог (ч)	[ɦɛ'ɔloɦ]
pesquisador (cientista)	дослідник (ч)	[do'slidnik]
babysitter, babá (f)	няня (ж)	['nʲanʲa]
professor (m)	вчитель, педагог (ч)	['wʧitɛlʲ], [pɛda'ɦɔɦ]
redator (m)	редактор (ч)	[rɛ'daktor]
redator-chefe (m)	головний редактор (ч)	[ɦolow'nij rɛ'daktor]
correspondente (m)	кореспондент (ч)	[korɛspon'dɛnt]
datilógrafa (f)	машиністка (ж)	[maʃi'nistka]
designer (m)	дизайнер (ч)	[di'zajnɛr]
especialista (m) em informática	комп'ютерник (ч)	[kom'pʲjutɛrnik]
programador (m)	програміст (ч)	[proɦ'ramist]
engenheiro (m)	інженер (ч)	[inʒɛ'nɛr]
marujo (m)	моряк (ч)	[mo'rʲak]
marinheiro (m)	матрос (ч)	[mat'rɔs]
socorrista (m)	рятувальник (ч)	[rʲatu'walʲnik]
bombeiro (m)	пожежник (ч)	[po'ʒɛʒnik]
polícia (m)	поліцейський (ч)	[poli'ʦɛjsʲkij]
guarda-noturno (m)	сторож (ч)	['stɔroʒ]
detetive (m)	детектив (ч)	[dɛtɛk'tiw]
funcionário (m) da alfândega	митник (ч)	['mitnik]
guarda-costas (m)	охоронець (ч)	[oho'ronɛʦ]
guarda (m) prisional	охоронець (ч)	[oho'ronɛʦ]
inspetor (m)	інспектор (ч)	[ins'pɛktor]
esportista (m)	спортсмен (ч)	[sporʦ'mɛn]
treinador (m)	тренер (ч)	['trɛnɛr]

açougueiro (m)	м'ясник (ч)	[mˀjasˈnik]
sapateiro (m)	чоботар (ч)	[ʧoboˈtar]
comerciante (m)	комерсант (ч)	[komɛrˈsant]
carregador (m)	вантажник (ч)	[wanˈtaʒnik]

estilista (m)	модельєр (ч)	[modɛˈljɛr]
modelo (f)	модель (ж)	[modɛlʲ]

112. Ocupações. Estatuto social

estudante (~ de escola)	школяр (ч)	[ʃkoˈlʲar]
estudante (~ universitária)	студент (ч)	[stuˈdɛnt]

filósofo (m)	філософ (ч)	[fiˈlɔsof]
economista (m)	економіст (ч)	[ɛkonoˈmist]
inventor (m)	винахідник (ч)	[winaˈhidnik]

desempregado (m)	безробітний (ч)	[bɛzroˈbitnij]
aposentado (m)	пенсіонер (ч)	[pɛnsioˈnɛr]
espião (m)	шпигун (ч)	[ʃpiˈɦun]

preso, prisioneiro (m)	в'язень (ч)	[ˈwˀjazɛnʲ]
grevista (m)	страйкар (ч)	[strajˈkar]
burocrata (m)	бюрократ (ч)	[bʲuroˈkrat]
viajante (m)	мандрівник (ч)	[mandriwˈnik]

homossexual (m)	гомосексуаліст (ч)	[ɦomosɛksuaˈlist]
hacker (m)	хакер (ч)	[ˈhakɛr]
hippie (m, f)	хіпі (ч)	[ˈhipi]

bandido (m)	бандит (ч)	[banˈdit]
assassino (m)	найманий вбивця (ч)	[ˈnajmanij ˈwbiwʦʲa]
drogado (m)	наркоман (ч)	[narkoˈman]
traficante (m)	наркоторговець (ч)	[narkotorˈɦɔwɛʦ]
prostituta (f)	проститутка (ж)	[prostiˈtutka]
cafetão (m)	сутенер (ч)	[sutɛˈnɛr]

bruxo (m)	чаклун (ч)	[ʧakˈlun]
bruxa (f)	чаклунка (ж)	[ʧakˈlunka]
pirata (m)	пірат (ч)	[piˈrat]
escravo (m)	раб (ч)	[rab]
samurai (m)	самурай (ч)	[samuˈraj]
selvagem (m)	дикун (ч)	[diˈkun]

Desportos

esportista (m)	спортсмен (ч)	[sports'mɛn]
tipo (m) de esporte	вид (ч) спорту	[wid 'sportu]
basquete (m)	баскетбол (ч)	[baskɛt'bɔl]
jogador (m) de basquete	баскетболіст (ч)	[baskɛtbo'list]
beisebol (m)	бейсбол (ч)	[bɛjs'bɔl]
jogador (m) de beisebol	бейсболіст (ч)	[bɛjsbo'list]
futebol (m)	футбол (ч)	[fut'bɔl]
jogador (m) de futebol	футболіст (ч)	[futbo'list]
goleiro (m)	воротар (ч)	[woro'tar]
hóquei (m)	хокей (ч)	[ho'kɛj]
jogador (m) de hóquei	хокеїст (ч)	[hokɛ'jist]
vôlei (m)	волейбол (ч)	[wolɛj'bɔl]
jogador (m) de vôlei	волейболіст (ч)	[wolɛjbo'list]
boxe (m)	бокс (ч)	[boks]
boxeador (m)	боксер (ч)	[bok'sɛr]
luta (f)	боротьба (ж)	[borotʲ'ba]
lutador (m)	борець (ч)	[bo'rɛts]
caratê (m)	карате (с)	[kara'tɛ]
carateca (m)	каратист (ч)	[kara'tist]
judô (m)	дзюдо (с)	[dzʲu'dɔ]
judoca (m)	дзюдоїст (ч)	[dzʲudo'jist]
tênis (m)	теніс (ч)	['tɛnis]
tenista (m)	тенісист (ч)	[tɛni'sist]
natação (f)	плавання (с)	['plawanʲa]
nadador (m)	плавець (ч)	[pla'wɛts]
esgrima (f)	фехтування (с)	[fɛhtu'wanʲa]
esgrimista (m)	фехтувальник (ч)	[fɛhtu'walʲnik]
xadrez (m)	шахи (мн)	['ʃahi]
jogador (m) de xadrez	шахіст (ч)	[ʃa'hist]
alpinismo (m)	альпінізм (ч)	[alʲpi'nizm]
alpinista (m)	альпініст (ч)	[alʲpi'nist]
corrida (f)	біг (ч)	[biɦ]

corredor (m)	бігун (ч)	[biˈɦun]
atletismo (m)	легка атлетика (ж)	[lɛɦˈka atˈlɛtika]
atleta (m)	атлет (ч)	[atˈlɛt]
hipismo (m)	кінний спорт (ч)	[ˈkinij ˈspɔrt]
cavaleiro (m)	наїзник (ч)	[naˈjiznik]
patinação (f) artística	фігурне катання (c)	[fiˈɦurnɛ kaˈtanʲa]
patinador (m)	фігурист (ч)	[fiɦuˈrist]
patinadora (f)	фігуристка (ж)	[fiɦuˈristka]
halterofilismo (m)	важка атлетика (ж)	[waʒˈka atˈlɛtika]
halterofilista (m)	важкоатлет (ч)	[waʒkoatˈlɛt]
corrida (f) de carros	автогонки (мн)	[awtoˈɦɔnki]
piloto (m)	гонщик (ч)	[ˈɦɔnɕik]
ciclismo (m)	велоспорт (ч)	[wɛloˈspɔrt]
ciclista (m)	велосипедист (ч)	[wɛlosipɛˈdist]
salto (m) em distância	стрибки (мн) в довжину	[stribˈki w dowʒiˈnu]
salto (m) com vara	стрибки (мн) з жердиною	[stribˈki z ʒɛrˈdinoʲu]
atleta (m) de saltos	стрибун (ч)	[striˈbun]

114. Tipos de desportos. Diversos

futebol (m) americano	американський футбол (ч)	[amɛriˈkansʲkij futˈbɔl]
badminton (m)	бадмінтон (ч)	[badminˈtɔn]
biatlo (m)	біатлон (ч)	[biatˈlɔn]
bilhar (m)	більярд (ч)	[biˈljard]
bobsled (m)	бобслей (ч)	[bobˈslɛj]
musculação (f)	бодібілдинг (ч)	[bodiˈbildinɦ]
polo (m) aquático	водне поло (c)	[ˈwodnɛ ˈpɔlo]
handebol (m)	гандбол (ч)	[ɦandˈbɔl]
golfe (m)	гольф (ч)	[ɦɔlʲf]
remo (m)	гребля (ч)	[ˈɦrɛblʲa]
mergulho (m)	дайвінг (ч)	[ˈdajwinɦ]
corrida (f) de esqui	лижні гонки (мн)	[ˈliʒni ˈɦɔnki]
tênis (m) de mesa	настільний теніс (ч)	[naˈstilʲnij ˈtɛnis]
vela (f)	парусний спорт (ч)	[ˈparusnij sport]
rali (m)	ралі (c)	[ˈrali]
rúgbi (m)	регбі (c)	[ˈrɛɦbi]
snowboard (m)	сноуборд (ч)	[snouˈbɔrd]
arco-e-flecha (m)	стрільба (ж) з луку	[strilʲˈba z ˈluku]

115. Ginásio

barra (f)	штанга (ж)	[ˈʃtanɦa]
halteres (m pl)	гантелі (мн)	[ɦanˈtɛli]
aparelho (m) de musculação	тренажер (ч)	[trɛnaˈʒɛr]

| bicicleta (f) ergométrica | велотренажер (ч) | [wɛlotrɛna'ʒɛr] |
| esteira (f) de corrida | бігова доріжка (ж) | [biɦo'wa do'riʒka] |

barra (f) fixa	перекладина (ж)	[pɛrɛk'ladina]
barras (f pl) paralelas	бруси (мн)	['brusi]
cavalo (m)	кінь (ч)	[kinʲ]
tapete (m) de ginástica	мат (ч)	[mat]

corda (f) de saltar	скакалка (ж)	[ska'kalka]
aeróbica (f)	аеробіка (ж)	[aɛ'rɔbika]
ioga, yoga (f)	йога (ж)	['jɔɦa]

116. Desportos. Diversos

Jogos (m pl) Olímpicos	Олімпійські ігри (мн)	[olim'pijsʲki 'iɦri]
vencedor (m)	переможець (ч)	[pɛrɛ'mɔʒɛts]
vencer (vi)	перемагати	[pɛrɛma'ɦati]
vencer (vi, vt)	виграти	['wiɦrati]

| líder (m) | лідер (ч) | ['lidɛr] |
| liderar (vt) | лідирувати | [li'diruwati] |

primeiro lugar (m)	перше місце (с)	['pɛrʃɛ 'mistsɛ]
segundo lugar (m)	друге місце (с)	['druɦɛ 'mistsɛ]
terceiro lugar (m)	третє місце (с)	['trɛtɛ 'mistsɛ]

medalha (f)	медаль (ж)	[mɛ'dalʲ]
troféu (m)	трофей (ч)	[tro'fɛj]
taça (f)	кубок (ч)	['kubok]
prêmio (m)	приз (ч)	[priz]
prêmio (m) principal	головний приз (ч)	[ɦolow'nij priz]

| recorde (m) | рекорд (ч) | [rɛ'kɔrd] |
| estabelecer um recorde | встановлювати рекорд | [wsta'nɔwlʲuwati rɛ'kɔrd] |

| final (m) | фінал (ч) | [fi'nal] |
| final (adj) | фінальний | [fi'nalʲnij] |

| campeão (m) | чемпіон (ч) | [tʃɛmpi'ɔn] |
| campeonato (m) | чемпіонат (ч) | [tʃɛmpio'nat] |

estádio (m)	стадіон (ч)	[stadi'ɔn]
arquibancadas (f pl)	трибуна (ж)	[tri'buna]
fã, torcedor (m)	фан, вболівальник (ч)	[fan], [wboli'walʲnik]
adversário (m)	супротивник (ч)	[supro'tiwnik]

| partida (f) | старт (ч) | [start] |
| linha (f) de chegada | фініш (ч) | ['finiʃ] |

| derrota (f) | поразка (ж) | [po'razka] |
| perder (vt) | програти | [proɦ'rati] |

| árbitro, juiz (m) | суддя (ч) | [sud'dʲa] |
| júri (m) | журі (с) | [ʒu'ri] |

resultado (m)	рахунок (ч)	[ra'hunok]
empate (m)	нічия (ж)	[niʧiʲʲa]
empatar (vi)	зіграти внічию	[zi'ɦratɨ wniʧiʲʲu]
ponto (m)	очко (с)	[oʧ'kɔ]
resultado (m) final	результат (ч)	[rɛzulʲ'tat]
tempo (m)	тайм (ч), період (ч)	[tajm], [pɛ'riod]
intervalo (m)	перерва (ж)	[pɛ'rɛrwa]
doping (m)	допінг (ч)	['dɔpinɦ]
penalizar (vt)	штрафувати	[ʃtrafu'watɨ]
desqualificar (vt)	дискваліфікувати	[diskwalifiku'watɨ]
aparelho, aparato (m)	снаряд (ч)	[sna'rʲad]
dardo (m)	спис (ч)	[spɨs]
peso (m)	ядро (с)	[jad'rɔ]
bola (f)	куля (ж)	['kulʲa]
alvo, objetivo (m)	ціль (ж)	[ʦilʲ]
alvo (~ de papel)	мішень (ж)	[mi'ʃɛnʲ]
disparar, atirar (vi)	стріляти	[stri'lʲatɨ]
preciso (tiro ~)	влучний	['wluʧnɨj]
treinador (m)	тренер (ч)	['trɛnɛr]
treinar (vt)	тренувати	[trɛnu'watɨ]
treinar-se (vr)	тренуватися	[trɛnu'watɨsʲa]
treino (m)	тренування (с)	[trɛnu'wanʲa]
academia (f) de ginástica	спортзал (ч)	[sport'zal]
exercício (m)	вправа (ж)	['wprawa]
aquecimento (m)	розминка (ж)	[roz'mɨnka]

Educação

escola (f)	школа (ж)	['ʃkɔla]
diretor (m) de escola	директор (ч) школи	[di'rɛktɔr 'ʃkɔlɨ]
aluno (m)	учень (ч)	['utʃɛnʲ]
aluna (f)	учениця (ж)	[utʃɛ'nɨtsʲa]
estudante (m)	школяр (ч)	[ʃko'lʲar]
estudante (f)	школярка (ж)	[ʃko'lʲarka]
ensinar (vt)	вчити	['wtʃɨtɨ]
aprender (vt)	вивчати	[wiw'tʃatɨ]
decorar (vt)	вчити напам'ять	['wtʃɨtɨ na'pamʲʲatʲ]
estudar (vi)	вчитися	['wtʃɨtɨsʲa]
estar na escola	вчитися	['wtʃɨtɨsʲa]
ir à escola	йти до школи	[jtɨ do 'ʃkɔlɨ]
alfabeto (m)	алфавіт (ч)	[alfa'wit]
disciplina (f)	предмет (ч)	[prɛd'mɛt]
sala (f) de aula	клас (ч)	[klas]
lição, aula (f)	урок (ч)	[u'rɔk]
recreio (m)	перерва (ж)	[pɛ'rɛrwa]
toque (m)	дзвінок (ч)	[dzwi'nɔk]
classe (f)	парта (ж)	['parta]
quadro (m) negro	дошка (ж)	['dɔʃka]
nota (f)	оцінка (ж)	[o'tsinka]
boa nota (f)	добра оцінка (ж)	['dɔbra o'tsinka]
nota (f) baixa	погана оцінка (ж)	[po'ɦana o'tsinka]
dar uma nota	ставити оцінку	['stawɨtɨ o'tsinku]
erro (m)	помилка (ж)	[po'mɨɫka]
errar (vi)	робити помилки	[ro'bɨtɨ 'pɔmɨɫkɨ]
corrigir (~ um erro)	виправляти	[wipraw'lʲatɨ]
cola (f)	шпаргалка (ж)	[ʃpar'ɦalka]
dever (m) de casa	домашнє завдання (c)	[do'maʃnɛ zaw'danʲa]
exercício (m)	вправа (ж)	['wprawa]
estar presente	бути присутнім	['butɨ pri'sutnim]
estar ausente	бути відсутнім	['butɨ wid'sutnim]
faltar às aulas	пропускати уроки	[propus'katɨ u'rɔkɨ]
punir (vt)	покарати	[poka'ratɨ]
punição (f)	покарання (c)	[poka'ranʲa]
comportamento (m)	поведінка (ж)	[powɛ'dinka]

boletim (m) escolar	щоденник (ч)	[ɕo'dɛnik]
lápis (m)	олівець (ч)	[oli'wɛts]
borracha (f)	гумка (ж)	['ɦumka]
giz (m)	крейда (ж)	['krɛjda]
porta-lápis (m)	пенал (ч)	[pɛ'nal]

mala, pasta, mochila (f)	портфель (ч)	[port'fɛlʲ]
caneta (f)	ручка (ж)	['rutʃka]
caderno (m)	зошит (ч)	['zɔʃit]
livro (m) didático	підручник (ч)	[pid'rutʃnik]
compasso (m)	циркуль (ч)	['tsirkulʲ]

| traçar (vt) | креслити | ['krɛsliti] |
| desenho (m) técnico | креслення (с) | ['krɛslɛnʲa] |

poesia (f)	вірш (ч)	[wirʃ]
de cor	напам'ять	[na'pamʲʲatʲ]
decorar (vt)	вчити напам'ять	['wtʃiti na'pamʲʲatʲ]

férias (f pl)	канікули (мн)	[ka'nikuli]
estar de férias	бути на канікулах	['buti na ka'nikulah]
passar as férias	провести канікули	[prowɛs'ti ka'nikuli]

teste (m), prova (f)	контрольна робота (ж)	[kon'trɔlʲna ro'bɔta]
redação (f)	твір (ч)	[twir]
ditado (m)	диктант (ч)	[dik'tant]
exame (m), prova (f)	іспит (ч)	['ispit]
fazer prova	складати іспити	[skla'dati 'ispiti]
experiência (~ química)	дослід (ч)	['dɔslid]

118. Colégio. Universidade

academia (f)	академія (ж)	[aka'dɛmiʲa]
universidade (f)	університет (ч)	[uniwɛrsi'tɛt]
faculdade (f)	факультет (ч)	[fakulʲ'tɛt]

estudante (m)	студент (ч)	[stu'dɛnt]
estudante (f)	студентка (ж)	[stu'dɛntka]
professor (m)	викладач (ч)	[wikla'datʃ]

| auditório (m) | аудиторія (ж) | [audi'tɔriʲa] |
| graduado (m) | випускник (ч) | [wipusk'nik] |

| diploma (m) | диплом (ч) | [dip'lɔm] |
| tese (f) | дисертація (ж) | [disɛr'tatsiʲa] |

| estudo (obra) | дослідження (с) | [do'slidʒɛnʲa] |
| laboratório (m) | лабораторія (ж) | [labora'tɔriʲa] |

| palestra (f) | лекція (ж) | ['lɛktsiʲa] |
| colega (m) de curso | однокурсник (ч) | [odno'kursnik] |

| bolsa (f) de estudos | стипендія (ж) | [sti'pɛndiʲa] |
| grau (m) acadêmico | вчений ступінь (ч) | ['wtʃɛnij 'stupinʲ] |

119. Ciências. Disciplinas

matemática (f)	математика (ж)	[matɛ'matika]
álgebra (f)	алгебра (ж)	['alhɛbra]
geometria (f)	геометрія (ж)	[hɛo'mɛtriʲa]
astronomia (f)	астрономія (ж)	[astro'nɔmiʲa]
biologia (f)	біологія (ж)	[bio'lɔhiʲa]
geografia (f)	географія (ж)	[hɛo'hrafiʲa]
geologia (f)	геологія (ж)	[hɛo'lɔhiʲa]
história (f)	історія (ж)	[is'tɔriʲa]
medicina (f)	медицина (ж)	[mɛdi'tsina]
pedagogia (f)	педагогіка (ж)	[pɛda'hɔhika]
direito (m)	право (с)	['prawo]
física (f)	фізика (ж)	['fizika]
química (f)	хімія (ж)	['himiʲa]
filosofia (f)	філософія (ж)	[filo'sɔfiʲa]
psicologia (f)	психологія (ж)	[psiho'lɔhiʲa]

120. Sistema de escrita. Ortografia

gramática (f)	граматика (ж)	[hra'matika]
vocabulário (m)	лексика (ж)	['lɛksika]
fonética (f)	фонетика (ж)	[fo'nɛtika]
substantivo (m)	іменник (ч)	[i'mɛnik]
adjetivo (m)	прикметник (ч)	[prik'mɛtnik]
verbo (m)	дієслово (с)	[diɛ'slɔwo]
advérbio (m)	прислівник (ч)	[pris'liwnik]
pronome (m)	займенник (ч)	[zaj'mɛnik]
interjeição (f)	вигук (ч)	['wihuk]
preposição (f)	прийменник (ч)	[prij'mɛnik]
raiz (f)	корінь (ч) слова	['kɔrinʲ 'slɔwa]
terminação (f)	закінчення (с)	[za'kintʃɛnʲa]
prefixo (m)	префікс (ч)	['prɛfiks]
sílaba (f)	склад (ч)	['sklad]
sufixo (m)	суфікс (ч)	['sufiks]
acento (m)	наголос (ч)	['nahɔlos]
apóstrofo (f)	апостроф (ч)	[a'pɔstrof]
ponto (m)	крапка (ж)	['krapka]
vírgula (f)	кома (ж)	['kɔma]
ponto e vírgula (m)	крапка (ж) з комою	['krapka z 'kɔmoʲu]
dois pontos (m pl)	двокрапка (ж)	[dwo'krapka]
reticências (f pl)	три крапки (мн)	[tri 'krapki]
ponto (m) de interrogação	знак (ч) питання	[znak pi'tanʲa]
ponto (m) de exclamação	знак (ч) оклику	[znak 'ɔkliku]

aspas (f pl)	лапки (мн)	[lap'ki]
entre aspas	в лапках	[w lap'kah]
parênteses (m pl)	дужки (мн)	[duʒ'ki]
entre parênteses	в дужках	[w duʒ'kah]

hífen (m)	дефіс (ч)	[dɛ'fis]
travessão (m)	тире (с)	[ti'rɛ]
espaço (m)	пробіл (ч)	[pro'bil]

letra (f)	літера (ж)	['litɛra]
letra (f) maiúscula	велика літера (ж)	[wɛ'lika 'litɛra]

vogal (f)	голосний звук (ч)	[ɦolos'nij zwuk]
consoante (f)	приголосний (ч)	['priɦolosnij]

frase (f)	речення (с)	['rɛtʃɛnʲa]
sujeito (m)	підмет (ч)	['pidmɛt]
predicado (m)	присудок (ч)	['prisudok]

linha (f)	рядок (ч)	[rʲa'dɔk]
em uma nova linha	з нового рядка	[z no'woɦo rʲad'ka]
parágrafo (m)	абзац (ч)	[ab'zats]

palavra (f)	слово (с)	['slɔwo]
grupo (m) de palavras	словосполучення (с)	[slowospo'lutʃɛnʲa]
expressão (f)	вислів (ч)	['wisliw]
sinônimo (m)	синонім (ч)	[si'nɔnim]
antônimo (m)	антонім (ч)	[an'tɔnim]

regra (f)	правило (с)	['prawɨlo]
exceção (f)	виняток (ч)	['winʲatok]
correto (adj)	правильний	['prawɨlʲnij]

conjugação (f)	дієвідміна (ж)	[diɛwid'mina]
declinação (f)	відмінювання (с)	[wid'minʲuwanʲa]
caso (m)	відмінок (ч)	[wid'minok]
pergunta (f)	питання (с)	[pi'tanʲa]
sublinhar (vt)	підкреслити	[pid'krɛsliti]
linha (f) pontilhada	пунктир (ч)	[punk'tɨr]

121. Línguas estrangeiras

língua (f)	мова (ж)	['mɔwa]
estrangeiro (adj)	іноземний	[ino'zɛmnij]
língua (f) estrangeira	іноземна мова (ж)	[ino'zɛmna 'mɔwa]
estudar (vt)	вивчати	[wiw'tʃati]
aprender (vt)	вчити	['wtʃiti]

ler (vt)	читати	[tʃi'tati]
falar (vi)	говорити	[ɦowo'riti]
entender (vt)	розуміти	[rozu'miti]
escrever (vt)	писати	[pi'sati]
rapidamente	швидко	['ʃwidko]
devagar, lentamente	повільно	[po'wilʲno]

fluentemente	вільно	['wilʲno]
regras (f pl)	правила (мн)	['prawiła]
gramática (f)	граматика (ж)	[ɦra'matika]
vocabulário (m)	лексика (ж)	['lɛksika]
fonética (f)	фонетика (ж)	[fo'nɛtika]

livro (m) didático	підручник (ч)	[pid'rutʃnik]
dicionário (m)	словник (ч)	[slow'nik]
manual (m) autodidático	самовчитель (ч)	[samow'tʃitɛlʲ]
guia (m) de conversação	розмовник (ч)	[roz'mɔwnik]

fita (f) cassete	касета (ж)	[ka'sɛta]
videoteipe (m)	відеокасета (ж)	['widɛo ka'sɛta]
CD (m)	CD-диск (ч)	[si'di disk]
DVD (m)	DVD (ч)	[diwi'di]

alfabeto (m)	алфавіт (ч)	[alfa'wit]
soletrar (vt)	говорити по буквах	[ɦowo'riti po 'bukwah]
pronúncia (f)	вимова (ж)	[wi'mɔwa]

sotaque (m)	акцент (ч)	[ak'tsɛnt]
com sotaque	з акцентом	[z ak'tsɛntom]
sem sotaque	без акценту	[bɛz ak'tsɛntu]

| palavra (f) | слово (c) | ['slɔwo] |
| sentido (m) | сенс (ч) | [sɛns] |

curso (m)	курси (мн)	['kursi]
inscrever-se (vr)	записатися	[zapi'satisʲa]
professor (m)	викладач (ч)	[wikla'datʃ]

tradução (processo)	переклад (ч)	[pɛ'rɛklad]
tradução (texto)	переклад (ч)	[pɛ'rɛklad]
tradutor (m)	перекладач (ч)	[pɛrɛkla'datʃ]
intérprete (m)	перекладач (ч)	[pɛrɛkla'datʃ]

| poliglota (m) | поліглот (ч) | [poliɦ'lɔt] |
| memória (f) | пам'ять (ж) | ['pamʲʲatʲ] |

122. Personagens de contos de fadas

Papai Noel (m)	Санта Клаус (ч)	['santa 'klaus]
Cinderela (f)	Попелюшка (ж)	[popɛ'lʲuʃka]
sereia (f)	русалка (ж)	[ru'salka]
Netuno (m)	Нептун	[nɛp'tun]

bruxo, feiticeiro (m)	чарівник (ч)	[tʃariw'nik]
fada (f)	чарівниця (ж)	[tʃariw'nitsʲa]
mágico (adj)	чарівний	[tʃariw'nij]
varinha (f) mágica	чарівна паличка (ж)	[tʃa'riwna 'palitʃka]

conto (m) de fadas	казка (ж)	['kazka]
milagre (m)	диво (c)	['diwo]
anão (m)	гном (ч)	[ɦnom]

transformar-se em ...	перетворитися на	[pɛrɛtwo'ritisʲa na]
fantasma (m)	примара (ж)	[pri'mara]
fantasma (m)	привид (ч)	['priwɪd]
monstro (m)	чудовисько (c)	[tʃu'dɔwisko]
dragão (m)	дракон (ч)	[dra'kɔn]
gigante (m)	велетень (ч)	['wɛlɛtɛnʲ]

123. Signos do Zodíaco

Áries (f)	Овен (ч)	['ɔwɛn]
Touro (m)	Телець (ч)	[tɛ'lɛts]
Gêmeos (m pl)	Близнюки (мн)	[blɪznʲu'ki]
Câncer (m)	Рак (ч)	[rak]
Leão (m)	Лев (ч)	[lɛw]
Virgem (f)	Діва (ж)	['diwa]

Libra (f)	Терези (мн)	[tɛrɛ'zi]
Escorpião (m)	Скорпіон (ч)	[skorpi'ɔn]
Sagitário (m)	Стрілець (ч)	[stri'lɛts]
Capricórnio (m)	Козеріг (ч)	[kozɛ'riɦ]
Aquário (m)	Водолій (ч)	[wodo'lij]
Peixes (pl)	Риби (мн)	['ribɨ]

caráter (m)	характер (ч)	[ha'raktɛr]
traços (m pl) do caráter	риси (мн) характеру	['risɨ ha'raktɛru]
comportamento (m)	поведінка (ж)	[powɛ'dinka]
prever a sorte	ворожити	[woro'ʒitɨ]
adivinha (f)	гадалка (ж)	[ɦa'dalka]
horóscopo (m)	гороскоп (ч)	[ɦoro'skɔp]

Artes

teatro (m)	театр (ч)	[tɛ'atr]
ópera (f)	опера (ж)	['ɔpɛra]
opereta (f)	оперета (ж)	[opɛ'rɛta]
balé (m)	балет (ч)	[ba'lɛt]

cartaz (m)	афіша (ж)	[a'fiʃa]
companhia (f) de teatro	трупа (ж)	['trupa]
turnê (f)	гастролі (мн)	[ɦa'strɔli]
estar em turnê	гастролювати	[ɦastrolʲu'wati]
ensaiar (vt)	репетирувати	[rɛpɛ'tiruwati]
ensaio (m)	репетиція (ж)	[rɛpɛ'titsiʲa]
repertório (m)	репертуар (ч)	[rɛpɛrtu'ar]

apresentação (f)	вистава (ж)	[wis'tawa]
espetáculo (m)	спектакль (ч)	[spɛk'taklʲ]
peça (f)	п'єса (ж)	['pʲɛsa]

entrada (m)	квиток (ч)	[kwi'tɔk]
bilheteira (f)	квиткова каса (ж)	[kwit'kɔwa 'kasa]
hall (m)	хол (ч)	[hol]
vestiário (m)	гардероб (ч)	[ɦardɛ'rɔb]
senha (f) numerada	номерок (ч)	[nomɛ'rɔk]
binóculo (m)	бінокль (ч)	[bi'nɔklʲ]
lanterninha (m)	контролер (ч)	[kontro'lɛr]

plateia (f)	партер (ч)	[par'tɛr]
balcão (m)	балкон (ч)	[bal'kɔn]
primeiro balcão (m)	бельетаж (ч)	[bɛlʲʲɛ'taʒ]
camarote (m)	ложа (ж)	['lɔʒa]
fila (f)	ряд (ч)	[rʲad]
assento (m)	місце (с)	['mistsɛ]

público (m)	публіка (ж)	['publika]
espectador (m)	глядач (ч)	[ɦlʲa'datʃ]
aplaudir (vt)	плескати	[plɛs'kati]
aplauso (m)	аплодисменти (мн)	[aplodis'mɛnti]
ovação (f)	овації (мн)	[o'watsijɪ]

palco (m)	сцена (ж)	['stsɛna]
cortina (f)	завіса (ж)	[za'wisa]
cenário (m)	декорація (ж)	[dɛko'ratsiʲa]
bastidores (m pl)	куліси (мн)	[ku'lisɪ]

cena (f)	дія (ж)	['diʲa]
ato (m)	акт (ч)	[akt]
intervalo (m)	антракт (ч)	[an'trakt]

125. Cinema

ator (m)	актор (ч)	[ak'tɔr]
atriz (f)	акторка (ж)	[ak'tɔrka]
cinema (m)	кіно	[ki'nɔ]
filme (m)	кіно (c)	[ki'nɔ]
episódio (m)	серія (ж)	['sɛriˈa]
filme (m) policial	детектив (ч)	[dɛtɛk'tiw]
filme (m) de ação	бойовик (ч)	[boˈo'wik]
filme (m) de aventuras	пригодницький фільм (ч)	[pri'ɦɔdnitskij filˈm]
filme (m) de ficção científica	фантастичний фільм (ч)	[fantas'titʃnij filˈm]
filme (m) de horror	фільм (ч) жахів	[filˈm 'ʒahiw]
comédia (f)	кінокомедія (ж)	[kinoko'mɛdiˈa]
melodrama (m)	мелодрама (ж)	[mɛlod'rama]
drama (m)	драма (ж)	['drama]
filme (m) de ficção	художній фільм (ч)	[hu'dɔʒnij filˈm]
documentário (m)	документальний фільм (ч)	[dokumɛn'talˈnij filˈm]
desenho (m) animado	мультфільм (ч)	[mulˈt'filˈm]
cinema (m) mudo	німе кіно (c)	[ni'mɛ ki'nɔ]
papel (m)	роль (ж)	[rolˈ]
papel (m) principal	головна роль (ж)	[ɦolow'na rolˈ]
representar (vt)	грати	['ɦrati]
estrela (f) de cinema	кінозірка (ж)	[kino'zirka]
conhecido (adj)	відомий	[wi'dɔmij]
famoso (adj)	знаменитий	[znamɛ'nitij]
popular (adj)	популярний	[popu'lˈarnij]
roteiro (m)	сценарій (ч)	[stsɛ'narij]
roteirista (m)	сценарист (ч)	[stsɛna'rist]
diretor (m) de cinema	режисер (ч)	[rɛʒiˈ'sɛr]
produtor (m)	продюсер (ч)	[pro'dˈusɛr]
assistente (m)	асистент (ч)	[asis'tɛnt]
diretor (m) de fotografia	оператор (ч)	[opɛ'rator]
dublê (m)	каскадер (ч)	[kaska'dɛr]
dublê (m) de corpo	дублер (ч)	[dub'lɛr]
filmar (vt)	знімати фільм	[zni'mati filˈm]
audição (f)	проби (мн)	['prɔbi]
filmagem (f)	зйомки (мн)	['zˈɔmki]
equipe (f) de filmagem	знімальна група (ж)	[zni'malˈna 'ɦrupa]
set (m) de filmagem	знімальний майданчик (ч)	[zni'malˈnij maj'dantʃik]
câmera (f)	кінокамера (ж)	[kino'kamɛra]
cinema (m)	кінотеатр (ч)	[kinotɛ'atr]
tela (f)	екран (ч)	[ɛk'ran]
exibir um filme	показувати фільм	[po'kazuwati filˈm]
trilha (f) sonora	звукова доріжка (ж)	[zwuko'wa do'riʒka]
efeitos (m pl) especiais	спеціальні ефекти (мн)	[spɛtsi'alˈni ɛ'fɛkti]

legendas (f pl)	субтитри (мн)	[sub'titri]
crédito (m)	титри (мн)	['titri]
tradução (f)	переклад (ч)	[pɛ'rɛklad]

126. Pintura

arte (f)	мистецтво (c)	[mis'tɛtstwo]
belas-artes (f pl)	образотворчі мистецтва (мн)	[obrazot'wortʃi mis'tɛtstwa]
galeria (f) de arte	арт-галерея (ж)	[art ɦalɛ'rɛʲa]
exibição (f) de arte	виставка (ж) картин	['wistawka kar'tin]

pintura (f)	живопис (ч)	[ʒi'wɔpis]
arte (f) gráfica	графіка (ж)	['ɦrafika]
arte (f) abstrata	абстракціонізм (ч)	[abstraktsio'nizm]
impressionismo (m)	імпресіонізм (ч)	[imprɛsio'nizm]

pintura (f), quadro (m)	картина (ж)	[kar'tina]
desenho (m)	малюнок (ч)	[ma'lʲunok]
cartaz, pôster (m)	плакат (ч)	[pla'kat]

ilustração (f)	ілюстрація (ж)	[ilʲust'ratsiʲa]
miniatura (f)	мініатюра (ж)	[minia'tʲura]
cópia (f)	копія (ж)	['kɔpiʲa]
reprodução (f)	репродукція (ж)	[rɛpro'duktsiʲa]

mosaico (m)	мозаїка (ж)	[mo'zajika]
vitral (m)	вітраж (ч)	[wit'raʒ]
afresco (m)	фреска (ж)	['frɛska]
gravura (f)	гравюра (ж)	[ɦra'wʲura]

busto (m)	бюст (ч)	[bʲust]
escultura (f)	скульптура (ж)	[skulʲp'tura]
estátua (f)	статуя (ж)	['statuʲa]
gesso (m)	гіпс (ч)	[ɦips]
em gesso (adj)	з гіпсу	[z 'ɦipsu]

retrato (m)	портрет (ч)	[port'rɛt]
autorretrato (m)	автопортрет (ч)	[awtopor'trɛt]
paisagem (f)	пейзаж (ч)	[pɛj'zaʒ]
natureza (f) morta	натюрморт (ч)	[natʲur'mɔrt]
caricatura (f)	карикатура (ж)	[karika'tura]
esboço (m)	нарис (ч)	['naris]

tinta (f)	фарба (ж)	['farba]
aquarela (f)	акварель (ж)	[akwa'rɛlʲ]
tinta (f) a óleo	масло (с)	['maslo]
lápis (m)	олівець (ч)	[oli'wɛts]
tinta (f) nanquim	туш (ж)	[tuʃ]
carvão (m)	вугілля (с)	[wu'ɦilʲa]

desenhar (vt)	малювати	[malʲu'wati]
pintar (vt)	малювати	[malʲu'wati]
posar (vi)	позувати	[pozu'wati]

modelo (m)	натурник (ч)	[na'turnik]
modelo (f)	натурниця (ж)	[na'turnitsʲa]
pintor (m)	художник (ч)	[hu'dɔʒnik]
obra (f)	витвір (ч) мистецтва	['witwir mis'tɛtstwa]
obra-prima (f)	шедевр (ч)	[ʃɛ'dɛwr]
estúdio (m)	майстерня (ж)	[majs'tɛrnʲa]
tela (f)	полотно (c)	[polot'nɔ]
cavalete (m)	мольберт (ч)	[molʲ'bɛrt]
paleta (f)	палітра (ж)	[pa'litra]
moldura (f)	рама (ж)	['rama]
restauração (f)	реставрація (ж)	[rɛstaw'ratsʲa]
restaurar (vt)	реставрувати	[rɛstawru'wati]

127. Literatura & Poesia

literatura (f)	література (ж)	[litɛra'tura]
autor (m)	автор (ч)	['awtor]
pseudônimo (m)	псевдонім (ч)	[psɛwdo'nim]
livro (m)	книга (ж)	['kniɦa]
volume (m)	том (ч)	[tɔm]
índice (m)	зміст (ч)	[zmist]
página (f)	сторінка (ж)	[sto'rinka]
protagonista (m)	головний герой (ч)	[ɦolow'nij ɦɛ'rɔj]
autógrafo (m)	автограф (ч)	[aw'tɔɦraf]
conto (m)	оповідання (c)	[opowi'danʲa]
novela (f)	повість (ж)	['pɔwistʲ]
romance (m)	роман (ч)	[ro'man]
obra (f)	твір (ч)	[twir]
fábula (m)	байка (ж)	['bajka]
romance (m) policial	детектив (ч)	[dɛtɛk'tiw]
verso (m)	вірш (ч)	[wirʃ]
poesia (f)	поезія (ж)	[po'ɛzʲa]
poema (m)	поема (ж)	[po'ɛma]
poeta (m)	поет (ч)	[po'ɛt]
ficção (f)	белетристика (ж)	[bɛlɛt'ristika]
ficção (f) científica	наукова фантастика (ж)	[nau'kɔwa fan'tastika]
aventuras (f pl)	пригоди (мн)	[pri'ɦɔdi]
literatura (f) didática	учбова література (ж)	[utʃ'bɔwa litɛra'tura]
literatura (f) infantil	дитяча література (ж)	[di'tʲatʃa litɛra'tura]

128. Circo

circo (m)	цирк (ч)	[tsirk]
circo (m) ambulante	цирк-шапіто (ч)	[tsirk ʃapi'tɔ]
programa (m)	програма (ж)	[proɦ'rama]

apresentação (f)	вистава (ж)	[wis'tawa]
número (m)	номер (ч)	['nɔmɛr]
picadeiro (f)	арена (ж)	[a'rɛna]
pantomima (f)	пантоміма (ж)	[panto'mima]
palhaço (m)	клоун (ч)	['klɔun]
acrobata (m)	акробат (ч)	[akro'bat]
acrobacia (f)	акробатика (ж)	[akro'batika]
ginasta (m)	гімнаст (ч)	[ɦim'nast]
ginástica (f)	гімнастика (ж)	[ɦim'nastika]
salto (m) mortal	сальто (c)	['salʲto]
homem (m) forte	атлет (ч)	[at'lɛt]
domador (m)	приборкувач (ч)	[pri'bɔrkuwatʃ]
cavaleiro (m) equilibrista	наїзник (ч)	[na'jiznik]
assistente (m)	асистент (ч)	[asis'tɛnt]
truque (m)	трюк (ч)	[trʲuk]
truque (m) de mágica	фокус (ч)	['fɔkus]
ilusionista (m)	фокусник (ч)	['fɔkusnik]
malabarista (m)	жонглер (ч)	[ʒonɦ'lɛr]
fazer malabarismos	жонглювати	[ʒonɦlʲu'wati]
adestrador (m)	дресирувальник (ч)	[drɛsiru'walʲnik]
adestramento (m)	дресура (ж)	[drɛ'sura]
adestrar (vt)	дресирувати	[drɛsiru'wati]

129. Música. Música popular

música (f)	музика (ж)	['muzika]
músico (m)	музикант (ч)	[muzi'kant]
instrumento (m) musical	музичний інструмент (ч)	[mu'zitʃnij instru'mɛnt]
tocar ...	грати на...	['ɦrati na]
guitarra (f)	гітара (ж)	[ɦi'tara]
violino (m)	скрипка (ж)	['skripka]
violoncelo (m)	віолончель (ж)	[wiolon'tʃɛlʲ]
contrabaixo (m)	контрабас (ч)	[kontra'bas]
harpa (f)	арфа (ж)	['arfa]
piano (m)	піаніно (c)	[pia'nino]
piano (m) de cauda	рояль (ч)	[ro'ʲalʲ]
órgão (m)	орган (ч)	[or'ɦan]
instrumentos (m pl) de sopro	духові інструменти (мн)	[duɦo'wi instru'mɛnti]
oboé (m)	гобой (ч)	[ɦo'bɔj]
saxofone (m)	саксофон (ч)	[sakso'fɔn]
clarinete (m)	кларнет (ч)	[klar'nɛt]
flauta (f)	флейта (ж)	['flɛjta]
trompete (m)	труба (ж)	[tru'ba]
acordeão (m)	акордеон (ч)	[akordɛ'ɔn]
tambor (m)	барабан (ч)	[bara'ban]

dueto (m)	дует (ч)	[du'ɛt]
trio (m)	тріо (с)	['trio]
quarteto (m)	квартет (ч)	[kwar'tɛt]
coro (m)	хор (ч)	[hor]
orquestra (f)	оркестр (ч)	[or'kɛstr]
música (f) pop	поп-музика (ж)	[pop 'muzika]
música (f) rock	рок-музика (ж)	[rok 'muzika]
grupo (m) de rock	рок-група (ж)	[rok 'ɦrupa]
jazz (m)	джаз (ч)	[dʒaz]
ídolo (m)	кумир (ч)	[ku'mir]
fã, admirador (m)	шанувальник (ч)	[ʃanu'walʲnik]
concerto (m)	концерт (ч)	[kon'tsɛrt]
sinfonia (f)	симфонія (ж)	[sim'foniʲa]
composição (f)	твір (ч)	[twir]
compor (vt)	створити	[stwo'riti]
canto (m)	спів (ч)	[spiw]
canção (f)	пісня (ж)	['pisnʲa]
melodia (f)	мелодія (ж)	[mɛ'lɔdiʲa]
ritmo (m)	ритм (ч)	[ritm]
blues (m)	блюз (ч)	[blʲuz]
notas (f pl)	ноти (мн)	['nɔti]
batuta (f)	паличка (ж)	['palitʃka]
arco (m)	смичок (ч)	[smi'tʃɔk]
corda (f)	струна (ж)	[stru'na]
estojo (m)	футляр (ч)	[fut'lʲar]

Descanso. Entretenimento. Viagens

130. Viagens

turismo (m)	туризм (ч)	[tu'rizm]
turista (m)	турист (ч)	[tu'rist]
viagem (f)	мандрівка (ж)	[mand'riwka]
aventura (f)	пригода (ж)	[pri'ɦɔda]
percurso (curta viagem)	поїздка (ж)	[po'jizdka]
férias (f pl)	відпустка (ж)	[wid'pustka]
estar de férias	бути у відпустці	['buti u wid'pusttsi]
descanso (m)	відпочинок (ч)	[widpo'tʃinok]
trem (m)	поїзд (ч)	['pɔjizd]
de trem (chegar ~)	поїздом	['pɔjizdom]
avião (m)	літак (ч)	[li'tak]
de avião	літаком	[lita'kɔm]
de carro	автомобілем	[awtomo'bilɛm]
de navio	кораблем	[korab'lɛm]
bagagem (f)	багаж (ч)	[ba'ɦaʒ]
mala (f)	валіза (ж)	[wa'liza]
carrinho (m)	візок (ч) для багажу	[wi'zɔk dlʲa baɦa'ʒu]
passaporte (m)	паспорт (ч)	['pasport]
visto (m)	віза (ж)	['wiza]
passagem (f)	квиток (ч)	[kwi'tɔk]
passagem (f) aérea	авіаквиток (ч)	[awiakwi'tɔk]
guia (m) de viagem	путівник (ч)	[putiw'nik]
mapa (m)	карта (ж)	['karta]
área (f)	місцевість (ж)	[mis'tsɛwistʲ]
lugar (m)	місце (c)	['mistsɛ]
exotismo (m)	екзотика (ж)	[ɛk'zɔtika]
exótico (adj)	екзотичний	[ɛkzo'titʃnij]
surpreendente (adj)	дивовижний	['diwowiʒnij]
grupo (m)	група (ж)	['ɦrupa]
excursão (f)	екскурсія (ж)	[ɛks'kursiʲa]
guia (m)	екскурсовод (ч)	[ɛkskurso'wɔd]

131. Hotel

hotel (m), hospedaria (f)	готель (ч)	[ɦo'tɛlʲ]
motel (m)	мотель (ч)	[mo'tɛlʲ]
três estrelas	три зірки	[tri 'zirki]

cinco estrelas	п'ять зірок	[pʲˈatʲ ziˈrɔk]
ficar (vi, vt)	зупинитися	[zupiˈnitisʲa]
quarto (m)	номер (ч)	[ˈnɔmɛr]
quarto (m) individual	одномісний номер (ч)	[odnoˈmisnij nomɛr]
quarto (m) duplo	двомісний номер (ч)	[dwoˈmisnij ˈnɔmɛr]
reservar um quarto	бронювати номер	[bronʲuˈwatʲ ˈnɔmɛr]
meia pensão (f)	напівпансіон (ч)	[napiwpansiˈɔn]
pensão (f) completa	повний пансіон (ч)	[ˈpɔwnij pansiˈɔn]
com banheira	з ванною	[z ˈwanoʲu]
com chuveiro	з душем	[z ˈduʃɛm]
televisão (m) por satélite	супутникове телебачення (с)	[suˈputnikowɛ tɛlɛˈbatʃɛnʲa]
ar (m) condicionado	кондиціонер (ч)	[konditsioˈnɛr]
toalha (f)	рушник (ч)	[ruʃˈnik]
chave (f)	ключ (ч)	[klʲutʃ]
administrador (m)	адміністратор (ч)	[adminiˈstrator]
camareira (f)	покоївка (ж)	[pokoˈjiwka]
bagageiro (m)	носильник (ч)	[noˈsilʲnik]
porteiro (m)	портьє (ч)	[porˈtʲɛ]
restaurante (m)	ресторан (ч)	[rɛstoˈran]
bar (m)	бар (ч)	[bar]
café (m) da manhã	сніданок (ч)	[sniˈdanok]
jantar (m)	вечеря (ж)	[wɛˈtʃɛrʲa]
bufê (m)	шведський стіл (ч)	[ˈʃwɛdsʲkij stil]
saguão (m)	вестибюль (ч)	[wɛstiˈbʲulʲ]
elevador (m)	ліфт (ч)	[lift]
NÃO PERTURBE	НЕ ТУРБУВАТИ	[nɛ turbuˈwati]
PROIBIDO FUMAR!	ПАЛИТИ ЗАБОРОНЕНО	[paˈliti zaboˈrɔnɛno]

132. Livros. Leitura

livro (m)	книга (ж)	[ˈkniɦa]
autor (m)	автор (ч)	[ˈawtor]
escritor (m)	письменник (ч)	[pisʲˈmɛnik]
escrever (~ um livro)	написати	[napiˈsati]
leitor (m)	читач (ч)	[tʃiˈtatʃ]
ler (vt)	читати	[tʃiˈtati]
leitura (f)	читання (с)	[tʃiˈtanʲa]
para si	про себе	[pro ˈsɛbɛ]
em voz alta	вголос	[ˈwɦɔlos]
publicar (vt)	видавати	[widaˈwati]
publicação (f)	примірник (ч)	[priˈmirnik]
editor (m)	видавець (ч)	[widaˈwɛts]
editora (f)	видавництво (с)	[widawˈnitstwo]

sair (vi)	вийти	['wijti]
lançamento (m)	вихід (ч)	['wihid]
tiragem (f)	наклад (ч)	['naklad]

| livraria (f) | книгарня (ж) | [kniˈɦarnʲa] |
| biblioteca (f) | бібліотека (ж) | [biblioˈtɛka] |

novela (f)	повість (ж)	[ˈpɔwistʲ]
conto (m)	оповідання (c)	[opowiˈdanʲa]
romance (m)	роман (ч)	[roˈman]
romance (m) policial	детектив (ч)	[dɛtɛkˈtiw]

memórias (f pl)	мемуари (мн)	[mɛmuˈari]
lenda (f)	легенда (ж)	[lɛˈɦɛnda]
mito (m)	міф (ч)	[mif]

poesia (f)	вірші (мн)	[ˈwirʃi]
autobiografia (f)	автобіографія (ж)	[awtobioˈɦrafʲa]
obras (f pl) escolhidas	вибрані роботи (мн)	[ˈwibrani roˈbɔti]
ficção (f) científica	наукова фантастика (ж)	[nauˈkɔwa fanˈtastika]

título (m)	назва (ж)	[ˈnazwa]
introdução (f)	вступ (ч)	[wstup]
folha (f) de rosto	титульна сторінка (ж)	[ˈtitulʲna stoˈrinka]

capítulo (m)	розділ (ч)	[ˈrɔzdil]
excerto (m)	уривок (ч)	[uˈriwok]
episódio (m)	епізод (ч)	[ɛpiˈzɔd]

enredo (m)	сюжет (ч)	[sʲuˈʒɛt]
conteúdo (m)	вміст (ч)	[wmist]
índice (m)	зміст (ч)	[zmist]
protagonista (m)	головний герой (ч)	[ɦolowˈnij ɦɛˈrɔj]

volume (m)	том (ч)	[tom]
capa (f)	обкладинка (ж)	[obˈkladinka]
encadernação (f)	палітура (ж)	[paliˈtura]
marcador (m) de página	закладка (ж)	[zaˈkladka]

página (f)	сторінка (ж)	[stoˈrinka]
folhear (vt)	гортати	[ɦorˈtati]
margem (f)	поля (мн)	[poˈlʲa]
anotação (f)	позначка (ж)	[ˈpoznatʃka]
nota (f) de rodapé	примітка (ж)	[priˈmitka]

texto (m)	текст (ч)	[tɛkst]
fonte (f)	шрифт (ч)	[ʃrift]
falha (f) de impressão	помилка (ж)	[poˈmiɫka]

tradução (f)	переклад (ч)	[pɛˈrɛklad]
traduzir (vt)	перекладати	[pɛrɛklaˈdati]
original (m)	оригінал (ч)	[oriɦiˈnal]

famoso (adj)	відомий	[wiˈdɔmij]
desconhecido (adj)	невідомий	[nɛwiˈdɔmij]
interessante (adj)	цікавий	[ʦiˈkawij]

best-seller (m)	бестселер (ч)	[bɛst'sɛlɛr]
dicionário (m)	словник (ч)	[slow'nik]
livro (m) didático	підручник (ч)	[pid'ruʧnik]
enciclopédia (f)	енциклопедія (ж)	[ɛntsiklo'pɛdiʲa]

133. Caça. Pesca

caça (f)	полювання (c)	[polʲu'wanʲa]
caçar (vi)	полювати	[polʲu'wati]
caçador (m)	мисливець (ч)	[mis'liwɛts]
disparar, atirar (vi)	стріляти	[stri'lʲati]
rifle (m)	рушниця (ж)	[ruʃ'nitsʲa]
cartucho (m)	патрон (ч)	[pat'rɔn]
chumbo (m) de caça	шріт (ч)	[ʃrit]
armadilha (f)	капкан (ч)	[kap'kan]
armadilha (com corda)	пастка (ж)	['pastka]
cair na armadilha	потрапити в капкан	[pot'rapiti w kap'kan]
pôr a armadilha	ставити капкан	['stawiti kap'kan]
caçador (m) furtivo	браконьєр (ч)	[brako'nʲɛr]
caça (animais)	дичина (ж)	[diʧi'na]
cão (m) de caça	мисливський пес (ч)	[mis'liwsʲkij pɛs]
safári (m)	сафарі (c)	[sa'fari]
animal (m) empalhado	опудало (c)	[o'pudalo]
pescador (m)	рибалка (ч)	[ri'balka]
pesca (f)	риболовля (ж)	[ribo'lowlʲa]
pescar (vt)	ловити рибу	[lo'witi 'ribu]
vara (f) de pesca	вудочка (ж)	['wudoʧka]
linha (f) de pesca	волосінь (ж)	[wolo'sinʲ]
anzol (ч)	гачок (ч)	[ɦa'ʧɔk]
boia (f), flutuador (m)	поплавець (ч)	[popla'wɛts]
isca (f)	наживка (ж)	[na'ʒiwka]
lançar a linha	закинути вудочку	[za'kinuti 'wudoʧku]
morder (peixe)	клювати	[klʲu'wati]
pesca (f)	улов (ч)	[u'lɔw]
buraco (m) no gelo	ополонка (ж)	[opo'lɔnka]
rede (f)	сітка (ж)	['sitka]
barco (m)	човен (ч)	['ʧɔwɛn]
pescar com rede	ловити	[lo'witi]
lançar a rede	закидати сіті	[zaki'dati 'siti]
puxar a rede	витягати сіті	[witʲa'ɦati 'siti]
cair na rede	потрапити у сіті	[pot'rapiti u 'siti]
baleeiro (m)	китобій (ч)	[kito'bij]
baleeira (f)	китобійне судно (c)	[kito'bijnɛ 'sudno]
arpão (m)	гарпун (ч)	[ɦar'pun]

134. Jogos. Bilhar

bilhar (m)	більярд (ч)	[bi'ljard]
sala (f) de bilhar	більярдна (ж)	[bi'ljardna]
bola (f) de bilhar	більярдна куля (ж)	[bi'ljardna 'kulʲa]
embolsar uma bola	загнати кулю	[za'ɦnatɨ 'kulʲu]
taco (m)	кий (ч)	[kij]
caçapa (f)	луза (ж)	['luza]

135. Jogos. Jogar cartas

carta (f) de jogar	карта (ж)	['karta]
cartas (f pl)	карти (мн)	['kartɨ]
baralho (m)	колода (ж)	[ko'lɔda]
trunfo (m)	козир (ч)	['kɔzir]
ouros (m pl)	бубни (мн)	['bubnɨ]
espadas (f pl)	піки (мн)	['pikɨ]
copas (f pl)	черви (мн)	['ʧɛrwɨ]
paus (m pl)	трефи (мн)	['trɛfɨ]
ás (m)	туз (ч)	[tuz]
rei (m)	король (ч)	[ko'rɔlʲ]
dama (f), rainha (f)	дама (ж)	['dama]
valete (m)	валет (ч)	[wa'lɛt]
dar, distribuir (vt)	здавати	[zda'watɨ]
embaralhar (vt)	тасувати	[tasu'watɨ]
vez, jogada (f)	хід (ч)	[hid]
ponto (m)	очко (с)	[oʧ'kɔ]
trapaceiro (m)	шулер (ч)	['ʃulɛr]

136. Descanso. Jogos. Diversos

passear (vi)	прогулюватися	[pro'ɦulʲuwatɨsʲa]
passeio (m)	прогулянка (ж)	[pro'ɦulʲanka]
viagem (f) de carro	поїздка (ж)	[po'jizdka]
aventura (f)	пригода (ж)	[prɨ'ɦɔda]
piquenique (m)	пікнік (ч)	[pik'nik]
jogo (m)	гра (ж)	[ɦra]
jogador (m)	гравець (ч)	[ɦra'wɛʦ]
partida (f)	партія (ж)	['partiʲa]
colecionador (m)	колекціонер (ч)	[kolɛkʦio'nɛr]
colecionar (vt)	колекціонувати	[kolɛkʦionu'watɨ]
coleção (f)	колекція (ж)	[ko'lɛkʦiʲa]
palavras (f pl) cruzadas	кросворд (ч)	[kros'wɔrd]
hipódromo (m)	іподром (ч)	[ipod'rɔm]

discoteca (f)	дискотека (ж)	[disko'tɛka]
sauna (f)	сауна (ж)	['sauna]
loteria (f)	лотерея (ж)	[lotɛ'rɛʲa]
campismo (m)	похід (ч)	[po'hid]
acampamento (m)	табір (ч)	['tabir]
campista (m)	турист (ч)	[tu'rist]
barraca (f)	намет (ч)	[na'mɛt]
bússola (f)	компас (ч)	['kɔmpas]
ver (vt), assistir à ...	дивитися	[di'witisʲa]
telespectador (m)	телеглядач (ч)	[tɛlɛhlʲa'datʃ]
programa (m) de TV	телепередача (ж)	['tɛlɛ pɛrɛ'datʃa]

137. Fotografia

máquina (f) fotográfica	фотоапарат (ч)	[fotoapa'rat]
foto, fotografia (f)	фото (c)	['fɔto]
fotógrafo (m)	фотограф (ч)	[fo'tɔhraf]
estúdio (m) fotográfico	фотостудія (ж)	[foto'studiʲa]
álbum (m) de fotografias	фотоальбом (ч)	[fotoalʲ'bɔm]
lente (f) fotográfica	об'єктив (ч)	[obˀɛk'tiw]
lente (f) teleobjetiva	телеоб'єктив (ч)	[tɛlɛobˀɛk'tiw]
filtro (m)	фільтр (ч)	['filʲtr]
lente (f)	лінза (ж)	['linza]
ótica (f)	оптика (ж)	['ɔptika]
abertura (f)	діафрагма (ж)	[dia'frahma]
exposição (f)	витримка (ж)	['witrimka]
visor (m)	видошукач (ч)	[widoʃu'katʃ]
câmera (f) digital	цифрова камера (ж)	[tsifro'wa 'kamɛra]
tripé (m)	штатив (ч)	[ʃta'tiw]
flash (m)	спалах (ч)	['spalah]
fotografar (vt)	фотографувати	[fotohrafu'wati]
tirar fotos	знімати	[zni'mati]
fotografar-se (vr)	фотографуватися	[fotohrafu'watisʲa]
foco (m)	різкість (ж)	['rizkistʲ]
focar (vt)	наводити різкість	[na'woditi 'rizkistʲ]
nítido (adj)	різкий	[riz'kij]
nitidez (f)	різкість (ж)	['rizkistʲ]
contraste (m)	контраст (ч)	[kon'trast]
contrastante (adj)	контрастний	[kon'trastnij]
retrato (m)	знімок (ч)	['znimok]
negativo (m)	негатив (ч)	[nɛha'tiw]
filme (m)	фотоплівка (ж)	[foto'pliwka]
fotograma (m)	кадр (ч)	[kadr]
imprimir (vt)	друкувати	[druku'wati]

138. Praia. Natação

praia (f)	пляж (ч)	[pʲlʲaʒ]
areia (f)	пісок (ч)	[pi'sɔk]
deserto (adj)	пустельний	[pus'tɛlʲnij]
bronzeado (m)	засмага (ж)	[zas'maɦa]
bronzear-se (vr)	засмагати	[zasma'ɦati]
bronzeado (adj)	засмаглий	[zas'maɦlij]
protetor (m) solar	крем (ч) для засмаги	[krɛm dlʲa zas'maɦi]
biquíni (m)	бікіні (мн)	[bi'kini]
maiô (m)	купальник (ч)	[ku'palʲnik]
calção (m) de banho	плавки (мн)	['plawki]
piscina (f)	басейн (ч)	[ba'sɛjn]
nadar (vi)	плавати	['plawati]
chuveiro (m), ducha (f)	душ (ч)	[duʃ]
mudar, trocar (vt)	перевдягатися	[pɛrɛwdʲa'ɦatisʲa]
toalha (f)	рушник (ч)	[ruʃ'nik]
barco (m)	човен (ч)	['ʧowɛn]
lancha (f)	катер (ч)	['katɛr]
esqui (m) aquático	водяні лижі (мн)	[wodʲa'ni 'liʒi]
barco (m) de pedais	водяний велосипед (ч)	[wodʲa'nij wɛlosi'pɛd]
surf, surfe (m)	серфінг (ч)	['sɛrfinɦ]
surfista (m)	серфінгіст (ч)	[sɛrfi'nɦist]
equipamento (m) de mergulho	акваланг (ч)	[akwa'lanɦ]
pé (m pl) de pato	ласти (мн)	['lasti]
máscara (f)	маска (ж)	['maska]
mergulhador (m)	нирець (ч)	[ni'rɛts]
mergulhar (vi)	пірнати	[pir'nati]
debaixo d'água	під водою	[pid wo'dɔʲu]
guarda-sol (m)	парасолька (ж)	[para'sɔlʲka]
espreguiçadeira (f)	шезлонг (ч)	[ʃɛz'lɔnɦ]
óculos (m pl) de sol	окуляри (мн)	[oku'lʲari]
colchão (m) de ar	плавальний матрац (ч)	['plawalʲnij mat'rats]
brincar (vi)	грати	['ɦrati]
ir nadar	купатися	[ku'patisʲa]
bola (f) de praia	м'яч (ч)	[mʲʲatʃ]
encher (vt)	надувати	[nadu'wati]
inflável (adj)	надувний	[naduw'nij]
onda (f)	хвиля (ж)	['hwilʲa]
boia (f)	буй (ч)	[buj]
afogar-se (vr)	тонути	[to'nuti]
salvar (vt)	рятувати	[rʲatu'wati]
colete (m) salva-vidas	рятувальний жилет (ч)	[rʲatu'walʲnij ʒi'lɛt]
observar (vt)	спостерігати	[spostɛri'ɦati]
salva-vidas (pessoa)	рятувальник (ч)	[rʲatu'walʲnik]

EQUIPAMENTO TÉCNICO. TRANSPORTES

Equipamento técnico

139. Computador

computador (m)	комп'ютер (ч)	[kom'p'ʲutɛr]
computador (m) portátil	ноутбук (ч)	[nout'buk]
ligar (vt)	увімкнути	[uwimk'nuti]
desligar (vt)	вимкнути	['wimknuti]
teclado (m)	клавіатура (ж)	[klawia'tura]
tecla (f)	клавіша (ж)	['klawiʃa]
mouse (m)	миша (ж)	['miʃa]
tapete (m) para mouse	килимок (ч) для миші	[kili'mok dlʲa 'miʃi]
botão (m)	кнопка (ж)	['knɔpka]
cursor (m)	курсор (ч)	[kur'sɔr]
monitor (m)	монітор (ч)	[moni'tɔr]
tela (f)	екран (ч)	[ɛk'ran]
disco (m) rígido	жорсткий диск (ч)	[ʒor'stkij disk]
capacidade (f) do disco rígido	об'єм (ч) жорсткого диска	[ob'ʲɛm ʒorst'kɔɦo 'diska]
memória (f)	пам'ять (ж)	['pam'ʲatʲ]
memória RAM (f)	оперативна пам'ять (ж)	[opɛra'tiwna 'pam'ʲatʲ]
arquivo (m)	файл (ч)	[fajl]
pasta (f)	папка (ж)	['papka]
abrir (vt)	відкрити	[wid'kriti]
fechar (vt)	закрити	[za'kriti]
salvar (vt)	зберегти	[zbɛrɛɦ'ti]
deletar (vt)	видалити	['widaliti]
copiar (vt)	скопіювати	[skopiʲu'wati]
ordenar (vt)	сортувати	[sortu'wati]
copiar (vt)	переписати	[pɛrɛpi'sati]
programa (m)	програма (ж)	[proɦ'rama]
software (m)	програмне забезпечення (c)	[proɦ'ramnɛ zabɛz'pɛtʃɛnʲa]
programador (m)	програміст (ч)	[proɦ'ramist]
programar (vt)	програмувати	[proɦramu'wati]
hacker (m)	хакер (ч)	['hakɛr]
senha (f)	пароль (ч)	[pa'rɔlʲ]
vírus (m)	вірус (ч)	['wirus]
detectar (vt)	виявити	['wijawiti]

| byte (m) | байт (ч) | [bajt] |
| megabyte (m) | мегабайт (ч) | [mɛɦa'bajt] |

| dados (m pl) | дані (мн) | ['dani] |
| base (f) de dados | база (ж) даних | ['baza 'danɦ] |

cabo (m)	кабель (ч)	['kabɛlʲ]
desconectar (vt)	від'єднати	[wid'ɛd'nati]
conectar (vt)	під'єднати	[pid'ɛd'nati]

140. Internet. E-mail

internet (f)	інтернет (ч)	[intɛr'nɛt]
browser (m)	браузер (ч)	['brauzɛr]
motor (m) de busca	пошуковий ресурс (ч)	[poʃu'kɔwij rɛ'surs]
provedor (m)	провайдер (ч)	[pro'wajdɛr]

webmaster (m)	веб-майстер (ч)	[wɛb 'majstɛr]
website (m)	веб-сайт (ч)	[wɛb 'sajt]
web page (f)	веб-сторінка (ж)	[wɛb sto'rinka]

| endereço (m) | адреса (ж) | [ad'rɛsa] |
| livro (m) de endereços | адресна книга (ж) | ['adrɛsna 'kniɦa] |

caixa (f) de correio	поштова скринька (ж)	[poʃ'towa sk'rinʲka]
correio (m)	пошта (ж)	['pɔʃta]
cheia (caixa de correio)	переповнена	[pɛrɛ'pɔwnɛna]

mensagem (f)	повідомлення (с)	[powi'dɔmlɛnʲa]
mensagens (f pl) recebidas	вхідні повідомлення	[whid'ni powi'dɔmlɛnʲa]
mensagens (f pl) enviadas	вихідні повідомлення	[wiɦidni powi'dɔmlɛnʲa]
remetente (m)	відправник (ч)	[wid'prawnik]
enviar (vt)	відправити	[wid'prawɨti]
envio (m)	відправлення (с)	[wid'prawlɛnʲa]

| destinatário (m) | одержувач (ч) | [o'dɛrʒuwatʃ] |
| receber (vt) | отримати | [ot'rimati] |

| correspondência (f) | листування (с) | [lɨstu'wanʲa] |
| corresponder-se (vr) | листуватися | [lɨstu'watɨsʲa] |

arquivo (m)	файл (ч)	[fajl]
fazer download, baixar (vt)	скачати	[ska'tʃati]
criar (vt)	створити	[stwo'riti]
deletar (vt)	видалити	['wɨdaliti]
deletado (adj)	видалений	['wɨdalɛnij]

conexão (f)	зв'язок (ч)	[zwʲʲa'zɔk]
velocidade (f)	швидкість (ж)	['ʃwɨdkistʲ]
modem (m)	модем (ч)	[mo'dɛm]
acesso (m)	доступ (ч)	['dɔstup]
porta (f)	порт (ч)	[port]
conexão (f)	підключення (с)	[pid'klʲutʃɛnʲa]
conectar (vi)	підключитися	[pidklʲu'tʃitisʲa]

escolher (vt)	**вибрати**	['wibrati]
buscar (vt)	**шукати**	[ʃu'kati]

Transportes

avião (m)	літак (ч)	[li'tak]
passagem (f) aérea	авіаквиток (ч)	[awiakwi'tɔk]
companhia (f) aérea	авіакомпанія (ж)	[awiakom'paniˈa]
aeroporto (m)	аеропорт (ч)	[aɛro'pɔrt]
supersônico (adj)	надзвуковий	[nadzwuko'wij]

comandante (m) do avião	командир (ч) корабля	[koman'dir korab'lˈa]
tripulação (f)	екіпаж (ч)	[ɛki'paʒ]
piloto (m)	пілот (ч)	[pi'lɔt]
aeromoça (f)	стюардеса (ж)	[stˈuar'dɛsa]
copiloto (m)	штурман (ч)	['ʃturman]

asas (f pl)	крила (мн)	['kriła]
cauda (f)	хвіст (ч)	[hwist]
cabine (f)	кабіна (ж)	[ka'bina]
motor (m)	двигун (ч)	[dwiˈɦun]
trem (m) de pouso	шасі (c)	[ʃa'si]
turbina (f)	турбіна (ж)	[tur'bina]

hélice (f)	пропелер (ч)	[pro'pɛlɛr]
caixa-preta (f)	чорна скринька (ж)	['ʧɔrna 'skrinˈka]
coluna (f) de controle	штурвал (ч)	[ʃtur'wał]
combustível (m)	пальне (c)	[palˈ'nɛ]

instruções (f pl) de segurança	інструкція (ж) з безпеки	[in'struktsiˈa z bɛz'pɛkɨ]
máscara (f) de oxigênio	киснева маска (ж)	['kisnɛwa 'maska]
uniforme (m)	уніформа (ж)	[uni'fɔrma]

colete (m) salva-vidas	рятувальний жилет (ч)	[rˈatu'walˈnij ʒiˈ'lɛt]
paraquedas (m)	парашут (ч)	[para'ʃut]

decolagem (f)	зліт (ч)	[zlit]
descolar (vi)	злітати	[zli'tatɨ]
pista (f) de decolagem	злітна смуга (ж)	['zlitna 'smuɦa]

visibilidade (f)	видимість (ж)	['widimistˈ]
voo (m)	політ (ч)	[po'lit]

altura (f)	висота (ж)	[wiso'ta]
poço (m) de ar	повітряна яма (ж)	[po'witrˈana 'jama]

assento (m)	місце (c)	['mistsɛ]
fone (m) de ouvido	навушники (мн)	[na'wuʃnikɨ]
mesa (f) retrátil	відкидний столик (ч)	[widkɨd'nij 'stɔlik]
janela (f)	ілюмінатор (ч)	[ilˈumi'nator]
corredor (m)	прохід (ч)	[pro'hid]

142. Comboio

trem (m)	поїзд (ч)	['pɔjizd]
trem (m) elétrico	електропоїзд (ч)	[ɛlɛktro'pɔjizd]
trem (m)	швидкий поїзд (ч)	[ʃwid'kij 'pɔjizd]
locomotiva (f) diesel	тепловоз (ч)	[tɛplo'wɔz]
locomotiva (f) a vapor	паровоз (ч)	[paro'wɔz]
vagão (f) de passageiros	вагон (ч)	[wa'ɦɔn]
vagão-restaurante (m)	вагон-ресторан (ч)	[wa'ɦɔn rɛsto'ran]
carris (m pl)	рейки (мн)	['rɛjki]
estrada (f) de ferro	залізниця (ж)	[zaliz'nitsʲa]
travessa (f)	шпала (ж)	['ʃpala]
plataforma (f)	платформа (ж)	[plat'fɔrma]
linha (f)	колія (ж)	['kɔliʲa]
semáforo (m)	семафор (ч)	[sɛma'fɔr]
estação (f)	станція (ж)	['stantsiʲa]
maquinista (m)	машиніст (ч)	[maʃi'nist]
bagageiro (m)	носильник (ч)	[no'silʲnik]
hospedeiro, -a (m, f)	провідник (ч)	[prowid'nik]
passageiro (m)	пасажир (ч)	[pasa'ʒir]
revisor (m)	контролер (ч)	[kontro'lɛr]
corredor (m)	коридор (ч)	[kori'dɔr]
freio (m) de emergência	стоп-кран (ч)	[stop kran]
compartimento (m)	купе (с)	[ku'pɛ]
cama (f)	полиця (ж)	[po'litsʲa]
cama (f) de cima	полиця (ж) верхня	[po'litsʲa 'wɛrhnʲa]
cama (f) de baixo	полиця (ж) нижня	[po'litsʲa 'niʒnʲa]
roupa (f) de cama	білизна (ж)	[bi'lizna]
passagem (f)	квиток (ч)	[kwi'tɔk]
horário (m)	розклад (ч)	['rɔzklad]
painel (m) de informação	табло (с)	[tab'lɔ]
partir (vt)	від'їжджати	[wid'ʲjiʒ'zati]
partida (f)	відправлення (с)	[wid'prawlɛnʲa]
chegar (vi)	прибувати	[pribu'wati]
chegada (f)	прибуття (с)	[pribut'tʲa]
chegar de trem	приїхати поїздом	[pri'jihati 'pɔjizdom]
pegar o trem	сісти на поїзд	['sisti na 'pɔjizd]
descer de trem	зійти з поїзду	[zij'ti z 'pɔjizdu]
acidente (m) ferroviário	катастрофа (ж)	[kata'strɔfa]
descarrilar (vi)	зійти з рейок	[zij'ti z 'rɛjok]
locomotiva (f) a vapor	паровоз (ч)	[paro'wɔz]
foguista (m)	кочегар (ч)	[kotʃɛ'ɦar]
fornalha (f)	топка (ж)	['tɔpka]
carvão (m)	вугілля (с)	[wu'ɦilʲa]

143. Barco

| navio (m) | корабель (ч) | [kora'bɛlʲ] |
| embarcação (f) | судно (c) | ['sudno] |

barco (m) a vapor	пароплав (ч)	[paro'plaw]
barco (m) fluvial	теплохід (ч)	[tɛplo'hid]
transatlântico (m)	лайнер (ч)	['lajnɛr]
cruzeiro (m)	крейсер (ч)	['krɛjsɛr]

iate (m)	яхта (ж)	['ʲahta]
rebocador (m)	буксир (ч)	[buk'sir]
barcaça (f)	баржа (ж)	['barʒa]
ferry (m)	паром (ч)	[pa'rɔm]

| veleiro (m) | вітрильник (ч) | [wi'trilʲnik] |
| bergantim (m) | бригантина (ж) | [briɦan'tina] |

| quebra-gelo (m) | криголам (ч) | [kriɦo'lam] |
| submarino (m) | підводний човен (ч) | [pid'wɔdnij 'ʧɔwɛn] |

bote, barco (m)	човен (ч)	['ʧɔwɛn]
baleeira (bote salva-vidas)	шлюпка (ж)	['ʃlʲupka]
bote (m) salva-vidas	шлюпка (ж) рятувальна	['ʃlʲupka rʲatu'walʲna]
lancha (f)	катер (ч)	['katɛr]

capitão (m)	капітан (ч)	[kapi'tan]
marinheiro (m)	матрос (ч)	[mat'rɔs]
marujo (m)	моряк (ч)	[mo'rʲak]
tripulação (f)	екіпаж (ч)	[ɛki'paʒ]

contramestre (m)	боцман (ч)	['bɔʦman]
grumete (m)	юнга (ч)	['ʲunɦa]
cozinheiro (m) de bordo	кок (ч)	[kok]
médico (m) de bordo	судновий лікар (ч)	['sudnowij 'likar]

convés (m)	палуба (ж)	['paluba]
mastro (m)	щогла (ж)	['ɕɔɦla]
vela (f)	вітрило (c)	[wi'trilo]

porão (m)	трюм (ч)	[trʲum]
proa (f)	ніс (ч)	[nis]
popa (f)	корма (ж)	[kor'ma]
remo (m)	весло (c)	[wɛs'lɔ]
hélice (f)	гвинт (ч)	[ɦwint]

cabine (m)	каюта (ж)	[ka'ʲuta]
sala (f) dos oficiais	кают-компанія (ж)	[ka'ʲut kom'panʲa]
sala (f) das máquinas	машинне відділення (c)	[ma'ʃinɛ wid'dilɛnʲa]
ponte (m) de comando	капітанський місток (ч)	[kapi'tansʲkij mis'tɔk]
sala (f) de comunicações	радіорубка (ж)	[radio'rubka]
onda (f)	хвиля (ж)	['hwilʲa]
diário (m) de bordo	судновий журнал (ч)	['sudnowij ʒur'nal]
luneta (f)	підзорна труба (ж)	[pi'dzɔrna tru'ba]
sino (m)	дзвін (ч)	[dzwin]

bandeira (f)	прапор (ч)	['prapor]
cabo (m)	канат (ч)	[ka'nat]
nó (m)	вузол (ч)	['wuzol]

| corrimão (m) | поручень (ч) | ['porutʃɛnʲ] |
| prancha (f) de embarque | трап (ч) | [trap] |

âncora (f)	якір (ч)	[ʲʲakir]
recolher a âncora	підняти якір	[pid'nʲati 'jakir]
jogar a âncora	кинути якір	['kinuti 'jakir]
amarra (corrente de âncora)	якірний ланцюг (ч)	[ʲʲakirnij lan'tsʲuɦ]

porto (m)	порт (ч)	[port]
cais, amarradouro (m)	причал (ч)	[pri'tʃal]
atracar (vi)	причалювати	[pri'tʃalʲuwati]
desatracar (vi)	відчалювати	[wid'tʃalʲuwati]

viagem (f)	подорож (ж)	['podoroʒ]
cruzeiro (m)	круїз (ч)	[kru'jiz]
rumo (m)	курс (ч)	[kurs]
itinerário (m)	маршрут (ч)	[marʃ'rut]

canal (m) de navegação	фарватер (ч)	[far'watɛr]
banco (m) de areia	мілина (ж)	[mili'na]
encalhar (vt)	сісти на мілину	['sisti na mili'nu]

tempestade (f)	буря (ж)	['burʲa]
sinal (m)	сигнал (ч)	[siɦ'nal]
afundar-se (vr)	тонути	[to'nuti]
Homem ao mar!	Людина за бортом!	[lʲu'dina za 'bortom!]
SOS	SOS	[sos]
boia (f) salva-vidas	рятувальний круг (ч)	[rʲatu'walʲnij 'kruɦ]

144. Aeroporto

aeroporto (m)	аеропорт (ч)	[aɛro'port]
avião (m)	літак (ч)	[li'tak]
companhia (f) aérea	авіакомпанія (ж)	[awiakom'paniʲa]
controlador (m) de tráfego aéreo	авіадиспетчер (ч)	[awiadis'pɛtʃɛr]

partida (f)	виліт (ч)	['wilit]
chegada (f)	приліт (ч), прибуття (с)	[pri'lit], [pribu'tʲa]
chegar (vi)	прилетіти	[pri'lɛtiti]

| hora (f) de partida | час (ч) вильоту | [tʃas 'wilʲotu] |
| hora (f) de chegada | час (ч) прильоту | [tʃas pri'lʲotu] |

| estar atrasado | затримуватися | [za'trimuwatisʲa] |
| atraso (m) de voo | затримка (ж) вильоту | [za'trimka 'wilʲotu] |

painel (m) de informação	інформаційне табло (с)	[informa'tsijnɛ tab'lo]
informação (f)	інформація (ж)	[infor'matsiʲa]
anunciar (vt)	оголошувати	[oɦo'loʃuwati]

voo (m)	рейс (ч)	[rɛjs]
alfândega (f)	митниця (ж)	['mitnitsʲa]
funcionário (m) da alfândega	митник (ч)	['mitnik]

declaração (f) alfandegária	митна декларація (ж)	['mitna dɛkla'ratsiʲa]
preencher (vt)	заповнити	[za'powniti]
preencher a declaração	заповнити декларацію	[za'powniti dɛkla'ratsiʲu]
controle (m) de passaporte	паспортний контроль (ч)	['pasportnij kon'trɔlʲ]

bagagem (f)	багаж (ч)	[ba'ɦaʒ]
bagagem (f) de mão	ручний вантаж (ж)	[rutʲʲnij wan'taʒ]
carrinho (m)	візок (ч) для багажу	[wi'zɔk dlʲa baɦa'ʒu]

pouso (m)	посадка (ж)	[po'sadka]
pista (f) de pouso	посадкова смуга (ж)	[po'sadkowa 'smuɦa]
aterrissar (vi)	сідати	[si'dati]
escada (f) de avião	трап (ч)	[trap]

check-in (m)	реєстрація (ж)	[reɛ'stratsiʲa]
balcão (m) do check-in	стійка (ж) реєстрації	['stijka rɛɛ'stratsiji]
fazer o check-in	зареєструватися	[zarɛestru'watisʲa]
cartão (m) de embarque	посадковий талон (ч)	[po'sadkowij ta'lɔn]
portão (m) de embarque	вихід (ч)	['wihid]

trânsito (m)	транзит (ч)	[tran'zit]
esperar (vi, vt)	чекати	[tʲɛ'kati]
sala (f) de espera	зал (ч) очікування	['zal o'tʲikuwanʲa]
despedir-se (acompanhar)	проводжати	[prowo'dʒati]
despedir-se (dizer adeus)	прощатися	[pro'ɕatisʲa]

145. Bicicleta. Motocicleta

bicicleta (f)	велосипед (ч)	[wɛlosi'pɛd]
lambreta (f)	мотороллер (ч)	[moto'rɔlɛr]
moto (f)	мотоцикл (ч)	[moto'tsikl]

ir de bicicleta	їхати на велосипеді	['jihati na wɛlosi'pɛdi]
guidão (m)	кермо (с)	[kɛr'mɔ]
pedal (m)	педаль (ж)	[pɛ'dalʲ]
freios (m pl)	гальма (мн)	['ɦalʲma]
banco, selim (m)	сідло (с)	[sid'lɔ]

bomba (f)	насос (ч)	[na'sɔs]
bagageiro (m) de teto	багажник (ч)	[ba'ɦaʒnik]
lanterna (f)	ліхтар (ч)	[lih'tar]
capacete (m)	шолом (ч)	[ʃo'lɔm]

roda (f)	колесо (с)	['kɔlɛso]
para-choque (m)	крило (с)	[kri'lɔ]
aro (m)	обвід (ч)	['ɔbwid]
raio (m)	спиця (ж)	['spitsʲa]

Carros

146. Tipos de carros

carro, automóvel (m)	автомобіль (ч), машина (ж)	[awtomo'bilʲ], [ma'ʃina]
carro (m) esportivo	спортивний автомобіль (ч)	[spor'tiwnij awtomo'bilʲ]
limusine (f)	лімузин (ч)	[limu'zin]
todo o terreno (m)	позашляховик (ч)	[pozaʃlʲaho'wik]
conversível (m)	кабріолет (ч)	[kabrio'lɛt]
minibus (m)	мікроавтобус (ч)	[mikroaw'tɔbus]
ambulância (f)	швидка допомога (ж)	[ʃwid'ka dopo'mɦa]
limpa-neve (m)	снігоприбиральна машина (ж)	[sniɦopribi'ralʲna ma'ʃina]
caminhão (m)	вантажівка (ж)	[wanta'ʒiwka]
caminhão-tanque (m)	бензовоз (ч)	[bɛnzo'wɔz]
perua, van (f)	фургон (ч)	[fur'ɦɔn]
caminhão-trator (m)	тягач (ч)	[tʲa'ɦatʃ]
reboque (m)	причіп (ч)	[pri'tʃip]
confortável (adj)	комфортабельний	[komfor'tabɛlʲnij]
usado (adj)	вживаний	['wʒiwanij]

147. Carros. Carroçaria

capô (m)	капот (ч)	[ka'pɔt]
para-choque (m)	крило (с)	[kri'lɔ]
teto (m)	дах (ч)	[dah]
para-brisa (m)	вітрове скло (с)	[witro'wɛ 'sklɔ]
retrovisor (m)	дзеркало заднього виду (с)	['dzɛrkalo 'zadnʲoɦo 'widu]
esguicho (m)	омивач (ч)	[omi'watʃ]
limpadores (m) de para-brisas	склоочисники (мн)	[skloo'tʃisniki]
vidro (m) lateral	бічне скло (с)	['bitʃnɛ 'sklɔ]
elevador (m) do vidro	склопідіймач (ч)	[sklopidij'matʃ]
antena (f)	антена (ж)	[an'tɛna]
teto (m) solar	люк (ч)	[lʲuk]
para-choque (m)	бампер (ч)	['bampɛr]
porta-malas (f)	багажник (ч)	[ba'ɦaʒnik]
bagageira (f)	багажник	[ba'ɦaʒnik]
porta (f)	дверцята (мн)	[dwɛr'tsʲata]
maçaneta (f)	ручка (ж)	['rutʃka]

fechadura (f)	замок (ч)	[za'mɔk]
placa (f)	номер (ч)	['nɔmɛr]
silenciador (m)	глушник (ч)	[ɦluʃ'nik]
tanque (m) de gasolina	бензобак (ч)	[bɛnzo'bak]
tubo (m) de exaustão	вихлопна труба (ж)	[wiɦlop'na tru'ba]

acelerador (m)	газ (ч)	[ɦaz]
pedal (m)	педаль (ж)	[pɛ'dalʲ]
pedal (m) do acelerador	педаль (ж) газу	[pɛ'dalʲ 'ɦazu]

freio (m)	гальмо (с)	[ɦalʲ'mɔ]
pedal (m) do freio	педаль (ж) гальма	[pɛ'dalʲ ɦalʲ'ma]
frear (vt)	гальмувати	[ɦalʲmu'wati]
freio (m) de mão	стоянкове гальмо (с)	[sto'ʲankowɛ ɦalʲ'mɔ]

embreagem (f)	зчеплення (с)	['zʧɛplɛnʲa]
pedal (m) da embreagem	педаль (ж) зчеплення	[pɛ'dalʲ 'zʧɛplɛnʲa]
disco (m) de embreagem	диск (ч) зчеплення	['disk 'zʧiplɛnʲa]
amortecedor (m)	амортизатор (ч)	[amortiʲzator]

roda (f)	колесо (с)	['kɔlɛso]
pneu (m) estepe	запасне колесо (с)	[zapas'nɛ 'kɔlɛso]
pneu (m)	покришка (ж), шина (ж)	[po'kriʃka], '[ʃina]
calota (f)	ковпак (ч)	[kow'pak]

rodas (f pl) motrizes	ведучі колеса (мн)	[wɛ'duʧi ko'lɛsa]
de tração dianteira	передньопривідний	[pɛrɛdnʲop'riwidnij]
de tração traseira	задньопривідний	[zadnʲopriwid'nij]
de tração às 4 rodas	повнопривідний	[pownop'riwidnij]

caixa (f) de mudanças	коробка (ж) передач	[ko'rɔbka pɛrɛ'daʧ]
automático (adj)	автоматичний	[awtoma'titʧnij]
mecânico (adj)	механічний	[mɛha'nitʃnij]
alavanca (f) de câmbio	важіль (ч) коробки передач	['waʒilʲ ko'rɔbki pɛrɛ'daʧ]

farol (m)	фара (ж)	['fara]
faróis (m pl)	фари (мн)	['fari]

farol (m) baixo	ближнє світло (с)	['bliʒnɛ 'switlo]
farol (m) alto	дальнє світло (с)	['dalʲnɛ 'switlo]
luzes (f pl) de parada	стоп-сигнал (ч)	[stop siɦ'nal]

luzes (f pl) de posição	габаритні вогні (мн)	[ɦaba'ritni woɦ'ni]
luzes (f pl) de emergência	аварійні вогні (мн)	[awa'rijni woɦ'ni]
faróis (m pl) de neblina	протитуманні фари (мн)	[protitu'mani 'fari]
pisca-pisca (m)	поворотник (ч)	[powo'rɔtnik]
luz (f) de marcha ré	задній хід (ч)	['zadnij hid]

148. Carros. Habitáculo

interior (do carro)	салон (ч)	[sa'lɔn]
de couro	шкіряний	[ʃkirʲa'nij]
de veludo	велюровий	[wɛ'lʲurowij]

estofamento (m)	оббивка (ж)	[ob'biwka]
indicador (m)	прилад (ч)	['prilad]
painel (m)	панель (ж) приладів	[pa'nɛlʲ 'priladiw]
velocímetro (m)	спідометр (ч)	[spi'dɔmɛtr]
ponteiro (m)	стрілка (ж)	['strilka]

hodômetro, odômetro (m)	лічильник (ч) пробігу	[li'ʧilʲnik pro'biɦu]
indicador (m)	датчик (ч)	['datʃik]
nível (m)	рівень (ч)	['riwɛnʲ]
luz (f) de aviso	лампочка (ж)	['lampoʧka]

volante (m)	кермо (с)	[kɛr'mɔ]
buzina (f)	сигнал (ч)	[siɦ'nal]
botão (m)	кнопка (ж)	['knɔpka]
interruptor (m)	перемикач (ч)	[pɛrɛmi'kaʧ]

assento (m)	сидіння (с)	[si'dinʲa]
costas (f pl) do assento	спинка (ж)	['spinka]
cabeceira (f)	підголівник (ч)	[pidɦo'liwnik]
cinto (m) de segurança	ремінь (ч) безпеки	['rɛminʲ bɛz'pɛki]
apertar o cinto	пристебнути ремінь	[pristɛb'nuti 'rɛminʲ]
ajuste (m)	регулювання (с)	[rɛɦulʲu'wanʲa]

| airbag (m) | повітряна подушка (ж) | [po'witrʲana po'duʃka] |
| ar (m) condicionado | кондиціонер (ч) | [konditsio'nɛr] |

rádio (m)	радіо (с)	['radio]
leitor (m) de CD	CD-програвач (ч)	[si'di proɦra'waʧ]
ligar (vt)	увімкнути	[uwimk'nuti]
antena (f)	антена (ж)	[an'tɛna]
porta-luvas (m)	бардачок (ч)	[barda'ʧɔk]
cinzeiro (m)	попільниця (ж)	[popilʲ'nitsʲa]

149. Carros. Motor

motor (m)	двигун, мотор (ч)	[dwi'ɦun], [mo'tɔr]
a diesel	дизельний	['dizɛlʲnij]
a gasolina	бензиновий	[bɛn'zinowij]

cilindrada (f)	об'єм (ч) двигуна	[o'bʲɛm dwiɦu'na]
potência (f)	потужність (ж)	[po'tuʒnistʲ]
cavalo (m) de potência	кінська сила (ж)	['kinsʲka 'sila]
pistão (m)	поршень (ч)	['pɔrʃɛnʲ]
cilindro (m)	циліндр (ч)	[tsi'lindr]
válvula (f)	клапан (ч)	['klapan]

injetor (m)	інжектор (ч)	[in'ʒɛktor]
gerador (m)	генератор (ч)	[ɦɛnɛ'rator]
carburador (m)	карбюратор (ч)	[karbʲu'rator]
óleo (m) de motor	мастило (с) моторне	[mas'tilo mo'tɔrnɛ]

| radiador (m) | радіатор (ч) | [radi'ator] |
| líquido (m) de arrefecimento | охолоджувальна рідина (ж) | [oho'lɔdʒuwalʲna ridi'na] |

ventilador (m)	вентилятор (ч)	[wɛnti'lʲator]
dispositivo (m) de arranque	стартер (ч)	['startɛr]
ignição (f)	запалювання (c)	[za'palʲuwanʲa]
vela (f) de ignição	свічка (ж) запалювання	['switʃka za'palʲuwanʲa]
fusível (m)	запобіжник (ч)	[zapo'biʒnik]

bateria (f)	акумулятор (ч)	[akumu'lʲator]
terminal (m)	клема (ж)	['klɛma]
terminal (m) positivo	плюс (ч)	[plʲus]
terminal (m) negativo	мінус (ч)	['minus]

filtro (m) de ar	повітряний фільтр (ч)	[po'witrʲanij 'filʲtr]
filtro (m) de óleo	масляний фільтр (ч)	['maslʲanij 'filʲtr]
filtro (m) de combustível	паливний фільтр (ч)	['paliwnij 'filʲtr]

150. Carros. Batidas. Reparação

acidente (m) de carro	аварія (ж)	[a'wariʲa]
acidente (m) rodoviário	дорожня пригода (ж)	[do'roʒnʲa pri'hoda]
bater (~ num muro)	врізатися	['wrizatisʲa]
sofrer um acidente	розбитися	[roz'bitisʲa]
dano (m)	пошкодження (c)	[poʃ'kodʒɛnʲa]
intato	цілий	[tsi'lij]

pane (f)	поломка (ж)	[po'lɔmka]
avariar (vi)	зламатися	[zla'matisʲa]
cabo (m) de reboque	буксирний трос (ч)	[buk'sirnij tros]

furo (m)	прокол (ч)	[pro'kɔl]
estar furado	спустити	[spus'titi]
encher (vt)	накачати	[naka'tʃati]
pressão (f)	тиск (ч)	[tisk]
verificar (vt)	перевірити	[pɛrɛ'wiriti]

reparo (m)	ремонт (ч)	[rɛ'mɔnt]
oficina (f) automotiva	автосервіс (ч)	[awto'sɛrwis]
peça (f) de reposição	запчастина (ж)	[zaptʃas'tina]
peça (f)	деталь (ж)	[dɛ'talʲ]

parafuso (com porca)	болт (ч)	[bolt]
parafuso (m)	гвинт (ч)	[ɦwint]
porca (f)	гайка (ж)	['ɦajka]
arruela (f)	шайба (ж)	['ʃajba]
rolamento (m)	підшипник (ч)	[pid'ʃipnik]

tubo (m)	трубка (ж)	['trubka]
junta, gaxeta (f)	прокладка (ж)	[prok'ladka]
fio, cabo (m)	провід (ч)	['prɔwid]

macaco (m)	домкрат (ч)	[domk'rat]
chave (f) de boca	гайковий ключ (ч)	[ɦajko'wij klʲutʃ]
martelo (m)	молоток (ч)	[molo'tɔk]
bomba (f)	насос (ч)	[na'sɔs]
chave (f) de fenda	викрутка (ж)	['wikrutka]

| extintor (m) | вогнегасник (ч) | [woɦnɛ'ɦasnik] |
| triângulo (m) de emergência | аварійний трикутник (ч) | [awa'rijnij tri'kutnik] |

morrer (motor)	глохнути	['ɦlɔhnuti]
paragem, "morte" (f)	зупинка (ж)	[zu'pɨnka]
estar quebrado	бути зламаним	['butɨ 'zlamanim]

superaquecer-se (vr)	перегрітися	[pɛrɛɦ'ritisʲa]
entupir-se (vr)	засмітитися	[zasmi'titisʲa]
congelar-se (vr)	замерзнути	[za'mɛrznuti]
rebentar (vi)	лопнути	['lɔpnuti]

pressão (f)	тиск (ч)	[tisk]
nível (m)	рівень (ч)	['riwɛnʲ]
frouxo (adj)	слабкий	[slab'kij]

batida (f)	вм'ятина (ж)	['wmʲʲatina]
ruído (m)	стукіт (ч)	['stukit]
fissura (f)	тріщина (ж)	['triɕina]
arranhão (m)	подряпина (ж)	[pod'rʲapina]

151. Carros. Estrada

estrada (f)	дорога (ж)	[do'rɔɦa]
autoestrada (f)	автомагістраль (ж)	[awtomaɦi'stralʲ]
rodovia (f)	шосе (с)	[ʃo'sɛ]
direção (f)	напрямок (ч)	['naprʲamok]
distância (f)	відстань (ж)	['widstanʲ]

ponte (f)	міст (ч)	[mist]
parque (m) de estacionamento	паркінг (ч)	['parkinɦ]
praça (f)	площа (ж)	['plɔɕa]
nó (m) rodoviário	розв'язка (ж)	[roz'wʲʲazka]
túnel (m)	тунель (ч)	[tu'nɛlʲ]

posto (m) de gasolina	автозаправка (ж)	[awtoza'prawka]
parque (m) de estacionamento	автостоянка (ж)	[awtosto'ʲanka]
bomba (f) de gasolina	бензоколонка (ж)	[bɛnzoko'lɔnka]
oficina (f) automotiva	автосервіс (ч)	[awto'sɛrwis]
abastecer (vt)	заправити	[za'prawiti]
combustível (m)	паливо (с)	['paliwo]
galão (m) de gasolina	каністра (ж)	[ka'nistra]

asfalto (m)	асфальт (ч)	[as'falʲt]
marcação (f) de estradas	розмітка (ж)	[roz'mitka]
meio-fio (m)	бордюр (ч)	[bor'dʲur]
guard-rail (m)	огорожа (ж)	[oɦo'rɔʒa]
valeta (f)	кювет (ч)	[kʲu'wɛt]
acostamento (m)	узбіччя (с)	[uz'bitʃʲa]
poste (m) de luz	стовп (ч)	[stowp]

dirigir (vt)	вести	['wɛsti]
virar (~ para a direita)	повертати	[powɛr'tati]
dar retorno	розвертатися	[rozwɛr'tatisʲa]

ré (f)	задній хід (ч)	['zadnij hid]
buzinar (vi)	сигналити	[siɦ'naliti]
buzina (f)	звуковий сигнал (ч)	[zwuko'wij siɦ'nal]
atolar-se (vr)	застрягти	[za'strʲaɦti]
patinar (na lama)	буксувати	[buksu'wati]
desligar (vt)	глушити	[ɦlu'ʃiti]

velocidade (f)	швидкість (ж)	['ʃwidkistʲ]
exceder a velocidade	перевищити швидкість	[pɛrɛ'wiçiti 'ʃwidkistʲ]
multar (vt)	штрафувати	[ʃtrafu'wati]
semáforo (m)	світлофор (ч)	[switlo'fɔr]
carteira (f) de motorista	посвідчення (с) водія	[pos'widtʃɛnja wodiʲa]

passagem (f) de nível	переїзд (ч)	[pɛrɛ'jizd]
cruzamento (m)	перехрестя (с)	[pɛrɛh'rɛstʲa]
faixa (f)	пішохідний перехід (ч)	[piʃo'hidnij pɛrɛ'hid]
zona (f) de pedestres	пішохідна зона (ж)	[piʃo'hidna 'zɔna]

PESSOAS. EVENTOS

152. Férias. Evento

festa (f)	свято (c)	['swʲato]
feriado (m) nacional	національне свято (c)	[natsio'nalʲnɛ 'swʲato]
feriado (m)	святковий день (ч)	[swʲat'kɔwij dɛnʲ]
festejar (vt)	святкувати	[swʲatku'watɨ]
evento (festa, etc.)	подія (ж)	[po'dʲiʲa]
evento (banquete, etc.)	захід (ч)	['zahid]
banquete (m)	бенкет (ч)	[bɛ'nkɛt]
recepção (f)	прийом (ч)	[prɨ'jom]
festim (m)	святкування (c)	[swʲatku'wanʲa]
aniversário (m)	річниця (ж)	[ritʃ'nitsʲa]
jubileu (m)	ювілей (ч)	[ʲuwi'lɛj]
Ano (m) Novo	Новий рік (ч)	[no'wij rik]
Feliz Ano Novo!	З Новим Роком!	[z no'wim 'rɔkom]
Papai Noel (m)	Санта Клаус (ч)	['santa 'klaus]
Natal (m)	Різдво (c)	[rizd'wɔ]
Feliz Natal!	Щасливого Різдва!	[ɕas'lɨwoɦo rizd'wa]
fogos (m pl) de artifício	салют (ч)	[sa'lʲut]
casamento (m)	весілля (c)	[wɛ'silʲa]
noivo (m)	наречений (ч)	[narɛ'tʃɛnij]
noiva (f)	наречена (ж)	[narɛ'tʃɛna]
convidar (vt)	запрошувати	[za'prɔʃuwatɨ]
convite (m)	запрошення (c)	[za'prɔʃɛnʲa]
convidado (m)	гість (ч)	[ɦistʲ]
visitar (vt)	йти в гості	[jtɨ w 'ɦɔstɨ]
receber os convidados	зустрічати гостей	[zustri'tʃatɨ ɦos'tɛj]
presente (m)	подарунок (ч)	[poda'runok]
oferecer, dar (vt)	дарувати	[daru'watɨ]
receber presentes	отримувати подарунки	[ot'rɨmuwatɨ poda'runkɨ]
buquê (m) de flores	букет (ч)	[bu'kɛt]
felicitações (f pl)	привітання (c)	[prɨwi'tanʲa]
felicitar (vt)	вітати	[wi'tatɨ]
cartão (m) de parabéns	вітальна листівка (ж)	[wi'talʲna lis'tiwka]
enviar um cartão postal	надіслати листівку	[nadi'slatɨ lis'tiwku]
receber um cartão postal	отримати листівку	[ot'rɨmatɨ lis'tiwku]
brinde (m)	тост (ч)	[tost]
oferecer (vt)	пригощати	[prɨɦo'ɕatɨ]

champanhe (m)	шампанське (c)	[ʃam'pansʲkɛ]
divertir-se (vr)	веселитися	[wɛsɛ'liːtisʲa]
diversão (f)	веселощі (мн)	[wɛ'sɛloɕi]
alegria (f)	радість (ж)	['radistʲ]

| dança (f) | танець (ч) | ['tanɛʦ] |
| dançar (vi) | танцювати | [tanʦʲu'watі] |

| valsa (f) | вальс (ч) | [walʲs] |
| tango (m) | танго (c) | ['tanɦo] |

153. Funerais. Enterro

cemitério (m)	цвинтар (ч)	['ʦwintar]
sepultura (f), túmulo (m)	могила (ж)	[mo'ɦila]
cruz (f)	хрест (ч)	[hrɛst]
lápide (f)	надгробок (ч)	[nad'ɦrɔbok]
cerca (f)	огорожа (ж)	[oɦo'rɔʒa]
capela (f)	каплиця (ж)	[kap'liːʦʲa]

morte (f)	смерть (ж)	[smɛrtʲ]
morrer (vi)	померти	[po'mɛrti]
defunto (m)	покійник (ч)	[po'kijnik]
luto (m)	траур (ч)	['traur]

enterrar, sepultar (vt)	ховати	[ho'wati]
funerária (f)	похоронне бюро (c)	[poho'rɔnɛ bʲuro]
funeral (m)	похорон (ч)	['pɔhoron]

coroa (f) de flores	вінок (ч)	[wi'nɔk]
caixão (m)	труна (ж)	[tru'na]
carro (m) funerário	катафалк (ч)	[kata'falk]
mortalha (f)	саван (ч)	[sa'wan]

procissão (f) funerária	траурна процесія (ж)	['traurna pro'ʦɛsiʲa]
urna (f) funerária	поховальна урна (ж)	[poho'walʲna 'urna]
crematório (m)	крематорій (ч)	[krɛma'tɔrij]

obituário (m), necrologia (f)	некролог (ч)	[nɛkro'lɔɦ]
chorar (vi)	плакати	['plakati]
soluçar (vi)	ридати	[ri'dati]

154. Guerra. Soldados

pelotão (m)	взвод (ч)	[wzwod]
companhia (f)	рота (ж)	['rɔta]
regimento (m)	полк (ч)	[polk]
exército (m)	армія (ж)	['armiʲa]
divisão (f)	дивізія (ж)	[dіّwiziʲa]

| esquadrão (m) | загін (ч) | [za'ɦin] |
| hoste (f) | військо (c) | ['wijsʲko] |

soldado (m)	солдат (ч)	[sol'dat]
oficial (m)	офіцер (ч)	[ofi'ʦɛr]
soldado (m) raso	рядовий (ч)	[rʲado'wij]
sargento (m)	сержант (ч)	[sɛr'ʒant]
tenente (m)	лейтенант (ч)	[lɛjtɛ'nant]
capitão (m)	капітан (ч)	[kapi'tan]
major (m)	майор (ч)	[ma'jɔr]
coronel (m)	полковник (ч)	[pol'kɔwnik]
general (m)	генерал (ч)	[ɦɛnɛ'ral]
marujo (m)	моряк (ч)	[mo'rʲak]
capitão (m)	капітан (ч)	[kapi'tan]
contramestre (m)	боцман (ч)	['bɔʦman]
artilheiro (m)	артилерист (ч)	[artilɛ'rist]
soldado (m) paraquedista	десантник (ч)	[dɛ'santnik]
piloto (m)	льотчик (ч)	[lʲotʃik]
navegador (m)	штурман (ч)	['ʃturman]
mecânico (m)	механік (ч)	[mɛ'hanik]
sapador-mineiro (m)	сапер (ч)	[sa'pɛr]
paraquedista (m)	парашутист (ч)	[paraʃu'tist]
explorador (m)	розвідник (ч)	[roz'widnik]
atirador (m) de tocaia	снайпер (ч)	['snajpɛr]
patrulha (f)	патруль (ч)	[pat'rulʲ]
patrulhar (vt)	патрулювати	[patrulʲu'wati]
sentinela (f)	вартовий (ч)	[warto'wij]
guerreiro (m)	воїн (ч)	['wɔjin]
patriota (m)	патріот (ч)	[patri'ɔt]
herói (m)	герой (ч)	[ɦɛ'rɔj]
heroína (f)	героїня (ж)	[ɦɛro'jinʲa]
traidor (m)	зрадник (ч)	['zradnik]
trair (vt)	зраджувати	['zradʒuwati]
desertor (m)	дезертир (ч)	[dɛzɛr'tir]
desertar (vt)	дезертирувати	[dɛzɛr'tiruwati]
mercenário (m)	найманець (ч)	['najmanɛʦ]
recruta (m)	новобранець (ч)	[nowo'branɛʦ]
voluntário (m)	доброволець (ч)	[dobro'wɔlɛʦ]
morto (m)	убитий (ч)	[u'bitij]
ferido (m)	поранений (ч)	[po'ranɛnij]
prisioneiro (m) de guerra	полонений (ч)	[polo'nɛnij]

155. Guerra. Ações militares. Parte 1

guerra (f)	війна (ж)	[wij'na]
guerrear (vt)	воювати	[wo'u'wati]
guerra (f) civil	громадянська війна (ж)	[ɦroma'dʲansʲka wij'na]
perfidamente	віроломно	[wiro'lɔmno]

declaração (f) de guerra	оголошення (с) війни	[oɦo'lɔʃɛnʲa wij'nɨ]
declarar guerra	оголосити	[oɦolo'sɨti]
agressão (f)	агресія (ж)	[aɦ'rɛsʲʲa]
atacar (vt)	нападати	[napa'dati]

invadir (vt)	захоплювати	[za'ɦoplʲuwati]
invasor (m)	загарбник (ч)	[za'ɦarbnɨk]
conquistador (m)	завойовник (ч)	[zawo'jɔwnɨk]

defesa (f)	оборона (ж)	[obo'rɔna]
defender (vt)	обороняти	[oboro'nʲati]
defender-se (vr)	оборонятися	[oboro'nʲatisʲa]

inimigo (m)	ворог (ч)	['wɔroɦ]
adversário (m)	супротивник (ч)	[supro'tɨwnɨk]
inimigo (adj)	ворожий	[wo'rɔʒɨj]

| estratégia (f) | стратегія (ж) | [stra'tɛɦʲʲa] |
| tática (f) | тактика (ж) | ['taktika] |

ordem (f)	наказ (ч)	[na'kaz]
comando (m)	команда (ж)	[ko'manda]
ordenar (vt)	наказувати	[na'kazuwati]
missão (f)	завдання (с)	[zaw'danʲa]
secreto (adj)	таємний	[ta'ɛmnij]

| batalha (f) | битва (ж) | ['bɨtwa] |
| combate (m) | бій (ч) | [bij] |

ataque (m)	атака (ж)	[a'taka]
assalto (m)	штурм (ч)	[ʃturm]
assaltar (vt)	штурмувати	[ʃturmu'wati]
assédio, sítio (m)	облога (ж)	[ob'lɔɦa]

| ofensiva (f) | наступ (ч) | ['nastup] |
| tomar à ofensiva | наступати | [nastu'pati] |

| retirada (f) | відступ (ч) | ['widstup] |
| retirar-se (vr) | відступати | [widstu'pati] |

| cerco (m) | оточення (с) | [o'tɔtʃɛnʲa] |
| cercar (vt) | оточувати | [o'tɔtʃuwati] |

bombardeio (m)	бомбардування (с)	[bombardu'wanʲa]
lançar uma bomba	скинути бомбу	['skɨnutɨ 'bɔmbu]
bombardear (vt)	бомбардувати	[bombardu'wati]
explosão (f)	вибух (ч)	['wɨbuh]

tiro (m)	постріл (ч)	['pɔstril]
dar um tiro	вистрілити	['wɨstrilɨti]
tiroteio (m)	стрілянина (ж)	[strilʲa'nɨna]

apontar para ...	цілитися	['tsilitisʲa]
apontar (vt)	навести	[na'wɛsti]
acertar (vt)	влучити	['wlutʃiti]
afundar (~ um navio, etc.)	потопити	[poto'pɨti]

brecha (f)	пробоїна (ж)	[pro'bɔjina]
afundar-se (vr)	йти на дно	[jtɨ na dno]
frente (m)	фронт (ч)	[front]
evacuação (f)	евакуація (ж)	[ɛwakuˈatsiʲa]
evacuar (vt)	евакуювати	[ɛwakuʲuˈwatɨ]
trincheira (f)	окоп (ч), траншея (ж)	[oˈkɔp], [tranˈʃɛʲa]
arame (m) enfarpado	колючий дріт (ч)	[koˈlʲutʃɨj drit]
barreira (f) anti-tanque	загородження (с)	[zaɦoˈrɔdʒɛnʲa]
torre (f) de vigia	вишка (ж)	[ˈwiʃka]
hospital (m) militar	шпиталь (ч)	[ʃpɨˈtalʲ]
ferir (vt)	поранити	[poˈranitɨ]
ferida (f)	рана (ж)	[ˈrana]
ferido (m)	поранений (ч)	[poˈranɛnɨj]
ficar ferido	отримати поранення	[otˈrimatɨ poˈranɛnʲa]
grave (ferida ~)	важкий	[waʒˈkij]

156. Armas

arma (f)	зброя (ж)	[ˈzbrɔʲa]
arma (f) de fogo	вогнепальна зброя (ж)	[woɦnɛˈpalʲna ˈzbrɔʲa]
arma (f) branca	холодна зброя (ж)	[hoˈlɔdna ˈzbrɔʲa]
arma (f) química	хімічна зброя (ж)	[hiˈmitʃna ˈzbrɔʲa]
nuclear (adj)	ядерний	[ˈʲadɛrnɨj]
arma (f) nuclear	ядерна зброя (ж)	[ˈʲadɛrna ˈzbrɔʲa]
bomba (f)	бомба (ж)	[ˈbɔmba]
bomba (f) atômica	атомна бомба (ж)	[ˈatomna ˈbɔmba]
pistola (f)	пістолет (ч)	[pistoˈlɛt]
rifle (m)	рушниця (ж)	[ruʃˈnɨtsʲa]
semi-automática (f)	автомат (ч)	[awtoˈmat]
metralhadora (f)	кулемет (ч)	[kulɛˈmɛt]
boca (f)	дуло (с)	[ˈdulo]
cano (m)	ствол (ч)	[stwol]
calibre (m)	калібр (ч)	[kaˈlibr]
gatilho (m)	курок (ч)	[kuˈrɔk]
mira (f)	приціл (ч)	[priˈtsil]
carregador (m)	магазин (ч)	[maɦaˈzɨn]
coronha (f)	приклад (ч)	[prikˈlad]
granada (f) de mão	граната (ж)	[ɦraˈnata]
explosivo (m)	вибухівка (ж)	[wɨbuˈhiwka]
bala (f)	куля (ж)	[ˈkulʲa]
cartucho (m)	патрон (ч)	[patˈrɔn]
carga (f)	заряд (ч)	[zaˈrʲad]
munições (f pl)	боєприпаси (мн)	[boєpriˈpasɨ]
bombardeiro (m)	бомбардувальник (ч)	[bombarduˈwalʲnik]

| avião (m) de caça | винищувач (ч) | [wi'niɕuwatʃ] |
| helicóptero (m) | вертоліт (ч) | [wɛrto'lit] |

canhão (m) antiaéreo	зенітка (ж)	[zɛ'nitka]
tanque (m)	танк (ч)	[tank]
canhão (de um tanque)	гармата (ж)	[ɦar'mata]

artilharia (f)	артилерія (ж)	[arti'lɛriʲa]
canhão (m)	гармата (ж)	[ɦar'mata]
fazer a pontaria	навести	[na'wɛsti]

morteiro (m)	міномет (ч)	[mino'mɛt]
granada (f) de morteiro	міна (ж)	['mina]
projétil (m)	снаряд (ч)	[sna'rʲad]
estilhaço (m)	осколок (ч)	[os'kɔlok]

submarino (m)	підводний човен (ч)	[pid'wɔdnij 'tʃɔwɛn]
torpedo (m)	торпеда (ж)	[tor'pɛda]
míssil (m)	ракета (ж)	[ra'kɛta]

carregar (uma arma)	заряджати	[zarʲa'dʒati]
disparar, atirar (vi)	стріляти	[stri'lʲati]
apontar para ...	цілитися	['tsilitisʲa]
baioneta (f)	багнет (ч)	[baɦ'nɛt]

espada (f)	шпага (ж)	['ʃpaɦa]
sabre (m)	шабля (ж)	['ʃablʲa]
lança (f)	спис (ч)	[spis]
arco (m)	лук (ч)	[luk]
flecha (f)	стріла (ж)	[stri'la]
mosquete (m)	мушкет (ч)	[muʃ'kɛt]
besta (f)	арбалет (ч)	[arba'lɛt]

157. Povos da antiguidade

primitivo (adj)	первісний	[pɛr'wisnij]
pré-histórico (adj)	доісторичний	[doisto'ritʃnij]
antigo (adj)	стародавній	[staro'dawnij]

Idade (f) da Pedra	Кам'яний вік (ч)	[kamʲʲa'nij wik]
Idade (f) do Bronze	Бронзовий вік (ч)	['brɔnzowij wik]
Era (f) do Gelo	льодовиковий період (ч)	[lʲodowi'kɔwij pɛ'riod]

tribo (f)	плем'я (с)	['plɛmʲʲa]
canibal (m)	людоїд (ч)	[lʲudo'jid]
caçador (m)	мисливець (ч)	[mis'liwɛts]
caçar (vi)	полювати	[polʲu'wati]
mamute (m)	мамонт (ч)	['mamont]

caverna (f)	печера (ж)	[pɛ'tʃera]
fogo (m)	вогонь (ч)	[wo'ɦɔnʲ]
fogueira (f)	багаття (с)	[ba'ɦattʲa]
pintura (f) rupestre	наскальний малюнок (ч)	[na'skalʲnij ma'lʲunok]
ferramenta (f)	знаряддя (с) праці	[zna'rʲaddʲa 'pratsi]

lança (f)	спис (ч)	[spis]
machado (m) de pedra	кам'яна сокира (ж)	[kamʲa'na so'kira]
guerrear (vt)	воювати	[woʲu'wati]
domesticar (vt)	приручати	[priru'ʧati]
ídolo (m)	ідол (ч)	['idol]
adorar, venerar (vt)	поклонятися	[poklo'nʲatisʲa]
superstição (f)	забобони (мн)	[zabo'bɔnі]
ritual (m)	обряд, ритуал (ч)	[ob'rʲad], [ritu'al]
evolução (f)	еволюція (ж)	[ɛwo'lʲuʦіʲa]
desenvolvimento (m)	розвиток (ч)	['rɔzwitok]
extinção (f)	зникнення (с)	['zniknɛnʲa]
adaptar-se (vr)	пристосовуватися	[pristosowu'watisʲa]
arqueologia (f)	археологія (ж)	[arhɛo'lɔhіʲa]
arqueólogo (m)	археолог (ч)	[arhɛ'ɔloh]
arqueológico (adj)	археологічний	[arhɛolo'hіʧnіj]
escavação (sítio)	розкопки (мн)	[roz'kɔpki]
escavações (f pl)	розкопки (мн)	[roz'kɔpki]
achado (m)	знахідка (ж)	[zna'hidka]
fragmento (m)	фрагмент (ч)	[frah'mɛnt]

158. Idade média

povo (m)	народ (ч)	[na'rɔd]
povos (m pl)	народи (мн)	[na'rɔdi]
tribo (f)	плем'я (с)	['plɛmʲa]
tribos (f pl)	племена (мн)	[plɛmɛ'na]
bárbaros (pl)	варвари (мн)	['warwari]
galeses (pl)	гали (ч)	['hali]
godos (pl)	готи (мн)	['hɔti]
eslavos (pl)	слов'яни (мн)	[slo'wʲani]
viquingues (pl)	вікінги (мн)	['wikinhi]
romanos (pl)	римляни (мн)	[rim'lʲani]
romano (adj)	Римський Папа	['rimsʲkij 'papa]
bizantinos (pl)	візантійці (мн)	[wizan'tijʦi]
Bizâncio	Візантія (ж)	[wizan'tiʲa]
bizantino (adj)	візантійський	[wizan'tijsʲkij]
imperador (m)	імператор (ч)	[impɛ'rator]
líder (m)	вождь (ч)	[woʒdʲ]
poderoso (adj)	могутній	[mo'hutnij]
rei (m)	король (ч)	[ko'rɔlʲ]
governante (m)	правитель (ч)	[pra'witɛlʲ]
cavaleiro (m)	лицар (ч)	['liʦar]
senhor feudal (m)	феодал (ч)	[fɛo'dal]
feudal (adj)	феодальний	[fɛo'dalʲnij]
vassalo (m)	васал (ч)	[wa'sal]

duque (m)	герцог (ч)	['ɦɛrtsoɦ]
conde (m)	граф (ч)	[ɦraf]
barão (m)	барон (ч)	[ba'rɔn]
bispo (m)	єпископ (ч)	[ɛ'pɪskɔp]

armadura (f)	лати (мн)	['latɪ]
escudo (m)	щит (ч)	[ɕɪt]
espada (f)	меч (ч)	[mɛtʃ]
viseira (f)	забрало (с)	[za'bralo]
cota (f) de malha	кольчуга (ж)	[kolʲ'tʃuɦa]

cruzada (f)	хрестовий похід (ч)	[hrɛs'tɔwɪj po'hid]
cruzado (m)	хрестоносець (ч)	[hrɛsto'nɔsɛts]

território (m)	територія (ж)	[tɛri'tɔriʲa]
atacar (vt)	нападати	[napa'datɪ]
conquistar (vt)	завоювати	[zawoʲu'watɪ]
ocupar, invadir (vt)	захопити	[zaho'pɪtɪ]

assédio, sítio (m)	облога (ж)	[ob'lɔɦa]
sitiado (adj)	обложений	[ob'lɔʒɛnɪj]
assediar, sitiar (vt)	облягати	[oblʲa'ɦatɪ]

inquisição (f)	інквізиція (ж)	[inkwi'zɪtsiʲa]
inquisidor (m)	інквізитор (ч)	[inkwi'zɪtor]
tortura (f)	катування (с)	[katu'wanʲa]
cruel (adj)	жорстокий	[ʒor'stɔkɪj]
herege (m)	єретик (ч)	[ɛ'rɛtik]
heresia (f)	єресь (ж)	['ɛrɛsʲ]

navegação (f) marítima	мореплавання (с)	[morɛ'plawanʲa]
pirata (m)	пірат (ч)	[pi'rat]
pirataria (f)	піратство (с)	[pi'ratstwo]
abordagem (f)	абордаж (ч)	[abor'daʒ]
presa (f), butim (m)	здобич (ж)	['zdɔbɪtʃ]
tesouros (m pl)	скарби (мн)	[skar'bɪ]

descobrimento (m)	відкриття (с)	[widkrit'tʲa]
descobrir (novas terras)	відкрити	[wid'krɪtɪ]
expedição (f)	експедиція (ж)	[ɛkspɛ'dɪtsiʲa]

mosqueteiro (m)	мушкетер (ч)	[muʃkɛ'tɛr]
cardeal (m)	кардинал (ч)	[kardi'nal]
heráldica (f)	геральдика (ж)	[ɦɛ'ralʲdika]
heráldico (adj)	геральдичний	[ɦɛralʲ"ditʃnɪj]

159. Líder. Chefe. Autoridades

rei (m)	король (ч)	[ko'rɔlʲ]
rainha (f)	королева (ж)	[koro'lɛwa]
real (adj)	королівський	[koro'liwsʲkɪj]
reino (m)	королівство (с)	[koro'liwstwo]
príncipe (m)	принц (ч)	[prɪnts]
princesa (f)	принцеса (ж)	[prɪn'tsɛsa]

presidente (m)	президент (ч)	[prɛziˈdɛnt]
vice-presidente (m)	віце-президент (ч)	[ˈwitsɛ prɛziˈdɛnt]
senador (m)	сенатор (ч)	[sɛˈnator]

monarca (m)	монарх (ч)	[moˈnarh]
governante (m)	правитель (ч)	[praˈwitɛlʲ]
ditador (m)	диктатор (ч)	[dikˈtator]
tirano (m)	тиран (ч)	[tiˈran]
magnata (m)	магнат (ч)	[mahˈnat]

diretor (m)	директор (ч)	[diˈrɛktor]
chefe (m)	шеф (ч)	[ʃɛf]
gerente (m)	керівник (ч)	[kɛriwˈnik]
patrão (m)	бос (ч)	[bos]
dono (m)	господар (ч)	[hosˈpɔdar]

líder (m)	вождь (ч), лідер (ч)	[woʒdʲ], [ˈlidɛr]
chefe (m)	голова (ж)	[holoˈwa]
autoridades (f pl)	влада (ж)	[ˈwlada]
superiores (m pl)	керівництво (с)	[kɛriwˈnitstwo]

governador (m)	губернатор (ч)	[hubɛrˈnator]
cônsul (m)	консул (ч)	[ˈkɔnsul]
diplomata (m)	дипломат (ч)	[diploˈmat]
Presidente (m) da Câmara	мер (ч)	[mɛr]
xerife (m)	шериф (ч)	[ʃɛˈrif]

imperador (m)	імператор (ч)	[impɛˈrator]
czar (m)	цар (ч)	[tsar]
faraó (m)	фараон (ч)	[faraˈɔn]
cã, khan (m)	хан (ч)	[han]

160. Violação da lei. Criminosos. Parte 1

bandido (m)	бандит (ч)	[banˈdit]
crime (m)	злочин (ч)	[ˈzlɔtʃin]
criminoso (m)	злочинець (ч)	[zloˈtʃinɛts]

ladrão (m)	злодій (ч)	[ˈzlɔdij]
roubar (vt)	красти	[ˈkrasti]
roubo (atividade)	викрадення (с)	[ˈwikradɛnʲa]
furto (m)	крадіжка (ж)	[kraˈdiʒka]

raptar, sequestrar (vt)	викрасти	[ˈwikrasti]
sequestro (m)	викрадення (с)	[ˈwikradɛnʲa]
sequestrador (m)	викрадач (ч)	[wikraˈdatʃ]

| resgate (m) | викуп (ч) | [ˈwikup] |
| pedir resgate | вимагати викуп | [wimaˈhati ˈwikup] |

roubar (vt)	грабувати	[hrabuˈwati]
assalto, roubo (m)	пограбування (с), грабіж (ч)	[pohrabuˈwanʲa], [hraˈbiʒ]
assaltante (m)	грабіжник (ч)	[hraˈbiʒnik]
extorquir (vt)	вимагати	[wimaˈhati]

extorsionário (m)	вимагач (ч)	[wima'hatʃ]
extorsão (f)	вимагання (c)	[wima'hanʲa]
matar, assassinar (vt)	вбити	['wbiti]
homicídio (m)	вбивство (c)	['wbiwstwo]
homicida, assassino (m)	вбивця (ч)	['wbiwtsʲa]
tiro (m)	постріл (ч)	['postril]
dar um tiro	вистрілити	['wistriliti]
matar a tiro	застрелити	[za'strɛliti]
disparar, atirar (vi)	стріляти	[stri'lʲati]
tiroteio (m)	стрілянина (ж)	[strilʲa'nina]
incidente (m)	подія (ж)	[po'diʲa]
briga (~ de rua)	бійка (ж)	['bijka]
Socorro!	Допоможіть! Врятуйте!	[dopomo'ʒitʲ], [wrʲa'tujtɛ!]
vítima (f)	жертва (ж)	['ʒɛrtwa]
danificar (vt)	пошкодити	[poʃ'kɔditi]
dano (m)	шкода (ж)	['ʃkɔda]
cadáver (m)	труп (ч)	[trup]
grave (adj)	тяжкий	[tʲaʒ'kij]
atacar (vt)	напасти	[na'pasti]
bater (espancar)	бити	['biti]
espancar (vt)	побити	[po'biti]
tirar, roubar (dinheiro)	відібрати	[widi'brati]
esfaquear (vt)	зарізати	[za'rizati]
mutilar (vt)	покалічити	[poka'litʃiti]
ferir (vt)	поранити	[po'raniti]
chantagem (f)	шантаж (ч)	[ʃan'taʒ]
chantagear (vt)	шантажувати	[ʃantaʒu'wati]
chantagista (m)	шантажист (ч)	[ʃanta'ʒist]
extorsão (f)	рекет (ч)	['rɛkɛt]
extorsionário (m)	рекетир (ч)	[rɛkɛ'tir]
gângster (m)	гангстер (ч)	['hanɦstɛr]
máfia (f)	мафія (ж)	['mafiʲa]
punguista (m)	кишеньковий злодій (ч)	[kiʃɛnʲ'kɔwij 'zlɔdij]
assaltante, ladrão (m)	зломщик (ч)	['zlɔmɕik]
contrabando (m)	контрабанда (ж)	[kontra'banda]
contrabandista (m)	контрабандист (ч)	[kontraban'dist]
falsificação (f)	підробка (ж)	[pid'rɔbka]
falsificar (vt)	підробляти	[pidrob'lʲati]
falsificado (adj)	фальшивий	[falʲ'ʃiwij]

161. Violação da lei. Criminosos. Parte 2

estupro (m)	зґвалтування (c)	[zgwaltu'wanʲa]
estuprar (vt)	зґвалтувати	[zgwaltu'wati]
estuprador (m)	ґвалтівник (ч)	[gwaltiw'nik]

maníaco (m)	маніяк (ч)	[mani'ʲak]
prostituta (f)	проститутка (ж)	[prosti'tutka]
prostituição (f)	проституція (ж)	[prosti'tutsiʲa]
cafetão (m)	сутенер (ч)	[sutɛ'nɛr]

| drogado (m) | наркоман (ч) | [narko'man] |
| traficante (m) | наркоторговець (ч) | [narkotor'hɔwɛts] |

explodir (vt)	підірвати	[pidir'wati]
explosão (f)	вибух (ч)	['wɨbuh]
incendiar (vt)	підпалити	[pidpa'liti]
incendiário (m)	підпалювач (ч)	[pid'palʲuwatʃ]

terrorismo (m)	тероризм (ч)	[tɛro'rizm]
terrorista (m)	терорист (ч)	[tɛro'rist]
refém (m)	заручник (ч)	[za'rutʃnik]

enganar (vt)	обманути	[obma'nuti]
engano (m)	обман (ч)	[ob'man]
vigarista (m)	шахрай (ч)	[ʃah'raj]

subornar (vt)	підкупити	[pidku'piti]
suborno (atividade)	підкуп (ч)	['pidkup]
suborno (dinheiro)	хабар (ч)	[ha'bar]

veneno (m)	отрута (ж)	[ot'ruta]
envenenar (vt)	отруїти	[otru'jiti]
envenenar-se (vr)	отруїтись	[otru'jitisʲ]

| suicídio (m) | самогубство (с) | [samo'ɦubstwo] |
| suicida (m) | самогубець (ч) | [samo'ɦubɛtsʲ] |

ameaçar (vt)	погрожувати	[poɦ'rɔʒuwati]
ameaça (f)	погроза (ж)	[poɦ'rɔza]
atentar contra a vida de ...	вчинити замах	[wtʃi'niti 'zamah]
atentado (m)	замах (ч)	['zamah]

| roubar (um carro) | украсти | [uk'rasti] |
| sequestrar (um avião) | викрасти | ['wɨkrasti] |

| vingança (f) | помста (ж) | ['pɔmsta] |
| vingar (vt) | мстити | ['mstiti] |

torturar (vt)	катувати	[katu'wati]
tortura (f)	катування (с)	[katu'wanʲa]
atormentar (vt)	мучити	['mutʃiti]

pirata (m)	пірат (ч)	[pi'rat]
desordeiro (m)	хуліган (ч)	[huli'han]
armado (adj)	озброєний	[oz'brɔɛnij]

| violência (f) | насильство (с) | [na'silʲstwo] |
| ilegal (adj) | нелегальний | [nɛlɛ'halʲnij] |

| espionagem (f) | шпигунство (с) | [ʃpi'ɦunstwo] |
| espionar (vi) | шпигувати | [ʃpiɦu'wati] |

162. Polícia. Lei. Parte 1

justiça (sistema de ~)	правосуддя (c)	[prawo'sudd¹a]
tribunal (m)	суд (ч)	[sud]
juiz (m)	суддя (ч)	[sud¹d¹a]
jurados (m pl)	присяжні (мн)	[pri's¹aʒni]
tribunal (m) do júri	суд (ч) присяжних	[sud pri's¹aʒnih]
julgar (vt)	судити	[su'diti]
advogado (m)	адвокат (ч)	[adwo'kat]
réu (m)	підсудний (ч)	[pid'sudnij]
banco (m) dos réus	лава (ж) підсудних	['lawa pid'sudnih]
acusação (f)	обвинувачення (c)	[obwinu'watʃɛn¹a]
acusado (m)	обвинувачений (ч)	[obwinu'watʃɛnij]
sentença (f)	вирок (ч)	['wirok]
sentenciar (vt)	присудити	[prisu'diti]
culpado (m)	винуватець (ч)	[winu'watɛts]
punir (vt)	покарати	[poka'rati]
punição (f)	покарання (c)	[poka'ran¹a]
multa (f)	штраф (ч)	[ʃtraf]
prisão (f) perpétua	довічне ув'язнення (c)	[do'witʃnɛ u'w²¹aznɛn¹a]
pena (f) de morte	смертна кара (ж)	['smɛrtna 'kara]
cadeira (f) elétrica	електричний стілець (ч)	[ɛlɛkt'ritʃnij sti'lɛts]
forca (f)	шибениця (ж)	['ʃibɛnits¹a]
executar (vt)	стратити	['stratiti]
execução (f)	страта (ж)	['strata]
prisão (f)	в'язниця (ж)	[w²¹az'nits¹a]
cela (f) de prisão	камера (ж)	['kamɛra]
escolta (f)	конвой (ч)	[kon'wɔj]
guarda (m) prisional	наглядач (ч)	[naɦl¹a'datʃ]
preso, prisioneiro (m)	в'язень (ч)	['w²¹azɛn¹]
algemas (f pl)	наручники (мн)	[na'rutʃniki]
algemar (vt)	надіти наручники	[na'diti na'rutʃniki]
fuga, evasão (f)	втеча (ж)	['wtɛtʃa]
fugir (vi)	утекти	[utɛk'ti]
desaparecer (vi)	зникнути	['zniknuti]
soltar, libertar (vt)	звільнити	[zwil¹'niti]
anistia (f)	амністія (ж)	[am'nisti¹a]
polícia (instituição)	поліція (ж)	[po'litsi¹a]
polícia (m)	поліцейський (ч)	[poli'tsɛjs¹kij]
delegacia (f) de polícia	поліцейський відділок (ч)	[poli'tsɛjs¹kij 'widdilok]
cassetete (m)	гумовий кийок (ч)	['ɦumowij ki'jɔk]
megafone (m)	рупор (ч)	['rupor]
carro (m) de patrulha	патрульна машина (ж)	[pat'rul¹na ma'ʃina]

sirene (f)	сирена (ж)	[si'rɛna]
ligar a sirene	увімкнути сирену	[uwimk'nutɨ si'rɛnu]
toque (m) da sirene	виття (c) сирени	[wit'tʲa si'rɛnɨ]

cena (f) do crime	місце (c) події	['mistsɛ po'dijɨ]
testemunha (f)	свідок (ч)	['swidok]
liberdade (f)	воля (ж)	['wolʲa]
cúmplice (m)	спільник (ч)	['spilʲnɨk]
escapar (vi)	зникнути	['znɨknutɨ]
traço (não deixar ~s)	слід (ч)	[slid]

163. Polícia. Lei. Parte 2

procura (f)	розшук (ч)	['rozʃuk]
procurar (vt)	розшукувати	[roz'ʃukuwatɨ]
suspeita (f)	підозра (ж)	[pi'dɔzra]
suspeito (adj)	підозрілий	[pido'zrilɨj]
parar (veículo, etc.)	зупинити	[zupɨ'nitɨ]
deter (fazer parar)	затримати	[za'trimatɨ]

caso (~ criminal)	справа (ж)	['sprawa]
investigação (f)	розслідування (c)	[roz'sliduwanʲa]
detetive (m)	детектив (ч)	[dɛtɛk'tiw]
investigador (m)	слідчий (ч)	['slidtʃij]
versão (f)	версія (ж)	['wɛrsiʲa]

motivo (m)	мотив (ч)	[mo'tiw]
interrogatório (m)	допит (ч)	['dɔpɨt]
interrogar (vt)	допитувати	[do'pɨtuwatɨ]
questionar (vt)	опитувати	[o'pɨtuwatɨ]
verificação (f)	перевірка (ж)	[pɛrɛ'wirka]

batida (f) policial	облава (ж)	[ob'lawa]
busca (f)	обшук (ч)	['ɔbʃuk]
perseguição (f)	погоня (ж)	[po'ɦonʲa]
perseguir (vt)	переслідувати	[pɛrɛs'liduwatɨ]
seguir, rastrear (vt)	слідкувати	[slidku'watɨ]

prisão (f)	арешт (ч)	[a'rɛʃt]
prender (vt)	заарештувати	[zaarɛʃtu'watɨ]
pegar, capturar (vt)	спіймати	[spij'matɨ]
captura (f)	затримання (c)	[za'trimanʲa]

documento (m)	документ (ч)	[doku'mɛnt]
prova (f)	доказ (ч)	['dɔkaz]
provar (vt)	доводити	[do'wɔdɨtɨ]
pegada (f)	слід (ч)	[slid]
impressões (f pl) digitais	відбитки (мн) пальців	[wid'bɨtkɨ 'palʲtsiw]
prova (f)	доказ (ч)	['dɔkaz]

álibi (m)	алібі (c)	['alibi]
inocente (adj)	невинний	[nɛ'wɨnɨj]
injustiça (f)	несправедливість (ж)	[nɛsprawɛd'lɨwistʲ]
injusto (adj)	несправедливий	[nɛsprawɛd'lɨwɨj]

criminal (adj)	кримінальний	[krimi'nalʲnij]
confiscar (vt)	конфіскувати	[konfisku'wati]
droga (f)	наркотик (ч)	[nar'kɔtik]
arma (f)	зброя (ж)	['zbrɔʲa]
desarmar (vt)	обеззброїти	[obɛz'zbrɔjiti]
ordenar (vt)	наказувати	[na'kazuwati]
desaparecer (vi)	зникнути	['zniknuti]
lei (f)	закон (ч)	[za'kɔn]
legal (adj)	законний	[za'kɔnij]
ilegal (adj)	незаконний	[nɛza'kɔnij]
responsabilidade (f)	відповідальність (ж)	[widpowi'dalʲnistʲ]
responsável (adj)	відповідальний	[widpowi'dalʲnij]

NATUREZA

A Terra. Parte 1

164. Espaço sideral

espaço, cosmo (m)	космос (ч)	['kɔsmos]
espacial, cósmico (adj)	космічний	[kos'mitʃnij]
espaço (m) cósmico	космічний простір (ч)	[kos'mitʃnij 'prɔstir]
mundo (m)	світ (ч)	[swit]
universo (m)	всесвіт (ч)	['wsɛswit]
galáxia (f)	галактика (ж)	[ħa'laktika]
estrela (f)	зірка (ж)	['zirka]
constelação (f)	сузір'я (с)	[su'zirʲia]
planeta (m)	планета (ж)	[pla'nɛta]
satélite (m)	супутник (ч)	[su'putnik]
meteorito (m)	метеорит (ч)	[mɛtɛo'rit]
cometa (m)	комета (ж)	[ko'mɛta]
asteroide (m)	астероїд (ч)	[astɛ'rɔjid]
órbita (f)	орбіта (ж)	[or'bita]
girar (vi)	обертатися	[obɛr'tatisʲa]
atmosfera (f)	атмосфера (ж)	[atmos'fɛra]
Sol (m)	Сонце (с)	['sɔntsɛ]
Sistema (m) Solar	Сонячна система (ж)	['sɔnʲatʃna sis'tɛma]
eclipse (m) solar	сонячне затемнення (с)	['sɔnʲatʃnɛ za'tɛmnɛnʲa]
Terra (f)	Земля (ж)	[zɛm'lʲa]
Lua (f)	Місяць (ж)	['misʲatʲs]
Marte (m)	Марс (ч)	[mars]
Vênus (f)	Венера (ж)	[wɛ'nɛra]
Júpiter (m)	Юпітер (ч)	[ʲu'pitɛr]
Saturno (m)	Сатурн (ч)	[sa'turn]
Mercúrio (m)	Меркурій (ч)	[mɛr'kurij]
Urano (m)	Уран (ч)	[u'ran]
Netuno (m)	Нептун (ч)	[nɛp'tun]
Plutão (m)	Плутон (ч)	[plu'tɔn]
Via Láctea (f)	Чумацький Шлях (ч)	[tʃu'matskij ʃlʲah]
Ursa Maior (f)	Велика Ведмедиця (ж)	[wɛ'lika wɛd'mɛditsʲa]
Estrela Polar (f)	Полярна Зірка (ж)	[po'lʲarna 'zirka]
marciano (m)	марсіанин (ч)	[marsi'anin]
extraterrestre (m)	інопланетянин (ч)	[inoplanɛ'tʲanin]

alienígena (m)	прибулець (ч)	[pri'bulɛts]
disco (m) voador	літаюча тарілка (ж)	[li'taʲutʃa ta'rilka]
espaçonave (f)	космічний корабель (ч)	[kos'mitʃnij kora'bɛlʲ]
estação (f) orbital	орбітальна станція (ж)	[orbi'talʲna 'stantsiʲa]
lançamento (m)	старт (ч)	[start]
motor (m)	двигун (ч)	[dwi'ɦun]
bocal (m)	сопло (с)	['sɔplo]
combustível (m)	паливо (с)	['palɨwo]
cabine (f)	кабіна (ж)	[ka'bina]
antena (f)	антена (ж)	[an'tɛna]
vigia (f)	ілюмінатор (ч)	[ilʲumi'nator]
bateria (f) solar	сонячна батарея (ж)	['sɔnʲatʃna bata'rɛʲa]
traje (m) espacial	скафандр (ч)	[ska'fandr]
imponderabilidade (f)	невагомість (ж)	[nɛwa'ɦɔmistʲ]
oxigênio (m)	кисень (ч)	['kɨsɛnʲ]
acoplagem (f)	стикування (с)	[stɨku'wanʲa]
fazer uma acoplagem	здійснювати стикування	['zdijsnʲuwatɨ stɨku'wanʲa]
observatório (m)	обсерваторія (ж)	[obsɛrwa'tɔriʲa]
telescópio (m)	телескоп (ч)	[tɛlɛ'skɔp]
observar (vt)	спостерігати	[spostɛri'ɦatɨ]
explorar (vt)	досліджувати	[do'slidʒuwatɨ]

165. A Terra

Terra (f)	Земля (ж)	[zɛm'lʲa]
globo terrestre (Terra)	земна куля (ж)	[zɛm'na 'kulʲa]
planeta (m)	планета (ж)	[pla'nɛta]
atmosfera (f)	атмосфера (ж)	[atmos'fɛra]
geografia (f)	географія (ж)	[ɦɛo'ɦrafiʲa]
natureza (f)	природа (ж)	[pri'rɔda]
globo (mapa esférico)	глобус (ч)	['ɦlɔbus]
mapa (m)	карта (ж)	['karta]
atlas (m)	атлас (ч)	['atlas]
Europa (f)	Європа (ж)	[ɛw'rɔpa]
Ásia (f)	Азія (ж)	['aziʲa]
África (f)	Африка (ж)	['afrika]
Austrália (f)	Австралія (ж)	[aw'straliʲa]
América (f)	Америка (ж)	[a'mɛrika]
América (f) do Norte	Північна Америка (ж)	[piw'nitʃna a'mɛrika]
América (f) do Sul	Південна Америка (ж)	[piw'dɛna a'mɛrika]
Antártida (f)	Антарктида (ж)	[antark'tida]
Ártico (m)	Арктика (ж)	['arktika]

166. Pontos cardeais

norte (m)	північ (ж)	['piwnitʃ]
para norte	на північ	[na 'piwnitʃ]
no norte	на півночі	[na 'piwnotʃi]
do norte (adj)	північний	[piw'nitʃnij]
sul (m)	південь (ч)	['piwdɛnʲ]
para sul	на південь	[na 'piwdɛnʲ]
no sul	на півдні	[na 'piwdni]
do sul (adj)	південний	[piw'dɛnij]
oeste, ocidente (m)	захід (ч)	['zahid]
para oeste	на захід	[na 'zahid]
no oeste	на заході	[na 'zahodi]
ocidental (adj)	західний	['zahidnij]
leste, oriente (m)	схід (ч)	[shid]
para leste	на схід	[na 'shid]
no leste	на сході	[na 'shɔdi]
oriental (adj)	східний	['shidnij]

167. Mar. Oceano

mar (m)	море (с)	['mɔrɛ]
oceano (m)	океан (ч)	[okɛ'an]
golfo (m)	затока (ж)	[za'tɔka]
estreito (m)	протока (ж)	[pro'tɔka]
terra (f) firme	земля, суша (ж)	[zɛm'lʲa], ['suʃa]
continente (m)	материк (ч)	[matɛ'rik]
ilha (f)	острів (ч)	['ɔstriw]
península (f)	півострів (ч)	[pi'wɔstriw]
arquipélago (m)	архіпелаг (ч)	[arhipɛ'laɦ]
baía (f)	бухта (ж)	['buhta]
porto (m)	гавань (ж)	['ɦawanʲ]
lagoa (f)	лагуна (ж)	[la'ɦuna]
cabo (m)	мис (ч)	[mis]
atol (m)	атол (ч)	[a'tɔl]
recife (m)	риф (ч)	[rif]
coral (m)	корал (ч)	[ko'ral]
recife (m) de coral	кораловий риф (ч)	[ko'ralowij rif]
profundo (adj)	глибокий	[ɦli'bɔkij]
profundidade (f)	глибина (ж)	[ɦlibi'na]
abismo (m)	безодня (ж)	[bɛ'zɔdnʲa]
fossa (f) oceânica	западина (ж)	[za'padina]
corrente (f)	течія (ж)	['tɛtʃiʲa]
banhar (vt)	омивати	[omiʲwati]
litoral (m)	берег (ч)	['bɛrɛɦ]

costa (f)	узбережжя (c)	[uzbɛ'rɛzʲa]
maré (f) alta	приплив (ч)	[prip'lʲiw]
refluxo (m)	відлив (ч)	[wid'lʲiw]
restinga (f)	мілина (ж)	[milʲi'na]
fundo (m)	дно (c)	[dno]
onda (f)	хвиля (ж)	['hwilʲa]
crista (f) da onda	гребінь (ч) хвилі	['hrɛbinʲ 'hwili]
espuma (f)	піна (ж)	[pi'na]
tempestade (f)	буря (ж)	['burʲa]
furacão (m)	ураган (ч)	[uraɦan]
tsunami (m)	цунамі (c)	[tsu'nami]
calmaria (f)	штиль (ч)	[ʃtilʲ]
calmo (adj)	спокійний	[spo'kijnij]
polo (m)	полюс (ч)	['polʲus]
polar (adj)	полярний	[po'lʲarnij]
latitude (f)	широта (ж)	[ʃiro'ta]
longitude (f)	довгота (ж)	[dowɦo'ta]
paralela (f)	паралель (ж)	[para'lɛlʲ]
equador (m)	екватор (ч)	[ɛk'wator]
céu (m)	небо (c)	['nɛbo]
horizonte (m)	горизонт (ч)	[ɦori'zɔnt]
ar (m)	повітря (c)	[po'witrʲa]
farol (m)	маяк (ч)	[ma'ʲak]
mergulhar (vi)	пірнати	[pir'nati]
afundar-se (vr)	затонути	[zato'nuti]
tesouros (m pl)	скарби (мн)	[skar'bi]

168. Montanhas

montanha (f)	гора (ж)	[ɦo'ra]
cordilheira (f)	гірський ланцюг (ч)	[ɦirsʲ'kij lan'tsʲuɦ]
serra (f)	гірський хребет (ч)	[ɦirsʲ'kij hrɛ'bɛt]
cume (m)	вершина (ж)	[wɛr'ʃina]
pico (m)	шпиль (ч)	[ʃpilʲ]
pé (m)	підніжжя (c)	[pid'nizʲa]
declive (m)	схил (ч)	[shil]
vulcão (m)	вулкан (ч)	[wul'kan]
vulcão (m) ativo	діючий вулкан (ч)	['dʲiutʃij wul'kan]
vulcão (m) extinto	згаслий вулкан (ч)	['zɦaslij wul'kan]
erupção (f)	виверження (c)	['wiwɛrʒɛnʲa]
cratera (f)	кратер (ч)	['kratɛr]
magma (m)	магма (ж)	['maɦma]
lava (f)	лава (ж)	['lawa]
fundido (lava ~a)	розжарений	[roz'ʒarɛnij]
cânion, desfiladeiro (m)	каньйон (ч)	[kan'ʲjɔn]

garganta (f)	ущелина (ж)	[u'ɕɛlina]
fenda (f)	розщілина (ж)	[roz'ɕilina]
precipício (m)	прірва (ж), обрив (ч)	['prirwa], [ob'riw]
passo, colo (m)	перевал (ч)	[pɛrɛ'wal]
planalto (m)	плато (с)	['plato]
falésia (f)	скеля (ж)	['skɛlʲa]
colina (f)	пагорб (ч)	['paɦorb]
geleira (f)	льодовик (ч)	[lʲodo'wik]
cachoeira (f)	водоспад (ч)	[wodos'pad]
gêiser (m)	гейзер (ч)	['ɦɛjzɛr]
lago (m)	озеро (с)	['ɔzɛro]
planície (f)	рівнина (ж)	[riw'nina]
paisagem (f)	краєвид (ч)	[kraɛ'wid]
eco (m)	луна (ж)	[lu'na]
alpinista (m)	альпініст (ч)	[alʲpi'nist]
escalador (m)	скелелаз (ч)	[skɛlɛ'laz]
conquistar (vt)	підкоряти	[pidko'rʲati]
subida, escalada (f)	підйом (ч)	[pid'jɔm]

169. Rios

rio (m)	ріка (ж)	['rika]
fonte, nascente (f)	джерело (с)	[dʒɛrɛ'lɔ]
leito (m) de rio	річище (с)	['ritʃiɕɛ]
bacia (f)	басейн (ч)	[ba'sɛjn]
desaguar no ...	впадати у...	[wpa'dati u...]
afluente (m)	притока (ж)	[pri'tɔka]
margem (do rio)	берег (ч)	['bɛrɛɦ]
corrente (f)	течія (ж)	['tɛtʃiʲa]
rio abaixo	вниз за течією	[wniz za 'tɛtʃiɛʲu]
rio acima	уверх за течією	[u'wɛrh po 'tɛtʃiɛʲu]
inundação (f)	повінь (ж)	['pɔwinʲ]
cheia (f)	повінь (ж)	['pɔwinʲ]
transbordar (vi)	розливатися	[rozli'watisʲa]
inundar (vt)	затоплювати	[za'tɔplʲuwati]
banco (m) de areia	мілина (ж)	[mili'na]
corredeira (f)	поріг (ч)	[po'riɦ]
barragem (f)	гребля (ж)	['ɦrɛblʲa]
canal (m)	канал (ч)	[ka'nal]
reservatório (m) de água	водосховище (с)	[wodo'shɔwiɕɛ]
eclusa (f)	шлюз (ч)	[ʃlʲuz]
corpo (m) de água	водойма (ж)	[wo'dɔjma]
pântano (m)	болото (с)	[bo'lɔto]
lamaçal (m)	трясовина (ж)	[trʲasowi'na]

redemoinho (m)	вир (ч)	[wir]
riacho (m)	струмок (ч)	[stru'mɔk]
potável (adj)	питний	['pitnij]
doce (água)	прісний	['prisnij]

gelo (m)	лід (ч), крига (ж)	[lid], ['kriɦa]
congelar-se (vr)	замерзнути	[za'mɛrznuti]

170. Floresta

floresta (f), bosque (m)	ліс (ч)	[lis]
florestal (adj)	лісовий	[liso'wij]

mata (f) fechada	хаща (ж)	['ɦaɕa]
arvoredo (m)	гай (ч)	[ɦaj]
clareira (f)	галявина (ж)	[ɦa'lʲawina]

matagal (m)	зарості (мн)	['zarosti]
mato (m), caatinga (f)	чагарник (ч)	[ʧa'ɦarnik]

pequena trilha (f)	стежина (ж)	[stɛ'ʒina]
ravina (f)	яр (ч)	[jar]

árvore (f)	дерево (с)	['dɛrɛwo]
folha (f)	листок (ч)	[lis'tɔk]
folhagem (f)	листя (с)	['listʲa]

queda (f) das folhas	листопад (ч)	[listo'pad]
cair (vi)	опадати	[opa'dati]
topo (m)	верхівка (ж)	[wɛr'hiwka]

ramo (m)	гілка (ж)	['ɦilka]
galho (m)	сук (ч)	[suk]
botão (m)	брунька (ж)	['brunʲka]
agulha (f)	голка (ж)	['ɦɔlka]
pinha (f)	шишка (ж)	['ʃiʃka]

buraco (m) de árvore	дупло (с)	[dup'lɔ]
ninho (m)	гніздо (с)	[ɦniz'dɔ]

tronco (m)	стовбур (ч)	['stɔwbur]
raiz (f)	корінь (ч)	['korinʲ]
casca (f) de árvore	кора (ж)	[ko'ra]
musgo (m)	мох (ч)	[moh]

arrancar pela raiz	корчувати	[korʧu'wati]
cortar (vt)	рубати	[ru'bati]
desflorestar (vt)	вирубувати ліс	[wi'rubuwati lis]
toco, cepo (m)	пень (ч)	[pɛnʲ]

fogueira (f)	багаття (с)	[ba'ɦattʲa]
incêndio (m) florestal	лісова пожежа (ж)	[liso'wa po'ʒɛʒa]
apagar (vt)	тушити	[tu'ʃiti]
guarda-parque (m)	лісник (ч)	[lis'nik]

proteção (f)	охорона (ж)	[oho'rɔna]
proteger (a natureza)	охороняти	[ohoro'nʲatɨ]
caçador (m) furtivo	браконьєр (ч)	[brako'nʲɛr]
armadilha (f)	капкан (ч)	[kap'kan]

colher (cogumelos)	збирати	[zbɨ'ratɨ]
colher (bagas)	збирати	[zbɨ'ratɨ]
perder-se (vr)	заблукати	[zablu'katɨ]

171. Recursos naturais

recursos (m pl) naturais	природні ресурси (мн)	[prɨ'rɔdni rɛ'sursɨ]
minerais (m pl)	корисні копалини (мн)	['kɔrisni ko'palɨnɨ]
depósitos (m pl)	поклади (мн)	['pɔkladɨ]
jazida (f)	родовище (c)	[ro'dɔwɨɕɛ]

extrair (vt)	добувати	[dobu'watɨ]
extração (f)	добування (c)	[dobu'wanʲa]
minério (m)	руда (ж)	[ru'da]
mina (f)	копальня (ж)	[ko'palʲnʲa]
poço (m) de mina	шахта (ж)	['ʃahta]
mineiro (m)	шахтар (ч)	[ʃah'tar]

| gás (m) | газ (ч) | [ɦaz] |
| gasoduto (m) | газопровід (ч) | [ɦazopro'wid] |

petróleo (m)	нафта (ж)	['nafta]
oleoduto (m)	нафтопровід (ч)	[nafto'prɔwid]
poço (m) de petróleo	нафтова вишка (ж)	['naftowa 'wɨʃka]
torre (f) petrolífera	свердлова вежа (ж)	[swɛrd'lɔwa 'wɛʒa]
petroleiro (m)	танкер (ч)	['tankɛr]

areia (f)	пісок (ч)	[pi'sɔk]
calcário (m)	вапняк (ч)	[wap'nʲak]
cascalho (m)	гравій (ч)	['ɦrawij]
turfa (f)	торф (ч)	[torf]
argila (f)	глина (ж)	['ɦlɨna]
carvão (m)	вугілля (c)	[wu'ɦilʲa]

ferro (m)	залізо (c)	[za'lizo]
ouro (m)	золото (c)	['zɔloto]
prata (f)	срібло (c)	['sriblo]
níquel (m)	нікель (ч)	['nikɛlʲ]
cobre (m)	мідь (ж)	[midʲ]

zinco (m)	цинк (ч)	['ʦink]
manganês (m)	марганець (ч)	['marɦanɛʦ]
mercúrio (m)	ртуть (ж)	[rtutʲ]
chumbo (m)	свинець (ч)	[swi'nɛʦ]

mineral (m)	мінерал (ч)	[minɛ'ral]
cristal (m)	кристал (ч)	[kris'tal]
mármore (m)	мармур (ч)	['marmur]
urânio (m)	уран (ч)	[u'ran]

A Terra. Parte 2

172. Tempo

tempo (m)	погода (ж)	[po'ɦɔda]
previsão (f) do tempo	прогноз (ч) погоди	[proɦ'nɔz po'ɦɔdi]
temperatura (f)	температура (ж)	[tɛmpɛra'tura]
termômetro (m)	термометр (ч)	[tɛr'mɔmɛtr]
barômetro (m)	барометр (ч)	[ba'rɔmɛtr]
úmido (adj)	вологий	[wo'lɔɦij]
umidade (f)	вологість (ж)	[woloɦistʲ]
calor (m)	спека (ж)	['spɛka]
tórrido (adj)	гарячий	[ɦa'rʲatʃij]
está muito calor	спекотно	[spɛ'kɔtno]
está calor	тепло	['tɛplo]
quente (morno)	теплий	['tɛplɨj]
está frio	холодно	['ɦɔlodno]
frio (adj)	холодний	[ɦo'lɔdnij]
sol (m)	сонце (c)	['sɔntsɛ]
brilhar (vi)	світити	[swi'titi]
de sol, ensolarado	сонячний	['sɔnʲatʃnij]
nascer (vi)	зійти	[zij'ti]
pôr-se (vr)	сісти	['sisti]
nuvem (f)	хмара (ж)	['hmara]
nublado (adj)	хмарний	['hmarnij]
nuvem (f) preta	хмара (ж)	['hmara]
escuro, cinzento (adj)	похмурий	[poh'murij]
chuva (f)	дощ (ч)	[dɔç]
está a chover	йде дощ	[jdɛ dɔç]
chuvoso (adj)	дощовий	[doço'wij]
chuviscar (vi)	накрапати	[nakra'pati]
chuva (f) torrencial	проливний дощ (ч)	[proliw'nij doç]
aguaceiro (m)	злива (ж)	['zliwa]
forte (chuva, etc.)	сильний	['silʲnij]
poça (f)	калюжа (ж)	[ka'lʲuʒa]
molhar-se (vr)	мокнути	['mɔknuti]
nevoeiro (m)	туман (ч)	[tu'man]
de nevoeiro	туманний	[tu'manij]
neve (f)	сніг (ч)	[sniɦ]
está nevando	йде сніг	[jdɛ sniɦ]

173. Tempo extremo. Catástrofes naturais

trovoada (f)	гроза (ж)	[ɦro'za]
relâmpago (m)	блискавка (ж)	['bliskawka]
relampejar (vi)	блискати	['bliskati]

trovão (m)	грім (ч)	[ɦrim]
trovejar (vi)	гриміти	[ɦri'miti]
está trovejando	гримить грім	[ɦri'mitʲ ɦrim]

| granizo (m) | град (ч) | [ɦrad] |
| está caindo granizo | йде град | [jdɛ ɦrad] |

| inundar (vt) | затопити | [zato'piti] |
| inundação (f) | повінь (ж) | ['powinʲ] |

terremoto (m)	землетрус (ч)	[zɛmlɛt'rus]
abalo, tremor (m)	поштовх (ч)	['poʃtowh]
epicentro (m)	епіцентр (ч)	[ɛpi'ʦɛntr]

| erupção (f) | виверження (c) | ['wiwɛrʒɛnʲa] |
| lava (f) | лава (ж) | ['lawa] |

| tornado (m) | смерч, торнадо (ч) | [smɛrʧ], [tor'nado] |
| tufão (m) | тайфун (ч) | [taj'fun] |

furacão (m)	ураган (ч)	[uraɦan]
tempestade (f)	буря (ж)	['burʲa]
tsunami (m)	цунамі (c)	[ʦu'nami]

ciclone (m)	циклон (ч)	[ʦik'lon]
mau tempo (m)	негода (ж)	[nɛ'ɦoda]
incêndio (m)	пожежа (ж)	[po'ʒɛʒa]
catástrofe (f)	катастрофа (ж)	[kata'strofa]
meteorito (m)	метеорит (ч)	[mɛtɛo'rit]

avalanche (f)	лавина (ж)	[la'wina]
deslizamento (m) de neve	обвал (ч)	[ob'wal]
nevasca (f)	заметіль (ж)	[zamɛ'tilʲ]
tempestade (f) de neve	завірюха (ж)	[zawi'rʲuha]

Fauna

174. Mamíferos. Predadores

predador (m)	хижак (ч)	[hɨˈʒak]
tigre (m)	тигр (ч)	[tiɦr]
leão (m)	лев (ч)	[lɛw]
lobo (m)	вовк (ч)	[wowk]
raposa (f)	лисиця (ж)	[lɨˈsitsʲa]

jaguar (m)	ягуар (ч)	[jaɦuˈar]
leopardo (m)	леопард (ч)	[lɛoˈpard]
chita (f)	гепард (ч)	[ɦɛˈpard]

pantera (f)	пантера (ж)	[panˈtɛra]
puma (m)	пума (ж)	[ˈpuma]
leopardo-das-neves (m)	сніговий барс (ч)	[sniɦoˈwij bars]
lince (m)	рись (ж)	[risʲ]

coiote (m)	койот (ч)	[koˈjɔt]
chacal (m)	шакал (ч)	[ʃaˈkal]
hiena (f)	гієна (ж)	[ɦiˈɛna]

175. Animais selvagens

animal (m)	тварина (ж)	[twaˈrina]
besta (f)	звір (ч)	[zwir]

esquilo (m)	білка (ж)	[ˈbilka]
ouriço (m)	їжак (ч)	[jiˈʒak]
lebre (f)	заєць (ч)	[ˈzaɛts]
coelho (m)	кріль (ч)	[krilʲ]

texugo (m)	борсук (ч)	[borˈsuk]
guaxinim (m)	єнот (ч)	[ɛˈnɔt]
hamster (m)	хом'як (ч)	[hoˈmʲak]
marmota (f)	бабак (ч)	[baˈbak]

toupeira (f)	кріт (ч)	[krit]
rato (m)	миша (ж)	[ˈmiʃa]
ratazana (f)	щур (ч)	[ɕur]
morcego (m)	кажан (ч)	[kaˈʒan]

arminho (m)	горностай (ч)	[ɦornoˈstaj]
zibelina (f)	соболь (ч)	[ˈsɔbolʲ]
marta (f)	куниця (ж)	[kuˈnitsʲa]
doninha (f)	ласка (ж)	[ˈlaska]
visom (m)	норка (ж)	[ˈnɔrka]

castor (m)	бобер (ч)	[bo'bɛr]
lontra (f)	видра (ж)	['widra]
cavalo (m)	кінь (ч)	[kinʲ]
alce (m)	лось (ч)	[losʲ]
veado (m)	олень (ч)	['ɔlɛnʲ]
camelo (m)	верблюд (ч)	[wɛr'blʲud]
bisão (m)	бізон (ч)	[bi'zɔn]
auroque (m)	зубр (ч)	[zubr]
búfalo (m)	буйвіл (ч)	['bujwil]
zebra (f)	зебра (ж)	['zɛbra]
antílope (m)	антилопа (ж)	[anti'lɔpa]
corça (f)	косуля (ж)	[ko'sulʲa]
gamo (m)	лань (ж)	[lanʲ]
camurça (f)	сарна (ж)	['sarna]
javali (m)	вепр (ч)	[wɛpr]
baleia (f)	кит (ч)	[kit]
foca (f)	тюлень (ч)	[tʲu'lɛnʲ]
morsa (f)	морж (ч)	[morʒ]
urso-marinho (m)	котик (ч)	['kɔtik]
golfinho (m)	дельфін (ч)	[dɛlʲ'fin]
urso (m)	ведмідь (ч)	[wɛd'midʲ]
urso (m) polar	білий ведмідь (ч)	['bilij wɛd'midʲ]
panda (m)	панда (ж)	['panda]
macaco (m)	мавпа (ж)	['mawpa]
chimpanzé (m)	шимпанзе (ч)	[ʃimpan'zɛ]
orangotango (m)	орангутанг (ч)	[oranɦu'tanɦ]
gorila (m)	горила (ж)	[ɦo'rila]
macaco (m)	макака (ж)	[ma'kaka]
gibão (m)	гібон (ч)	[ɦi'bɔn]
elefante (m)	слон (ч)	[slon]
rinoceronte (m)	носоріг (ч)	[noso'riɦ]
girafa (f)	жирафа (ж)	[ʒirafa]
hipopótamo (m)	бегемот (ч)	[bɛɦɛ'mɔt]
canguru (m)	кенгуру (ч)	[kɛnɦu'ru]
coala (m)	коала (ч)	[ko'ala]
mangusto (m)	мангуст (ч)	[ma'nɦust]
chinchila (f)	шиншила (ж)	[ʃin'ʃila]
cangambá (f)	скунс (ч)	[skuns]
porco-espinho (m)	дикобраз (ч)	[dɨko'braz]

176. Animais domésticos

gata (f)	кішка (ж)	['kiʃka]
gato (m) macho	кіт (ч)	[kit]
cão (m)	собака, пес (ч)	[so'baka], [pɛs]

cavalo (m)	кінь (ч)	[kinʲ]
garanhão (m)	жеребець (ч)	[ʒɛrɛ'bɛʦ]
égua (f)	кобила (ж)	[ko'bila]
vaca (f)	корова (ж)	[ko'rɔwa]
touro (m)	бик (ч)	[bik]
boi (m)	віл (ч)	[wil]
ovelha (f)	вівця (ж)	[wiw'ʦʲa]
carneiro (m)	баран (ч)	[ba'ran]
cabra (f)	коза (ж)	[ko'za]
bode (m)	козел (ч)	[ko'zɛl]
burro (m)	осел (ч)	[o'sɛl]
mula (f)	мул (ч)	[mul]
porco (m)	свиня (ж)	[swɨ'nʲa]
leitão (m)	порося (c)	[poro'sʲa]
coelho (m)	кріль (ч)	[krilʲ]
galinha (f)	курка (ж)	['kurka]
galo (m)	півень (ч)	['piwɛnʲ]
pata (f), pato (m)	качка (ж)	['katʃka]
pato (m)	качур (ч)	['katʃur]
ganso (m)	гусак (ч)	[ɦu'sak]
peru (m)	індик (ч)	[in'dɨk]
perua (f)	індичка (ж)	[in'dɨtʃka]
animais (m pl) domésticos	домашні тварини (мн)	[do'maʃni twa'rɨnɨ]
domesticado (adj)	ручний	[rutʃ'nɨj]
domesticar (vt)	приручати	[prɨru'tʃatɨ]
criar (vt)	вирощувати	[wɨ'rɔɕuwatɨ]
fazenda (f)	ферма (ж)	['fɛrma]
aves (f pl) domésticas	свійські птахи (мн)	['swijsʲki pta'hɨ]
gado (m)	худоба (ж)	[ɦu'dɔba]
rebanho (m), manada (f)	стадо (c)	['stado]
estábulo (m)	конюшня (ж)	[ko'nʲuʃnʲa]
chiqueiro (m)	свинарник (ч)	[swɨ'narnɨk]
estábulo (m)	корівник (ч)	[ko'riwnɨk]
coelheira (f)	крільчатник (ч)	[krilʲ'tʃatnɨk]
galinheiro (m)	курник (ч)	[kur'nɨk]

177. Cães. Raças de cães

cão (m)	собака (ч)	[so'baka]
cão pastor (m)	вівчарка (ж)	[wiw'tʃarka]
pastor-alemão (m)	німецька вівчарка (ж)	[ni'mɛtsʲka wiw'tʃarka]
poodle (m)	пудель (ч)	['pudɛlʲ]
linguicinha (m)	такса (ж)	['taksa]
buldogue (m)	бульдог (ч)	[bulʲ'dɔɦ]

boxer (m)	боксер (ч)	[bok'sɛr]
mastim (m)	мастиф (ч)	[mas'tif]
rottweiler (m)	ротвейлер (ч)	[rot'wɛjlɛr]
dóberman (m)	доберман (ч)	[dobɛr'man]

basset (m)	басет (ч)	[ba'sɛt]
pastor inglês (m)	бобтейл (ч)	[bob'tɛjl]
dálmata (m)	далматинець (ч)	[dalma'tinɛts]
cocker spaniel (m)	кокер-спанієль (ч)	['kɔkɛr spani'ɛlʲ]

| terra-nova (m) | ньюфаундленд (ч) | [njufaund'lɛnd] |
| são-bernardo (m) | сенбернар (ч) | [sɛnbɛr'nar] |

husky (m) siberiano	хаскі (ч)	[haski]
Chow-chow (m)	чау-чау (ч)	[ʧau ʧau]
spitz alemão (m)	шпіц (ч)	[ʃpits]
pug (m)	мопс (ч)	[mops]

178. Sons produzidos pelos animais

latido (m)	гавкіт (ч)	['hawkit]
latir (vi)	гавкати	['hawkati]
miar (vi)	нявкати	['nʲawkati]
ronronar (vi)	муркотіти	[murko'titi]

mugir (vaca)	мукати	['mukati]
bramir (touro)	ревіти	[rɛ'witi]
rosnar (vi)	ричати	[ri'ʧati]

uivo (m)	виття (c)	[wit'tʲa]
uivar (vi)	вити	['witi]
ganir (vi)	скиглити	['skihliti]

balir (vi)	бекати	['bɛkati]
grunhir (vi)	рохкати	['rɔhkati]
guinchar (vi)	верещати	[wɛrɛ'ɕati]

coaxar (sapo)	кумкати	['kumkati]
zumbir (inseto)	дзижчати	[dʑiʒ'ʧati]
ziziar (vi)	стрекотати	[strɛko'tati]

179. Pássaros

pássaro (m), ave (f)	птах (ч)	[ptah]
pombo (m)	голуб (ч)	['holub]
pardal (m)	горобець (ч)	[horo'bɛts]
chapim-real (m)	синиця (ж)	[si'nitsʲa]
pega-rabuda (f)	сорока (ж)	[so'rɔka]

corvo (m)	ворон (ч)	['wɔron]
gralha-cinzenta (f)	ворона (ж)	[wo'rɔna]
gralha-de-nuca-cinzenta (f)	галка (ж)	['halka]

gralha-calva (f)	грак (ч)	[ɦrak]
pato (m)	качка (ж)	['katʃka]
ganso (m)	гусак (ч)	[ɦu'sak]
faisão (m)	фазан (ч)	[fa'zan]
águia (f)	орел (ч)	[o'rɛl]
açor (m)	яструб (ч)	['ʲastrub]
falcão (m)	сокіл (ч)	['sɔkil]
abutre (m)	гриф (ч)	[ɦrif]
condor (m)	кондор (ч)	['kɔndor]
cisne (m)	лебідь (ч)	['lɛbidʲ]
grou (m)	журавель (ч)	[ʒura'wɛlʲ]
cegonha (f)	чорногуз (ч)	[ʧorno'ɦuz]
papagaio (m)	папуга (ч)	[pa'puɦa]
beija-flor (m)	колібрі (ч)	[ko'libri]
pavão (m)	пава (ж)	['pawa]
avestruz (m)	страус (ч)	['straus]
garça (f)	чапля (ж)	['ʧaplʲa]
flamingo (m)	фламінго (с)	[fla'minɦo]
pelicano (m)	пелікан (ч)	[pɛli'kan]
rouxinol (m)	соловей (ч)	[solo'wɛj]
andorinha (f)	ластівка (ж)	['lastiwka]
tordo-zornal (m)	дрізд (ч)	[drizd]
tordo-músico (m)	співучий дрізд (ч)	[spi'wuʧij 'drizd]
melro-preto (m)	чорний дрізд (ч)	['ʧornij 'drizd]
andorinhão (m)	стриж (ч)	['striʒ]
cotovia (f)	жайворонок (ч)	['ʒajworonok]
codorna (f)	перепел (ч)	['pɛrɛpɛl]
pica-pau (m)	дятел (ч)	['dʲatɛl]
cuco (m)	зозуля (ж)	[zo'zulʲa]
coruja (f)	сова (ж)	[so'wa]
bufo-real (m)	пугач (ч)	[pu'ɦaʧ]
tetraz-grande (m)	глухар (ч)	[ɦlu'har]
tetraz-lira (m)	тетерук (ч)	[tɛtɛ'ruk]
perdiz-cinzenta (f)	курiпка (ж)	[ku'ripka]
estorninho (m)	шпак (ч)	[ʃpak]
canário (m)	канарка (ж)	[ka'narka]
galinha-do-mato (f)	рябчик (ч)	['rʲabʧik]
tentilhão (m)	зяблик (ч)	['zʲablik]
dom-fafe (m)	снігур (ч)	[sni'ɦur]
gaivota (f)	чайка (ж)	['ʧajka]
albatroz (m)	альбатрос (ч)	[alʲbat'rɔs]
pinguim (m)	пінгвін (ч)	[pinɦ'win]

180. Pássaros. Canto e sons

cantar (vi)	співати	[spi'wati]
gritar, chamar (vi)	кричати	[kri'tʃati]
cantar (o galo)	кукурікати	[kuku'rikati]
cocorocó (m)	кукуріку	[kukuri'ku]
cacarejar (vi)	кудкудакати	[kudku'dakati]
crocitar (vi)	каркати	['karkati]
grasnar (vi)	крякати	['krʲakati]
piar (vi)	пискотіти	[pisko'titi]
chilrear, gorjear (vi)	цвірінькати	[tswi'rinʲkati]

181. Peixes. Animais marinhos

brema (f)	лящ (ч)	[lʲaɕ]
carpa (f)	короп (ч)	['kɔrop]
perca (f)	окунь (ч)	['ɔkunʲ]
siluro (m)	сом (ч)	[som]
lúcio (m)	щука (ж)	['ɕuka]
salmão (m)	лосось (ч)	[lo'sɔsʲ]
esturjão (m)	осетер (ч)	[osɛ'tɛr]
arenque (m)	оселедець (ч)	[osɛ'lɛdɛts]
salmão (m) do Atlântico	сьомга (ж)	['sʲomɦa]
cavala, sarda (f)	скумбрія (ж)	['skumbriʲa]
solha (f), linguado (m)	камбала (ж)	[kamba'la]
lúcio perca (m)	судак (ч)	[su'dak]
bacalhau (m)	тріска (ж)	[tris'ka]
atum (m)	тунець (ч)	[tu'nɛts]
truta (f)	форель (ж)	[fo'rɛlʲ]
enguia (f)	вугор (ч)	[wu'ɦor]
raia (f) elétrica	електричний скат (ч)	[ɛlɛkt'ritʃnij skat]
moreia (f)	мурена (ж)	[mu'rɛna]
piranha (f)	піранья (ж)	[pi'ranʲa]
tubarão (m)	акула (ж)	[a'kula]
golfinho (m)	дельфін (ч)	[dɛlʲ'fin]
baleia (f)	кит (ч)	[kit]
caranguejo (m)	краб (ч)	[krab]
água-viva (f)	медуза (ж)	[mɛ'duza]
polvo (m)	восьминіг (ч)	[wosʲmi'niɦ]
estrela-do-mar (f)	морська зірка (ж)	[morsʲ'ka 'zirka]
ouriço-do-mar (m)	морський їжак (ч)	[morsʲ'kij ji'ʒak]
cavalo-marinho (m)	морський коник (ч)	[morsʲ'kij 'kɔnik]
ostra (f)	устриця (ж)	['ustritsʲa]
camarão (m)	креветка (ж)	[krɛ'wɛtka]

| lagosta (f) | омар (ч) | [o'mar] |
| lagosta (f) | лангуст (ч) | [lan'ɦust] |

182. Anfíbios. Répteis

| cobra (f) | змія (ж) | [zmi'ⁱa] |
| venenoso (adj) | отруйний | [ot'rujnij] |

víbora (f)	гадюка (ж)	[ɦa'dʲuka]
naja (f)	кобра (ж)	['kɔbra]
píton (m)	пітон (ч)	[pi'tɔn]
jiboia (f)	удав (ч)	[u'daw]

cobra-de-água (f)	вуж (ч)	[wuʒ]
cascavel (f)	гримуча змія (ж)	[ɦri'mutʃa zmi'ⁱa]
anaconda (f)	анаконда (ж)	[ana'kɔnda]

lagarto (m)	ящірка (ж)	['ⁱaɕirka]
iguana (f)	ігуана (ж)	[iɦu'ana]
varano (m)	варан (ч)	[wa'ran]
salamandra (f)	саламандра (ж)	[sala'mandra]
camaleão (m)	хамелеон (ч)	[hamɛlɛ'ɔn]
escorpião (m)	скорпіон (ч)	[skorpi'ɔn]

tartaruga (f)	черепаха (ж)	[tʃɛrɛ'paha]
rã (f)	жаба (ж)	['ʒaba]
sapo (m)	ропуха (ж)	[ro'puha]
crocodilo (m)	крокодил (ч)	[kroko'dɨl]

183. Insetos

inseto (m)	комаха (ж)	[ko'maha]
borboleta (f)	метелик (ч)	[mɛ'tɛlik]
formiga (f)	мураха (ж)	[mu'raha]
mosca (f)	муха (ж)	['muha]
mosquito (m)	комар (ч)	[ko'mar]
escaravelho (m)	жук (ч)	[ʒuk]

vespa (f)	оса (ж)	[o'sa]
abelha (f)	бджола (ж)	[bdʒo'la]
mamangaba (f)	джміль (ч)	[dʒmilʲ]
moscardo (m)	овід (ч)	['ɔwid]

| aranha (f) | павук (ч) | [pa'wuk] |
| teia (f) de aranha | павутиння (с) | [pawu'tinʲa] |

libélula (f)	бабка (ж)	['babka]
gafanhoto (m)	коник (ч)	['kɔnik]
traça (f)	метелик (ч)	[mɛ'tɛlik]

| barata (f) | тарган (ч) | [tar'ɦan] |
| carrapato (m) | кліщ (ч) | [kliɕ] |

| pulga (f) | блоха (ж) | ['blɔha] |
| borrachudo (m) | мошка (ж) | ['mɔʃka] |

gafanhoto (m)	сарана (ж)	[sara'na]
caracol (m)	равлик (ч)	['rawlik]
grilo (m)	цвіркун (ч)	[tswir'kun]
pirilampo, vaga-lume (m)	світлячок (ч)	[switlʲa'tʃɔk]
joaninha (f)	сонечко (с)	['sɔnɛtʃko]
besouro (m)	хрущ (ч)	[hruɕ]

sanguessuga (f)	п'явка (ж)	['pʲʲawka]
lagarta (f)	гусениця (ж)	['ɦusɛnitsʲa]
minhoca (f)	черв'як (ч)	[tʃɛr'wʲʲak]
larva (f)	личинка (ж)	[li'tʃinka]

184. Animais. Partes do corpo

bico (m)	дзьоб (ч)	[dzʲob]
asas (f pl)	крила (мн)	['krila]
pata (f)	лапка (ж)	['lapka]
plumagem (f)	пір'я (с)	['pirʲʲa]
pena, pluma (f)	перо (с)	[pɛ'rɔ]
crista (f)	чубчик (ч)	['tʃubtʃik]

brânquias, guelras (f pl)	зябра (мн)	['zʲʲabra]
ovas (f pl)	ікра (ж)	[ik'ra]
larva (f)	личинка (ж)	[li'tʃinka]
barbatana (f)	плавець (ч)	[pla'wɛts]
escama (f)	луска (ж)	[lus'ka]

presa (f)	ікло (с)	['iklo]
pata (f)	лапа (ж)	['lapa]
focinho (m)	морда (ж)	['mɔrda]
boca (f)	паща (ж)	['paɕa]
cauda (f), rabo (m)	хвіст (ч)	[hwist]
bigodes (m pl)	вуса (мн)	['wusa]

| casco (m) | копито (с) | [ko'pito] |
| corno (m) | ріг (ч) | [riɦ] |

carapaça (f)	панцир (ч)	['pantsir]
concha (f)	мушля (ж)	['muʃlʲa]
casca (f) de ovo	шкаралупа (ж)	[ʃkara'lupa]

| pelo (m) | шерсть (ж) | [ʃɛrstʲ] |
| pele (f), couro (m) | шкура (ж) | ['ʃkura] |

185. Animais. Habitats

| hábitat (m) | середовище (с) проживання | [sɛrɛ'dɔwiɕɛ proʒi'wanʲa] |
| migração (f) | міграція (ж) | [miɦ'ratsiʲa] |

montanha (f)	гора (ж)	[ĥo'ra]
recife (m)	риф (ч)	[rif]
falésia (f)	скеля (ж)	['skɛlʲa]

floresta (f)	ліс (ч)	[lis]
selva (f)	джунглі (мн)	['dʒunĥli]
savana (f)	савана (ж)	[sa'wana]
tundra (f)	тундра (ж)	['tundra]

estepe (f)	степ (ч)	['stɛp]
deserto (m)	пустеля (ж)	[pus'tɛlʲa]
oásis (m)	оаза (ж)	[o'aza]

mar (m)	море (c)	['mɔrɛ]
lago (m)	озеро (c)	['ɔzɛro]
oceano (m)	океан (ч)	[okɛ'an]

pântano (m)	болото (c)	[bo'lɔto]
de água doce	прісноводний	[prisno'wɔdnij]
lagoa (f)	ставок (ч)	[sta'wɔk]
rio (m)	ріка (ж)	['rika]

toca (f) do urso	барліг (ч)	[bar'liĥ]
ninho (m)	гніздо (c)	[ĥniz'dɔ]
buraco (m) de árvore	дупло (c)	[dup'lɔ]
toca (f)	нора (ж)	[no'ra]
formigueiro (m)	мурашник (ч)	[muraʃ'nik]

Flora

árvore (f)	дерево (с)	['dɛrɛwo]
decídua (adj)	листяне	[lista'nɛ]
conífera (adj)	хвойне	['hwɔjnɛ]
perene (adj)	вічнозелене	[witʃnozɛ'lɛnɛ]
macieira (f)	яблуня (ж)	['jablunʲa]
pereira (f)	груша (ж)	['hruʃa]
cerejeira (f)	черешня (ж)	[tʃɛ'rɛʃnʲa]
ginjeira (f)	вишня (ж)	['wiʃnʲa]
ameixeira (f)	слива (ж)	['sliwa]
bétula (f)	береза (ж)	[bɛ'rɛza]
carvalho (m)	дуб (ч)	[dub]
tília (f)	липа (ж)	['lipa]
choupo-tremedor (m)	осика (ж)	[o'sɨka]
bordo (m)	клен (ч)	[klɛn]
espruce (m)	ялина (ж)	[ja'lina]
pinheiro (m)	сосна (ж)	[sos'na]
alerce, lariço (m)	модрина (ж)	[mod'rina]
abeto (m)	ялиця (ж)	[ja'litsʲa]
cedro (m)	кедр (ч)	[kɛdr]
choupo, álamo (m)	тополя (ж)	[to'polʲa]
tramazeira (f)	горобина (ж)	[horo'bina]
salgueiro (m)	верба (ж)	[wɛr'ba]
amieiro (m)	вільха (ж)	['wilʲha]
faia (f)	бук (ч)	[buk]
ulmeiro, olmo (m)	в'яз (ч)	[wʲaz]
freixo (m)	ясен (ч)	['jasɛn]
castanheiro (m)	каштан (ч)	[kaʃ'tan]
magnólia (f)	магнолія (ж)	[mah'nɔliʲa]
palmeira (f)	пальма (ж)	['palʲma]
cipreste (m)	кипарис (ч)	[kipa'ris]
mangue (m)	мангрове дерево (с)	['manhrowɛ 'dɛrɛwo]
embondeiro, baobá (m)	баобаб (ч)	[bao'bab]
eucalipto (m)	евкаліпт (ч)	[ɛwka'lipt]
sequoia (f)	секвоя (ж)	[sɛk'wɔʲa]

arbusto (m)	кущ (ч)	[kuɕ]
arbusto (m), moita (f)	чагарник (ч)	[tʃahar'nik]

| videira (f) | виноград (ч) | [wino'hrad] |
| vinhedo (m) | виноградник (ч) | [wino'hradnik] |

framboeseira (f)	малина (ж)	[ma'lina]
groselheira-negra (f)	чорна смородина (ж)	['ʧorna smo'rɔdina]
groselheira-vermelha (f)	порічки (мн)	[po'riʧki]
groselheira (f) espinhosa	аґрус (ч)	['agrus]

acácia (f)	акація (ж)	[a'katsiʲa]
bérberis (f)	барбарис (ч)	[barba'ris]
jasmim (m)	жасмин (ч)	[ʒas'min]

junípero (m)	ялівець (ч)	[jali'wɛts]
roseira (f)	трояндовий кущ (ч)	[tro'ʲandowij kuʧ]
roseira (f) brava	шипшина (ж)	[ʃip'ʃina]

188. Cogumelos

cogumelo (m)	гриб (ч)	[hrib]
cogumelo (m) comestível	їстівний гриб (ч)	[jis'tiwnij hrib]
cogumelo (m) venenoso	отруйний гриб (ч)	[ot'rujnij hrib]
chapéu (m)	шапка (ж)	['ʃapka]
pé, caule (m)	ніжка (ж)	['niʒka]

boleto, porcino (m)	білий гриб (ч)	['bilij 'hrib]
boleto (m) alaranjado	підосичник (ч)	[pido'siʧnik]
boleto (m) de bétula	підберезник (ч)	[pidbɛ'rɛznik]
cantarelo (m)	лисичка (ж)	[li'siʧka]
rússula (f)	сироїжка (ж)	[siro'jiʒka]

morchella (f)	зморшок (ч)	['zmorʃok]
agário-das-moscas (m)	мухомор (ч)	[muho'mɔr]
cicuta (f) verde	поганка (ж)	[po'hanka]

189. Frutos. Bagas

fruta (f)	фрукт, плід (ч)	[frukt], [plid]
frutas (f pl)	фрукти, плоди (мн)	[frukti], [plo'di]
maçã (f)	яблуко (с)	['ʲabluko]
pera (f)	груша (ж)	['hruʃa]
ameixa (f)	слива (ж)	['sliwa]

morango (m)	полуниця (ж)	[polu'nitsʲa]
ginja (f)	вишня (ж)	['wiʃnʲa]
cereja (f)	черешня (ж)	[ʧɛ'rɛʃnʲa]
uva (f)	виноград (ч)	[wino'hrad]

framboesa (f)	малина (ж)	[ma'lina]
groselha (f) negra	чорна смородина (ж)	['ʧorna smo'rɔdina]
groselha (f) vermelha	порічки (мн)	[po'riʧki]
groselha (f) espinhosa	аґрус (ч)	['agrus]
oxicoco (m)	журавлина (ж)	[ʒuraw'lina]

laranja (f)	апельсин (ч)	[apɛlʲ'sin]
tangerina (f)	мандарин (ч)	[manda'rin]
abacaxi (m)	ананас (ч)	[ana'nas]
banana (f)	банан (ч)	[ba'nan]
tâmara (f)	фінік (ч)	['finik]

limão (m)	лимон (ч)	[lʲ'mɔn]
damasco (m)	абрикос (ч)	[abri'kɔs]
pêssego (m)	персик (ч)	['pɛrsik]
quiuí (m)	ківі (ч)	['kiwi]
toranja (f)	грейпфрут (ч)	[ɦrɛjp'frut]

baga (f)	ягода (ж)	[ʲ'aɦoda]
bagas (f pl)	ягоди (мн)	[ʲ'aɦodi]
arando (m) vermelho	брусниця (ж)	[brus'nitsʲa]
morango-silvestre (m)	суниця (ж)	[su'nitsʲa]
mirtilo (m)	чорниця (ж)	[tʃor'nitsʲa]

190. Flores. Plantas

| flor (f) | квітка (ж) | ['kwitka] |
| buquê (m) de flores | букет (ч) | [bu'kɛt] |

rosa (f)	троянда (ж)	[tro'ʲanda]
tulipa (f)	тюльпан (ч)	[tʲulʲ'pan]
cravo (m)	гвоздика (ж)	[ɦwoz'dika]
gladíolo (m)	гладіолус (ч)	[ɦladi'ɔlus]

centáurea (f)	волошка (ж)	[wo'lɔʃka]
campainha (f)	дзвіночок (ч)	[dzwi'nɔtʃok]
dente-de-leão (m)	кульбаба (ж)	[kulʲ'baba]
camomila (f)	ромашка (ж)	[ro'maʃka]

aloé (m)	алое (с)	[a'lɔɛ]
cacto (m)	кактус (ч)	['kaktus]
fícus (m)	фікус (ч)	['fikus]

lírio (m)	лілея (ж)	[li'lɛʲa]
gerânio (m)	герань (ж)	[ɦɛ'ranʲ]
jacinto (m)	гіацинт (ч)	[ɦia'tsint]

mimosa (f)	мімоза (ж)	[mi'mɔza]
narciso (m)	нарцис (ч)	[nar'tsis]
capuchinha (f)	настурція (ж)	[nas'turtsiʲa]

orquídea (f)	орхідея (ж)	[orhi'dɛʲa]
peônia (f)	півонія (ж)	[pi'wɔniʲa]
violeta (f)	фіалка (ж)	[fi'alka]

amor-perfeito (m)	братки (мн)	[brat'ki]
não-me-esqueças (m)	незабудка (ж)	[nɛza'budka]
margarida (f)	стокротки (мн)	[stok'rɔtki]
papoula (f)	мак (ч)	[mak]
cânhamo (m)	коноплі (мн)	[ko'nɔpli]

hortelã, menta (f)	м'ята (ж)	['mʲata]
lírio-do-vale (m)	конвалія (ж)	[kon'walʲia]
campânula-branca (f)	пролісок (ч)	['prɔlisok]
urtiga (f)	кропива (ж)	[kropɨ'wa]
azedinha (f)	щавель (ч)	[ɕa'wɛlʲ]
nenúfar (m)	латаття (с)	[la'tattʲa]
samambaia (f)	папороть (ж)	['paporotʲ]
líquen (m)	лишайник (ч)	[lɨ'ʃajnɨk]
estufa (f)	оранжерея (ж)	[oranʒɛ'rɛʲa]
gramado (m)	газон (ч)	[ɦa'zɔn]
canteiro (m) de flores	клумба (ж)	['klumba]
planta (f)	рослина (ж)	[ros'lɨna]
grama (f)	трава (ж)	[tra'wa]
folha (f) de grama	травинка (ж)	[tra'wɨnka]
folha (f)	листок (ч)	[lis'tɔk]
pétala (f)	пелюстка (ж)	[pɛ'lʲustka]
talo (m)	стебло (с)	[stɛb'lɔ]
tubérculo (m)	бульба (ж)	['bulʲba]
broto, rebento (m)	паросток (ч)	['parostok]
espinho (m)	колючка (ж)	[ko'lʲutʃka]
florescer (vi)	цвісти	[ʦwis'ti]
murchar (vi)	в'янути	['wʲanuti]
cheiro (m)	запах (ч)	['zapah]
cortar (flores)	зрізати	['zrizati]
colher (uma flor)	зірвати	[zir'wati]

191. Cereais, grãos

grão (m)	зерно (с)	[zɛr'nɔ]
cereais (plantas)	зернові рослини (мн)	[zɛrno'wi ros'lɨnɨ]
espiga (f)	колос (ч)	['kɔlos]
trigo (m)	пшениця (ж)	[pʃɛ'nɨtsʲa]
centeio (m)	жито (с)	['ʒɨto]
aveia (f)	овес (ч)	[o'wɛs]
painço (m)	просо (с)	['prɔso]
cevada (f)	ячмінь (ч)	[jatʃ'minʲ]
milho (m)	кукурудза (ж)	[kuku'ruʣa]
arroz (m)	рис (ч)	[ris]
trigo-sarraceno (m)	гречка (ж)	['ɦrɛtʃka]
ervilha (f)	горох (ч)	[ɦo'rɔh]
feijão (m) roxo	квасоля (ж)	[kwa'sɔlʲa]
soja (f)	соя (ж)	['sɔʲa]
lentilha (f)	сочевиця (ж)	[sotʃɛ'wɨtsʲa]
feijão (m)	боби (мн)	[bo'bɨ]

GEOGRAFIA REGIONAL

192. Política. Governo. Parte 1

política (f)	політика (ж)	[po'litika]
político (adj)	політичний	[poli'tiʧnij]
político (m)	політик (ч)	[po'litik]
estado (m)	держава (ж)	[dɛr'ʒawa]
cidadão (m)	громадянин (ч)	[hromadʲa'nin]
cidadania (f)	громадянство (c)	[hroma'dʲanstwo]
brasão (m) de armas	національний герб (ч)	[natsio'nalʲnij 'hɛrb]
hino (m) nacional	державний гімн (ч)	[dɛr'ʒawnij himn]
governo (m)	уряд (ч)	['urʲad]
Chefe (m) de Estado	керівник (ч) країни	[kɛriw'nik kra'jini]
parlamento (m)	парламент (ч)	[par'lamɛnt]
partido (m)	партія (ж)	['partiʲa]
capitalismo (m)	капіталізм (ч)	[kapita'lizm]
capitalista (adj)	капіталістичний	[kapitalis'tiʧnij]
socialismo (m)	соціалізм (ч)	[sotsia'lizm]
socialista (adj)	соціалістичний	[sotsialis'tiʧnij]
comunismo (m)	комунізм (ч)	[komu'nizm]
comunista (adj)	комуністичний	[komunis'tiʧnij]
comunista (m)	комуніст (ч)	[komu'nist]
democracia (f)	демократія (ж)	[dɛmok'ratiʲa]
democrata (m)	демократ (ч)	[dɛmok'rat]
democrático (adj)	демократичний	[dɛmokra'tiʧnij]
Partido (m) Democrático	демократична партія (ж)	[dɛmokra'tiʧna 'partiʲa]
liberal (m)	ліберал (ч)	[libɛ'ral]
liberal (adj)	ліберальний	[libɛ'ralʲnij]
conservador (m)	консерватор (ч)	[konsɛr'wator]
conservador (adj)	консервативний	[konsɛrwa'tiwnij]
república (f)	республіка (ж)	[rɛs'publika]
republicano (m)	республіканець (ч)	[rɛspubli'kanɛts]
Partido (m) Republicano	республіканська партія (ж)	[rɛspubli'kansʲka 'partiʲa]
eleições (f pl)	вибори (мн)	['wibori]
eleger (vt)	обирати	[obi'rati]
eleitor (m)	виборець (ч)	['wiborɛts]
campanha (f) eleitoral	виборча компанія (ж)	['wiborʧa kom'paniʲa]
votação (f)	голосування (c)	[holosu'wanʲa]

votar (vi)	голосувати	[ɦolosu'wati]
sufrágio (m)	право (c) голосу	['prawo 'ɦolosu]
candidato (m)	кандидат (ч)	[kandi'dat]
candidatar-se (vi)	балотуватися	[balotu'watisʲa]
campanha (f)	кампанія (ж)	[kam'paniʲa]
da oposição	опозиційний	[opozi'tsijnij]
oposição (f)	опозиція (ж)	[opo'zitsiʲa]
visita (f)	візит (ч)	[wi'zit]
visita (f) oficial	офіційний візит (ч)	[ofi'tsijnij wi'zit]
internacional (adj)	міжнародний	[miʒna'rodnij]
negociações (f pl)	переговори (мн)	[pɛrɛɦo'wori]
negociar (vi)	вести переговори	['wɛsti pɛrɛɦo'wori]

193. Política. Governo. Parte 2

sociedade (f)	суспільство (c)	[sus'pilʲstwo]
constituição (f)	конституція (ж)	[konsti'tutsiʲa]
poder (ir para o ~)	влада (ж)	['wlada]
corrupção (f)	корупція (ж)	[ko'ruptsiʲa]
lei (f)	закон (ч)	[za'kɔn]
legal (adj)	законний	[za'kɔnij]
justeza (f)	справедливість (ж)	[sprawɛd'liwistʲ]
justo (adj)	справедливий	[sprawɛd'liwij]
comitê (m)	комітет (ч)	[komi'tɛt]
projeto-lei (m)	законопроект (ч)	[zakonopro'ɛkt]
orçamento (m)	бюджет (ч)	[bʲu'dʒɛt]
política (f)	політика (ж)	[po'litika]
reforma (f)	реформа (ж)	[rɛ'fɔrma]
radical (adj)	радикальний	[radi'kalʲnij]
força (f)	сила (ж)	['sila]
poderoso (adj)	могутній	[mo'ɦutnij]
partidário (m)	прибічник (ч)	[pri'bitʃnik]
influência (f)	вплив (ч)	[wpliw]
regime (m)	режим (ч)	[rɛ'ʒim]
conflito (m)	конфлікт (ч)	[kon'flikt]
conspiração (f)	змова (ж)	['zmɔwa]
provocação (f)	провокація (ж)	[prowo'katsiʲa]
derrubar (vt)	скинути	['skinuti]
derrube (m), queda (f)	повалення (c)	[po'walɛnʲa]
revolução (f)	революція (ж)	[rɛwo'lʲutsiʲa]
golpe (m) de Estado	переворот (ч)	[pɛrɛwo'rɔt]
golpe (m) militar	військовий переворот (ч)	[wijsʲ'kɔwij pɛrɛwo'rɔt]
crise (f)	криза (ж)	['kriza]

recessão (f) econômica	економічний спад (ч)	[ɛkono'mitʃnij spad]
manifestante (m)	демонстрант (ч)	[dɛmon'strant]
manifestação (f)	демонстрація (ж)	[dɛmon'stratsiˈa]
lei (f) marcial	воєнний стан (ч)	[wo'ɛnij stan]
base (f) militar	військова база (ж)	[wijsʲkowa 'baza]
estabilidade (f)	стабільність (ж)	[sta'bilʲnistʲ]
estável (adj)	стабільний	[sta'bilʲnij]
exploração (f)	експлуатація (ж)	[ɛksplua'tatsiˈa]
explorar (vt)	експлуатувати	[ɛkspluatu'wati]
racismo (m)	расизм (ч)	[ra'sizm]
racista (m)	расист (ч)	[ra'sist]
fascismo (m)	фашизм (ч)	[fa'ʃizm]
fascista (m)	фашист (ч)	[fa'ʃist]

194. Países. Diversos

estrangeiro (m)	іноземець (ч)	[ino'zɛmɛts]
estrangeiro (adj)	іноземний	[ino'zɛmnij]
no estrangeiro	за кордоном	[za kor'dɔnom]
emigrante (m)	емігрант (ч)	[ɛmiɦ'rant]
emigração (f)	еміграція (ж)	[ɛmiɦ'ratsiˈa]
emigrar (vi)	емігрувати	[ɛmiɦru'wati]
Ocidente (m)	Захід (ч)	['zahid]
Oriente (m)	Схід (ч)	[shid]
Extremo Oriente (m)	Далекий Схід (ч)	[da'lɛkij shid]
civilização (f)	цивілізація (ж)	[tsiwili'zatsiˈa]
humanidade (f)	людство (с)	['lʲudstwo]
mundo (m)	світ (ч)	[swit]
paz (f)	мир (ч)	[mir]
mundial (adj)	світовий	[swito'wij]
pátria (f)	батьківщина (ж)	[batʲkiw'ɕina]
povo (população)	народ (ч)	[na'rɔd]
população (f)	населення (с)	[na'sɛlɛnʲa]
gente (f)	люди (мн)	['lʲudi]
nação (f)	нація (ж)	['natsiˈa]
geração (f)	покоління (с)	[poko'linʲa]
território (m)	територія (ж)	[tɛri'tɔriˈa]
região (f)	регіон (ч)	[rɛɦi'ɔn]
estado (m)	штат (ч)	[ʃtat]
tradição (f)	традиція (ч)	[tra'ditsiˈa]
costume (m)	звичай (ч)	['zwitʃaj]
ecologia (f)	екологія (ж)	[ɛko'lɔɦiˈa]
índio (m)	індіанець (ч)	[indi'anɛts]
cigano (m)	циган (ч)	[tsi'ɦan]

| cigana (f) | циганка (ж) | [ʦiˈɦanka] |
| cigano (adj) | циганський | [ʦiˈɦansʲkij] |

império (m)	імперія (ж)	[imˈpɛriʲa]
colônia (f)	колонія (ж)	[koˈlɔniʲa]
escravidão (f)	рабство (c)	[ˈrabstwo]
invasão (f)	навала (ж)	[naˈwala]
fome (f)	голодомор (ч)	[ɦolodoˈmɔr]

195. Grupos religiosos mais importantes. Confissões

| religião (f) | релігія (ж) | [rɛˈliɦiʲa] |
| religioso (adj) | релігійний | [rɛliˈɦijnij] |

crença (f)	віра (ж)	[ˈwira]
crer (vt)	вірити	[ˈwiriti]
crente (m)	віруючий (ч)	[ˈwiruʲuʧij]

| ateísmo (m) | атеїзм (ч) | [atɛˈjizm] |
| ateu (m) | атеїст (ч) | [atɛˈjist] |

cristianismo (m)	християнство (c)	[hristiˈʲanstwo]
cristão (m)	християнин (ч)	[hristiˈʲanin]
cristão (adj)	християнський	[hristiˈʲansʲkij]

catolicismo (m)	Католицизм (ч)	[katoliˈʦizm]
católico (m)	католик (ч)	[kaˈtɔlik]
católico (adj)	католицький	[katoˈliʦkij]

protestantismo (m)	Протестантство (c)	[protɛsˈtantstwo]
Igreja (f) Protestante	Протестантська церква (ж)	[protɛsˈtantsʲka ˈʦɛrkwa]
protestante (m)	протестант (ч)	[protɛsˈtant]

ortodoxia (f)	Православ'я (c)	[prawoˈslawʲʲa]
Igreja (f) Ortodoxa	Православна церква (ж)	[prawosˈlawna ˈʦɛrkwa]
ortodoxo (m)	православний (ч)	[prawoˈslawnij]

presbiterianismo (m)	Пресвітеріанство (c)	[prɛswitɛriˈanstwo]
Igreja (f) Presbiteriana	Пресвітеріанська церква (ж)	[prɛswitɛriˈansʲka ˈʦɛrkwa]
presbiteriano (m)	пресвітеріанин (ч)	[prɛswitɛriˈanin]

| luteranismo (m) | Лютеранська церква (ж) | [lʲutɛˈransʲka ˈʦɛrkwa] |
| luterano (m) | лютеранин (ч) | [lʲutɛˈranin] |

| Igreja (f) Batista | Баптизм (ч) | [bapˈtizm] |
| batista (m) | баптист (ч) | [bapˈtist] |

| Igreja (f) Anglicana | Англіканська церква (ж) | [anɦliˈkansʲka ˈʦɛrkwa] |
| anglicano (m) | англіканець (ч) | [anɦliˈkanɛʦʲ] |

mormonismo (m)	Мормонство (c)	[morˈmɔnstwo]
mórmon (m)	мормон (ч)	[morˈmɔn]
Judaísmo (m)	Іудаїзм (ч)	[iudaˈjizm]

judeu (m)	іудей (ч)	[iu'dɛj]
budismo (m)	Буддизм (ч)	[bud'dɨzm]
budista (m)	буддист (ч)	[bud'dɨst]
hinduísmo (m)	Індуїзм (ч)	[indu'jɨzm]
hindu (m)	індуїст (ч)	[indu'jɨst]
Islã (m)	Іслам (ч)	[is'lam]
muçulmano (m)	мусульманин (ч)	[musulʲ'manɨn]
muçulmano (adj)	мусульманський	[musulʲ'mansʲkij]
xiismo (m)	Шиїзм (ч)	[ʃi'jizm]
xiita (m)	шиїт (ч)	[ʃi'jɨt]
sunismo (m)	Сунізм (ч)	[su'nizm]
sunita (m)	суніт (ч)	[su'nit]

196. Religiões. Padres

padre (m)	священик (ч)	[swʲa'ɕɛnɨk]
Papa (m)	Папа Римський	['papa 'rimsʲkij]
monge (m)	чернець (ч)	[ʧɛr'nɛʦ]
freira (f)	черниця (ж)	[ʧɛr'nɨʦʲa]
pastor (m)	пастор (ч)	['pastor]
abade (m)	абат (ч)	[a'bat]
vigário (m)	вікарій (ч)	[wi'karij]
bispo (m)	єпископ (ч)	[ɛ'pɨskop]
cardeal (m)	кардинал (ч)	[kardi'nal]
pregador (m)	проповідник (ч)	[propo'widnɨk]
sermão (m)	проповідь (ж)	['prɔpowidʲ]
paroquianos (pl)	парафіяни (мн)	[parafi'ʲanɨ]
crente (m)	віруючий (ч)	['wiruʲuʧij]
ateu (m)	атеїст (ч)	[atɛ'jist]

197. Fé. Cristianismo. Islão

Adão	Адам (ч)	[a'dam]
Eva	Єва (ж)	['ɛwa]
Deus (m)	Бог (ч)	[boɦ]
Senhor (m)	Господь (ч)	[ɦos'pɔdʲ]
Todo Poderoso (m)	Всесильний (ч)	[wsɛ'silʲnij]
pecado (m)	гріх (ч)	[ɦrih]
pecar (vi)	грішити	[ɦri'ʃiti]
pecador (m)	грішник (ч)	['ɦriʃnik]
pecadora (f)	грішниця (ж)	['ɦriʃnɨʦʲa]
inferno (m)	пекло (с)	['pɛklo]

paraíso (m)	рай (ч)	[raj]
Jesus	Ісус (ч)	[i'sus]
Jesus Cristo	Ісус Христос (ч)	[i'sus hris'tɔs]

Espírito (m) Santo	Святий Дух (ч)	[swʲa'tij duh]
Salvador (m)	Спаситель (ч)	[spa'sitɛlʲ]
Virgem Maria (f)	Богородиця (ж)	[boɦo'rɔditsʲa]

Diabo (m)	диявол (ч)	[diʲ'awol]
diabólico (adj)	диявольський	[diʲ'awolʲsʲkij]
Satanás (m)	Сатана (ч)	[sata'na]
satânico (adj)	сатанинський	[sata'ninsʲkij]

anjo (m)	ангел (ч)	['anɦɛl]
anjo (m) da guarda	ангел-охоронець (ч)	['anɦɛl oɦo'rɔnɛts]
angelical	ангельський	['anɦɛlʲsʲkij]

apóstolo (m)	апостол (ч)	[a'pɔstol]
arcanjo (m)	архангел (ч)	[ar'ɦanɦɛl]
anticristo (m)	антихрист (ч)	[an'tihrist]

Igreja (f)	церква (ж)	['tsɛrkwa]
Bíblia (f)	Біблія (ж)	['bibliʲa]
bíblico (adj)	біблійний	[bib'lijnij]

Velho Testamento (m)	Старий Завіт (ч)	[sta'rij za'wit]
Novo Testamento (m)	Новий Завіт (ч)	[no'wij za'wit]
Evangelho (m)	Євангеліє (с)	[ɛ'wanɦɛliɛ]
Sagradas Escrituras (f pl)	Священне Писання (с)	[swʲa'ɕɛnɛ pi'sanʲa]
Céu (sete céus)	Небо (с)	['nɛbo]

mandamento (m)	заповідь (ж)	['zapowidʲ]
profeta (m)	пророк (ч)	[pro'rɔk]
profecia (f)	пророцтво (с)	[pro'rɔtstwo]

Alá (m)	Аллах (ч)	[a'lah]
Maomé (m)	Магомет (ч)	[maɦo'mɛt]
Alcorão (m)	Коран (ч)	[ko'ran]

mesquita (f)	мечеть (ж)	[mɛ'tʃɛtʲ]
mulá (m)	мула (ч)	[mu'la]
oração (f)	молитва (ж)	[mo'litwa]
rezar, orar (vi)	молитися	[mo'litisʲa]

peregrinação (f)	паломництво (с)	[pa'lɔmnitstwo]
peregrino (m)	паломник (ч)	[pa'lɔmnik]
Meca (f)	Мекка (ж)	['mɛkka]

igreja (f)	церква (ж)	['tsɛrkwa]
templo (m)	храм (ч)	[hram]
catedral (f)	собор (ч)	[so'bɔr]
gótico (adj)	готичний	[ɦo'titʃnij]
sinagoga (f)	синагога (ж)	[sina'ɦɔɦa]
mesquita (f)	мечеть (ж)	[mɛ'tʃɛtʲ]
capela (f)	каплиця (ж)	[kap'litsʲa]
abadia (f)	абатство (с)	[a'batstwo]

monastério (m)	монастир (ч)	[monas'tir]
sino (m)	дзвін (ч)	[dzwin]
campanário (m)	дзвіниця (ж)	[dzwi'niṫsʲa]
repicar (vi)	дзвонити	[dzwo'niti]
cruz (f)	хрест (ч)	[hrɛst]
cúpula (f)	купол (ч)	['kupol]
ícone (m)	ікона (ж)	[i'kɔna]
alma (f)	душа (ж)	[du'ʃa]
destino (m)	доля (ж)	['dɔlʲa]
mal (m)	зло (c)	[zlo]
bem (m)	добро (c)	[dob'rɔ]
vampiro (m)	вампір (ч)	[wam'pir]
bruxa (f)	відьма (ж)	['widʲma]
demônio (m)	демон (ч)	['dɛmon]
espírito (m)	дух (ч)	[duh]
redenção (f)	спокута (ж)	[spo'kuta]
redimir (vt)	спокутувати	[spo'kutuwati]
missa (f)	служба (ж)	['sluʒba]
celebrar a missa	служити	[slu'ʒiti]
confissão (f)	сповідь (ж)	['spɔwidʲ]
confessar-se (vr)	сповідатися	[spowi'datisʲa]
santo (m)	святий (ч)	[swʲa'tij]
sagrado (adj)	священний	[swʲa'ɕɛnij]
água (f) benta	свята вода (ж)	[swʲa'ta wo'da]
ritual (m)	ритуал (ч)	[ritu'al]
ritual (adj)	ритуальний	[ritu'alʲnij]
sacrifício (m)	жертвування (c)	['ʒɛrtwuwanʲa]
superstição (f)	забобони (мн)	[zabo'bɔni]
supersticioso (adj)	забобонний	[zabo'bɔnij]
vida (f) após a morte	загробне життя (c)	[zaɦ'rɔbnɛ ʒit'tʲa]
vida (f) eterna	вічне життя (c)	['witʃnɛ ʒit'tʲa]

TEMAS DIVERSOS

198. Várias palavras úteis

ajuda (f)	допомога (ж)	[dopo'mɔɦa]
barreira (f)	перепона (ж)	[pɛrɛ'pɔna]
base (f)	база (ж)	['baza]
categoria (f)	категорія (ж)	[katɛ'ɦɔriʲa]
causa (f)	причина (ж)	[pri'ʧina]
coincidência (f)	збіг (ч)	[zbiɦ]
coisa (f)	річ (ж)	[riʧ]
começo, início (m)	початок (ч)	[po'ʧatok]
cômodo (ex. poltrona ~a)	зручний	[zruʧ'nij]
comparação (f)	порівняння (c)	[poriw'nʲanʲa]
compensação (f)	компенсація (ж)	[kompɛn'satsiʲa]
crescimento (m)	зростання (c)	[zros'tanʲa]
desenvolvimento (m)	розвиток (ч)	['rɔzwitok]
diferença (f)	різниця (ж)	[riz'niʦʲa]
efeito (m)	ефект (ч)	[ɛ'fɛkt]
elemento (m)	елемент (ч)	[ɛlɛ'mɛnt]
equilíbrio (m)	баланс (ч)	[ba'lans]
erro (m)	помилка (ж)	[po'miɫka]
esforço (m)	зусилля (c)	[zu'siɫʲa]
estilo (m)	стиль (ч)	[stiɫʲ]
exemplo (m)	приклад (ч)	['priklad]
fato (m)	факт (ч)	[fakt]
fim (m)	закінчення (c)	[za'kinʧɛnʲa]
forma (f)	форма (ж)	['fɔrma]
frequente (adj)	приватний	[pri'watnij]
fundo (ex. ~ verde)	фон (ч)	[fon]
gênero (tipo)	вид (ч)	[wid]
grau (m)	ступінь (ч)	['stupinʲ]
ideal (m)	ідеал (ч)	[idɛ'al]
labirinto (m)	лабіринт (ч)	[labi'rint]
modo (m)	спосіб (ч)	['spɔsib]
momento (m)	момент (ч)	[mo'mɛnt]
objeto (m)	об'єкт (ч)	[o'bʲɛkt]
obstáculo (m)	перешкода (ж)	[pɛrɛʃ'kɔda]
original (m)	оригінал (ч)	[oriɦi'nal]
padrão (adj)	стандартний	[stan'dartnij]
padrão (m)	стандарт (ч)	[stan'dart]
paragem (pausa)	перерва (ж)	[pɛ'rɛrwa]
parte (f)	частина (ж)	[ʧas'tina]

partícula (f)	частка, частина (ж)	['tʃastka], [tʃas'tina]
pausa (f)	пауза (ж)	['pauza]
posição (f)	позиція (ж)	[po'zitsiʲa]
princípio (m)	принцип (ч)	['printsip]
problema (m)	проблема (ж)	[prob'lɛma]
processo (m)	процес (ч)	[pro'tsɛs]
progresso (m)	прогрес (ч)	[proɦ'rɛs]
propriedade (qualidade)	властивість (ж)	[wlas'tiwistʲ]
reação (f)	реакція (ж)	[rɛ'aktsiʲa]
risco (m)	ризик (ч)	['rizik]
ritmo (m)	темп (ч)	[tɛmp]
segredo (m)	таємниця (ж), секрет (ч)	[taɛm'nitsʲa], [sɛk'rɛt]
série (f)	серія (ж)	['sɛriʲa]
sistema (m)	система (ж)	[sis'tɛma]
situação (f)	ситуація (ж)	[situ'atsiʲa]
solução (f)	рішення (с)	['riʃɛnʲa]
tabela (f)	таблиця (ж)	[tab'litsʲa]
termo (ex. ~ técnico)	термін (ч)	['tɛrmin]
tipo (m)	тип (ч)	[tip]
urgente (adj)	терміновий	[tɛrmi'nɔwij]
urgentemente	терміново	[tɛrmi'nɔwo]
utilidade (f)	користь (ж)	['kɔristʲ]
variante (f)	варіант (ч)	[wari'ant]
variedade (f)	вибір (ч)	['wibir]
verdade (f)	істина (ж)	['istina]
vez (f)	черга (ж)	['tʃɛrɦa]
zona (f)	зона (ж)	['zɔna]